TRINIDAD BARRERA LOPEZ

La estructura de Abaddón
el Exterminador

SEVILLA, 1982

Edición de 1.000 ejemplares

ISSN 0210-5802
Depósito Legal SE - 518 - 1982
I. S. B. N. 84 - 00 - 05240 - 4

Imprenta E. E. H. A., Alfonso XII, 16.—Sevilla, 1982

A Julián.

INDICE GENERAL

Apuntes biográficos (11 a 26).—Correlación vida-obra.—Nacimiento e infancia del escritor. 1911-1924.—Primera crisis: la adolescencia y los estudios secundarios. 1924-1934.—Segunda crisis: su actividad política. 1934-1938.—Tercera crisis: abandono del mundo científico. 1938-1940.—Cuarta crisis: ingreso en el mundo de la literatura. 1940-1960.—El éxito como escritor: 1961-...—Dicotomía ciencia y literatura en su vida.—Ernesto Sábato, hombre y escritor.

El mundo novelístico sabatiano (26 a 39).—Enjuiciamiento de la novela contemporánea.—El novelista y sus vivencias. El yo del escritor.—Los temas de sus novelas.—El empleo de las técnicas.—Consideraciones finales.

El mundo ensayístico, su contrapartida (39 a 44).—Carácter del ensayo sabatiano.— Sus líneas fundamentales.—Significado del ensayo en la ficción.

La trama de Abaddón (45 a 76).—Dicotomía historia-discurso.—El título y su carácter significativo.—Desarrollo del tema.—Resumen o argumento. Intriga. Motivos y «leit motiv».—Secuencias y «funciones».—Relación entre principio y desenlace.—Sociedad ficcional del relato. Nivel semántico.—Confluencia de autobiografía y ficción.— El resumen de la historia dentro de la dialéctica universal del relato.

Capítulo IV

INTRODUCCION

El presente estudio * intenta ser una aproximación a la narrativa del escritor argentino contemporáneo Ernesto Sábato, a través de su última novela, *Abaddón el exterminador,* [1] especie de novela síntesis que engloba en su seno las dos novelas anteriores *El Túnel* y *Sobre héroes y tumbas.* [2] Partiremos de la obra como de un objeto único que encierra su propio significado, tarea nuestra será poner de manifiesto ese significado, es decir, dar a conocer los valores ocultos que la animan. Pero debido a la profunda red de vasos comunicantes que enlazan estas tres novelas, será imposible acercarse a *Abaddón...* sin recordar sus dos antecedentes. Trece años de distancia temporal transcurren entre sus publicaciones y, sin embargo, la relación estrechísima que las une las aproxima ante nuestros ojos.

Una serie de constantes, presentes en sus dos primeros libros confluirán y cobrarán mayor sentido en esta obra: la ansiedad de absoluto, la soledad, la necesidad y, a la vez, la imposibilidad de comunicación, el tema de la ceguera, consecuencias todas ellas de la crisis que embarga al hombre contemporáneo y su consiguiente deshumanización.

---

* Este libro responde al espíritu y contenido de nuestra tesis doctoral, defendida el 14 de abril de 1978, en la Universidad de Sevilla, donde obtuvo la calificación de sobresaliente «cum laude». Sólo se ha retocado para su publicación la bibliografía, a la que hemos incorporado algunas de las aportaciones más recientes e interesantes.

1 Madrid, Alianza Editorial, 1975. Citaremos, por esta edición, en el interior del trabajo con el fin de no aumentar el número de citas a pie de página.

2 Contenidas en el tomo I de las *Obras* del autor publicados por Losada, Buenos Aires, 1966. Citaremos por esta edición bajo las siglas *O.F.* (obras de ficción).

Aparte de los ejes temáticos que atraviesan estas tres novelas, nuevos paralelismos pueden ser establecidos: la relación incestuosa entre los personajes: en *El Túnel* entre María y su primo Hunter, en *Sobre héroes* entre Fernando y su hija Alejandra, en *Abaddón…* entre Nacho y su hermana. La ridiculización de la alta sociedad argentina es otra de las constantes: Mimí Allende es el símbolo de ese estamento social en su primera novela; Quique, Wanda… en *Sobre héroes;* y aquí, el grupo de conocidos que se reúnen en los cócteles de los Carranza. Un efecto de gradación se hace notar en este aspecto, lo que en principio es sólo un esbozo o apunte grotesco, logrará mayor radio de acción en *Sobre héroes* y se agigantarán sus dimensiones en esta última novela. Los personajes que se repiten es otra de las constantes comunes: Bruno, Quique, Natalicio Barragán… El escenario es común a las tres: la ciudad de Buenos Aires recorrida en todas sus direcciones, circunstancia que ha ocasionado que un gran sector de la crítica las considere como las novelas de Buenos Aires. Sería, es obvio, simplicar al máximo sus valores, pues por encima de una localización concreta se vislumbra el drama de la humanidad sin distinciones de orígenes ni razas; no es el hombre argentino el centro de su interés, sino *el hombre* a secas. Sus novelas gozan de una clara dimensión universalista.

La obra, objeto de este estudio, se caracterizará por la diversidad y pluralidad de temas que se cruzan y entrecruzan continuamente dándonos la impresión de un inmenso mosaico, pero por encima de todo si tuviéramos que señalar un eje novelístico alrededor del cual giren los demás temas, este eje sería la impotencia de Sábato como escritor, puesto que este problema ocupa proporcionalmente mayor número de páginas que otros posibles paralelos: las relaciones entre los hermanos Izaguirre o la del joven revolucionario Marcelo Carranza. Lo que hemos denominado «impotencia» de Sábato como escritor domina todo el relato, y podemos traducirla como la imposibilidad de comunicación del escritor, de la que se deriva el sentimiento de angustia y soledad que le sobrecoge. Es el mismo caso de Nacho y Agustina y de Marcelo aunque, en cada uno, el planteamiento inicial sea distinto.

Alrededor de este eje girarán una serie de *subtemas* que completan el desarrollo de la historia del relato: amistad que une a Bruno y Sábato, problemas de Sábato con los editores de *Sobre héroes,* el relato del nacimiento de Sábato, su relación con los videntes, la vida y carácter de Schneider, los cócteles de los Carranza, las obsesiones de Sábato, las relaciones de Sábato con Agustina Izaguirre, el pensamiento de un loco, Jorge Ledesma, manifestado a través de las cartas que dirige a Sábato, los sueños de Sábato, sus relaciones con Silvia, sus relaciones con Marcelo, su época de París en el 38, su infancia y adolescencia, la personalidad curiosa de Schnitzler, la muerte de Marco Bassán; Capitán Olmos, su pueblo; Nacho y la obsesión de su madre, la relación con su hermana, su amistad con Carlos Salerno; Marcelo y el sentimiento de frustración hacia su padre, su amistad con Palito, la historia de Palito entremezclada con la del Che Guevara, las ideas de los jóvenes revolucionarios: Araújo, Puch, el Cosaco; Natalicio Barragán y su visión del mundo, las profecías de Molinelli, etc.

Dentro de cada uno de estos subasuntos, Sábato ha discutido, analizado y puesto de manifiesto todo lo que puede ser discutido, analizado y manifestado en una sociedad. De este modo nos encontramos con una serie de digresiones sobre temas muy dispares, puestos en boca bien de Bruno, bien de Sábato, o bien de los asistentes a las reuniones de los Caranza: Quique, Gandulfo, Coco Bemberg... Estos temas discutidos son: catolicismo, cine, gusto por lo francés, Dios y la creación del mundo, psicoanálisis (Cfr. págs. 54 a 60); logias y sectas secretas, premoniciones (Cfr. págs. 78 a 83); epidemias, bombas de napalm, campos alemanes de concentración (págs. 89 a 96); el Principio (págs. 112 a 113); incomprensión de los contemporáneos hacia el creador, las obsesiones como temas de lo que se escribe, rechazo del objetivismo «a lo Robbe-Grillet» en las novelas, la novela de hoy (págs. 119 a 138); la violencia (págs. 143 a 156), el anarquismo (págs. 159 a 170); el estructuralismo, literatura política o estetizante, el marxismo (págs. 176 a 194); el mito del Progreso, la doctrina marxista y sus fallos, la novela de hoy (págs. 197 a 213); sátira sobre los trasplantes de órganos humanos (págs. 223 a 226); los congelados por cáncer (págs. 226 a 228); la «nueva novela» (págs. 228 a 234); introducción del novelista como personaje dentro de la ficción (pág. 258); la revolución y su validez (págs. 264 a 270); espiritismo (pág. 275); el mundo y las potencias que lo gobiernan (págs. 336 a 349); sátira de los apellidos (págs. 352 a 360); la ola de erotismo que padece hoy día la humanidad (págs. 364 a 368); meditaciones sobre la existencia, la muerte (págs. 478 a 484).

Pues bien, este abigarramiento y heterogeneidad de temas y el modo en que están insertos en la novela, constituye un caso de lo que se conoce con el nombre de *barroquismo.* [3]

Para el análisis de *Abaddón* dividiremos nuestro estudio en tres partes fundamentales. La primera viene a ser una especie de introducción general al estudio de la obra, tras centrar a Ernesto Sábato dentro de la narrativa argentina marcaré los pasos biográficos más señeros del escritor y el hombre, acompañado de criterios acerca de la novela y el ensayo, doble vertiente de su producción literaria.

Personalidad y obra de E. Sábato apuntará hacia el conocimiento de la persona del escritor y las motivaciones internas que le llevaron a abandonar la ciencia por la literatura, «el mundo de la luz por el de las tinieblas», porque quizá pocos escritores puedan preciarse de «vocación dolorosa» como es el caso de Sábato. El argentino no llegó a la literatura por casualidad o parentesco, sino por una auténtica vocación que le hizo perder un «status» social acomodado y de prestigio. Acercarse, pues, al *hombre* Ernesto Sábato resultará muy esclarecedor para la comprensión y significado de su obra. Pero nuestro escritor, al lado de su faceta de novelista, ofrece otra —más rica si se quiere y que impregnará a la primera—, la de *pensador,* razón por la que no podíamos dejar de exponer las opiniones y juicios que el autor ha emitido acerca del arte de novelar y de su concepción del ensayo: sus vivencias como escritor, la temática predilecta, el empleo de las técnicas, etc.; son cuestiones que han sido debatidas por el escritor argentino en sus ensayos e, incluso, novelas, y que intentaremos recoger aquí, junto con el carácter, línea y significado del ensayo en relación con las ficciones.

Todo ello viene a significar una órbita previa al estudio de la estructura de *Abaddón...,* el cual ocupará el tercer y cuarto capítulo de este trabajo, en el que se analiza, exclusivamente, la obra, en su doble aspecto de *historia* y *discurso:* lo denotativo y lo connotativo, lo que se dice y su organización artística.

---

3 Angela B. Dellepiane puso de manifiesto este concepto en el análisis de *Sobre héroes.* Basándonos en su excurso hemos aplicado el método a *Abaddón.* Para cualquier ampliación de lo aquí expuesto Cfr. Dellepiane, Angela: *Ernesto Sábato, un análisis de su narrativa,* Bs. As., Nova, 1970, pág. 120 y ss.

El método que hemos elegido ha sido el siguiente: partiremos de la obra como de un objeto único, un conjunto de signos autónomos que forman un sistema, o lo que es lo mismo, del texto literario como un sistema inmanente. Esta es la orientación que priva en la crítica más reciente que se ocupa del análisis de la obra literaria. Perspectiva muy diferente a la que propugnaba la crítica decimonónica.

En el siglo XIX el objetivo fijado por la crítica era determinar las circunstancias externas de la obra: país, medio ambiente, sociedad, vida del autor, etc.; que importaban más que la obra en sí misma. Se conocía con el nombre de *crítica científica*. Paralela a este tipo de crítica se desarrolló otra, cuya base de argumentación era la *recreación*. Tanto ésta como aquélla han sido hoy día superadas .Estamos de acuerdo con María del Carmen Bobes cuando dice: «la verdadera solución al problema epistemológico de la crítica la ha encontrado la actual Literatturwissenschatf, al centrar su atención sobre el papel que desempeñan el lector y el crítico en la configuración total de la obra literaria».[4] Cada obra puede adquirir múltiples sentidos como múltiples son los críticos y lectores que se acercan a ella con propósitos literarios.

Esta atención directa a la obra en sí misma fue propugnada por primera vez por Jakobson: «estudiar al literaturidad y no la literatura» fue el objetivo que propuso. Jakobson junto con Eichenbaum, Vinogradov, Tynianov, Tomachevski, Brik, Propp y Schlovski integraría el «círculo de Moscú», allá por 1914-15, grupo al que más tarde se les denominaría «formalistas», por su excesiva preocupación formal. De esta manera surgió el «formalismo ruso», pionero en los estudios de este tipo.

El «formalismo» se vio apoyado años después por el «estructuralismo» y la «semiótica» que surgirían por los años 30. Desde entonces muchos han sido los críticos que han esbozado su teoría para el análisis del relato de acuerdo con estas tendencias innovadoras.

Nuestro principal punto de arranque será la orientación de Tzvetan Todorov al distinguir un doble plano de estructuración de

---

4 «La crítica literaria semiológica» en *Crítica semiológica,* Santiago de Compostela, Publicaciones de la Universidad de Santiago de Compostela, 1974, pág. 11.

los relatos: la *historia* y el *discurso*. En el análisis de la historia distinguiremos los dos conjuntos caracterizadores, la «lógica de las acciones», cuyo estudio realizaremos basándonos en los presupuestos de Claude Bremond, y la «sintaxis de los personajes», para lo que tomaremos como base las clasificaciones de A. J. Greimas en su *Semántica estructural*. En el análisis del discurso, seguiremos las pautas marcadas por Gerard Genette para el aspecto verbal del relato en su libro *Figures III,* apartado «Discours du récit», en el que expone de una forma teórico-práctica sus presupuestos en este campo aplicados a la obra de Marcel Proust.

Con el apoyo de Todorov, Bremond, Greimas y Genette, principalmente, aunque sin rechazar —todo lo contrario—, a Propp, Barthes, Tomachevski, «los formalistas» en su conjunto, y demás seguidores de estos grandes maestros del análisis del relato, [5] abordaremos el análisis de *Abaddón el exterminador* desde el punto de vista de la *funcionalidad.*

Nuestro método de estudio no es, como se podrá comprobar, rigurosamente estructuralista o semiológico, sino que hemos escogido de esos y otros métodos tradicionales los elementos más oportunos para un mejor esclarecimiento de la obra literaria, pues creemos con Castagnino que «los distintos métodos de análisis literario no se excluyen, pues de alguna manera y en alguna instancia están interrelacionados y ninguno puede tornar inservibles a los otros». [6]

---

5 En este sentido habría que citar el colectivo *Análisis estructural del relato.* En el que intervienen por orden de aparición Roland Barthes, A. J. Greimas, Claude Bremond, Jules Gritti, Violette Morin, Christian Metz, Tzvetan Todorov y Gérard Genette. Publicado en Bs. As., 1974, 3.ª ed., col. Comunicaciones. De gran importancia es, igualmente, la revista francesa *Poétique,* París.

6 Castagnino, Raúl H.: *Sentido y estructura narrativa,* Buenos Aires, Nova, 1975, pág. 18.

CAPÍTULO I

UBICACION DE ERNESTO SABATO EN LA NARRATIVA ARGENTINA

El año de 1930 es fecha decisiva para la historia y la literatura argentina. Tulio Halperín Donghi enumera los diversos aspectos de esta crisis: «Crisis del valor internacional del peso; crisis de nuestro comercio internacional, especialmente el del cereal. Crisis de nuestra economía productora; crisis financiera del Estado, que (en un país que no existe impuesto a la renta y en el cual ningún gobierno —cualquiera que sea el lenguaje que se complazca en usar— se ha atrevido a cobrar de veras impuestos a la propiedad de la tierra) recibe lo más saneado de sus entradas de la recaudación aduanera. Ello produce dificultad para pagar sueldos y por lo tanto incapacita al Estado para atender a una función que en la Argentina cuenta entre las suyas esenciales: la de proporcionar modo de vivir a todo un amplísimo sector de clase media». [1]

A todos estos graves problemas económicos, se unen los políticos: derrocamiento del radicalismo Yrigoyenista, revolución militar «libertadora», proyecto frustrado del general Uriburu, la restitución del poder a los grupos dirigentes tradicionales, etc. [2]

Lógicamente la narrativa argentina sufrió el impacto de esta crisis que provocó una profunda renovación con el telón de fondo

---

1 Halperin Donghi, Tulio: *Argentina en el callejón*, Montevideo, Arca, 1964, pág. 19.

2 Para un mejor conocimiento de esta época, remitimos a *Revista de Historia*, núm. 3, Bs. As., 1958; y a *Historia contemporánea de América Latina* de Tulio Halperin Donghi, Madrid, Alianza, 1975.

de estos vaivenes socio-políticos. Pero no necesariamente una época de crisis ocasiona una literatura problemática —y una época fácil, una literatura gratuita—. Esta no-correspondencia la explica nuestro escritor de la siguiente forma: «Así sucede que en períodos difíciles de la historia, al mismo tiempo que aparece una literatura problemática (como expresión directa de la crisis), generalmente hace también su aparición una literatura lúdica (expresión inversa), tanto por espíritu de contradicción contra la corriente general, por hastío y cansancio de esa escuela, por desdén, muchas veces justificado, a sus expresiones más triviales, como asimismo por evasión de una realidad demasiado dura para espíritus sensibles o temerosos. En alguna ocasión, esa antítesis puede ser el trasunto de una antítesis social... fue en buena medida el problema Florida-Boedo en Buenos Aires».[3]

Esta antítesis que tuvo mayor resonancia en la lírica, allá por los años 20, ocasionó que la novela recayera fundamentalmente del lado «de Boedo»,[4] es decir, una novela caracterizada sobre todo por la preocupación social. Los máximos arquetipos de estos dos grupos son: Jorge Luis Borges («Florida») y Roberto Arlt («Boedo»), que junto con Leopoldo Marechal y Eduardo Mallea constituyen los novelistas más destacados de la década del 30 al 40.

Ernesto Sábato comenta la aparición de una nueva generación con las siguientes palabras: «Al producirse la crisis universal de 1930, terminó aquí la era del liberalismo y, como consecuencia, empezó el derrumbe de una serie de mitos, institucionales e ideas, En esa atmósfera crítica se formó la nueva generación de escritores a la que pertenezco, y la estructura literaria se complicó radicalmente: en algunos representantes de la literatura «pura» se acentuó poco a poco el encierro en su torre o la evasión; en los herederos de Boedo se agudizaba el acento social o se hacía más duro, a causa del auge del marxismo leninismo; en otros, en fin, desgarrados por una y otra tendencia..., terminó por realizarse una síntesis que es, a mi juicio, la auténtica superación del falso dilema

---

3   Sábato, Ernesto: *La cultura en la encrucijada Nacional*, Bs. As., Sudamericana, 1976, págs. 55 y 56.

4   «Florida» y «Boedo» son los nombres de dos calles de Buenos Aires, la primera de la clase aristocrática y la segunda de un barrio popular, que fueron los símbolos de dos tipos de escritores y de escritura, opuestos entre sí. Sin embargo, entre ambas corrientes se produjeron interferencias.

corporizado por los partidarios de la literatura gratuita y de la literatura social». [5]

Esta generación a la que alude Sábato, conocida también bajo el nombre de generación «intermedia» o de 1940, se caracterizará por la ausencia de una figura líder que impulse determinada estética y por presentar una respuesta común y firme a los graves problemas que afectan al hombre argentino.

El panorama social que presentaba Argentina era muy crítico: el aumento espectacular de la población que se veía agravado por la inmigración del campo a la ciudad.

En 1945 surgió la figura de Juan Domingo Perón que al año consiguió la presidencia de la República con el apoyo de las masas populares. Sin embargo, a pesar del apoyo del pueblo, Perón no gozó de simpatía entre los intelectuales que se vieron sometidos a un rígido control. —Es por esta época cuando Sábato por no estar de acuerdo con la política peronista abandona su puesto y se marcha a vivir al ranchito de Córdoba—.

El nombre de «generación intermedia» o «generación del 40» para Arturo Cambours Ocampo, incluye a escritores muy diferentes que nacieron entre 1905 y 1925, y que comenzaron a publicar allá por 1945. A este grupo pertenecen Ernesto Sábato, Adolfo Bioy Casares, Manuel Mujica Láinez y Julio Cortázar. Es a raíz de esta fecha cuando la narrativa en Argentina adquiere un papel de protagonismo indiscutible gracias no sólo a sus propios escritores sino al inmenso grupo de intelectuales venidos desde diversos puntos de América Latina y de Europa, hecho al que hay que aunar el apoyo que significaba la industria editorial que empezó a crearse en Argentina a partir del año 30.

En la actualidad, Argentina conoce un gran plantel de escritores, cuyas obras acrecientan su popularidad día tras día. Entre ellos están David Viñas, Beatriz Guido, Andrés Rivera, Néstor Sánchez, Manuel Puig, etc.

---

5 Ob.cit., págs. 58 a 59.

Capítulo II

PERSONALIDAD Y OBRA

Apuntes biográficos

Correlación vida-obra

Afrontamos el estudio biográfico del argentino Sábato con una salvedad insoslayable: se trata de un escritor todavía vivo. Esta circunstancia tiene sus ventajas y sus inconvenientes. Ventajas en el sentido de que los datos aquí apuntados no pertenecen al terreno de la hipótesis, hecho frecuente en el caso de las biografías de personas que ya han dejado de existir y de las que desconocemos datos exactos y fidedignos; e inconvenientes, en el sentido de que su biografía quedará incompleta puesto que es imposible predecir hasta dónde lo llevarán sus futuros pasos.

Es, sin embargo, condición imprescindible para este estudio una lectura detenida de toda su producción literaria, desde aquel *Uno y el Universo* de 1945 hasta *Abaddón el exterminador* de 1974. Su obra nos permite conocer hasta en sus más íntimos detalles parcelas muy significativas de su vida material y espiritual. De sus propias palabras conoceremos las fuentes precisas de su nacimiento, formación, lecturas, influencias y desvelos como escritor.

La inserción de la biografía en un estudio dedicado a la obra de Ernesto Sábato, la justifico por el efecto de interacción existente entre *obra* y *vida*. Obra y vida se relacionan de tal modo que presentan un efecto reversible: su vida arroja luz sobre su producción literaria; y su producción literaria ofrece datos inestimables para enjuiciar su vida. Hasta tal punto se influyen la una en la otra que en determinados momentos llegan a formar un todo indisoluble —es el caso de *Sobre héroes* y aún más, de *Abaddón*—. Y ahí es precisamente donde reside la importancia de la biografía de Ernesto Sábato.

René Wellek y Autin Warren manifiestan: «Debemos distinguir, sin duda, dos tipos de poeta, el objetivo y el subjetivo: los poetas que, como Keats y T. S. Elliot, subrayan la «capacidad negativa» del poema, su volverse hacia el mundo, la obliteración de su personalidad concreta, y el tipo contrario de poeta, que tiende a desplegar su personalidad, que quiere pintar un autorretrato, confesarse, expresarse».[1] Si entendemos la palabra «poeta» en un sentido amplio, escritor, podemos asegurar que Ernesto Sábato pertenece al segundo tipo.

Más adelante continúan: «Pero incluso en el poeta subjetivo no debe ni puede negarse la diferencia entre una declaración personal de índole autobiográfica y la utilización del mismísimo motivo en una obra de arte».[2]

Por tanto quisiera señalar respecto a este escritor que, cuando me refiero a que su obra contiene muchos datos autobiográficos, no quiero decir que reelabore esos motivos biográficos dentro de la obra en cuestión, hasta el punto de que pierdan su sentido personal; sino que inserta en sus ensayos y novelas fragmentos claramente autobiográficos confesados de esta índole por su autor, de tal modo que hace imposible la ambigüedad.

Ahora bien, también cabría hablar aquí de reelaboración y transformación en material literario de episodios presumiblemente autobiográficos: éste sería el caso de la muerte de su padre Francisco Sábato, transformado dentro de la ficción en Marco Bassán, padre de un personaje llamado Bruno Bassán, o el caso de «Capitán Olmos», el Rojas natal de Ernesto Sábato.

En definitiva, lo que nos importa, es que la obra de un escritor «puede ser una máscara, una convencionalización dramati-

---

1 Wellek y Warren, R. y A.: *Teoría literaria*, Madrid, Gredos, 1974, pág. 93.
2 Id. ib., pág. 93.

zada, pero a menudo lo es de sus propios vivencias, de su propia vida».[3] Y es ahí donde reside la validez del estudio biográfico. «En primer lugar —terminan diciendo Wellek y Warren— tiene, sin duda, valor exegético: puede explicar muchísimas alusiones o aun palabras de la obra de su autor. La armazón biográfica también nos ayudará a estudiar el problema más evidente de todos los problemas de estricta evolución que plantea la historia de la literatura: el desarrollo, maduración y posible decadencia del arte de un autor. La biografía también acopia materiales para otras cuestiones de historia literaria, como las lecturas del poeta, sus relaciones personales como literatos, sus viajes, los lugares y las ciudades que vio y en que vivió; cuestiones todas ellas que pueden arrojar luz sobre la historia literaria, esto es, la tradición en que el poeta estuvo situado, las influencias que lo formaron, las fuentes en que bebió».[4]

A continuación nos adentraremos en el estudio de la biografía, incursión que iremos realizando escalonadamente, considerando como eje transversal las cuatro grandes crisis de su existencia.

Nacimiento e infancia del escritor. 1911-1924

Ernesto Sábato nace el 24 de junio de 1911 en un pequeño pueblo de 5.000 habitantes, enclavado a 300 Km. de la capital bonaerense: Rojas.

Dos hechos merecen la pena que sean señalados: la fecha de su nacimiento y el lugar de origen, por la profunda huella que dejarán en su vida. Al parecer, y con el paso de los años, Sábato consideró nefasta esa fecha por tratarse del día de San Juan, que según doctrinas ocultistas es «uno de esos días del año en que se reúnen las brujas».[5] Según Nelly Martínez[6] «así parece ya anun-

---

3 Id. ib., pág. 95.

4 Id. ib., pág. 96. Hoy día los estudios biográficos se encuentran bastante desacreditados por la moderna crítica, se tiende a estudiar *la obra en sí misma*, apartándose de todo lo que sea exterior a ella. Sin embargo, por la índole de este trabajo, me ha parecido que resultaría más completo el estudio dedicado a la obra de E. Sábato, con estas páginas destinadas a poner de manifiesto sus pasos por la vida, de tan honda repercusión en el campo literario.

5 Estos datos son ofrecidos en el capítulo «Algunas confidencias hechas a Bruno» de *Abaddón, el exterminador,* Madrid, Alianza, 1975, págs. 26 a 27.

6 Sábato, Ernesto: *Antología,* Bs. As., Libr. del Colegio, 1975, pág. 9. Estudio preliminar de Z. Nelly Martínez, de Mc Gill University, Montreal, Canadá.

ciarse su destino de poeta, de investigador de los estratos ocultos de la realidad».

Este hecho se puede poner en relación con otros que son relatados en el citado capítulo de *Abaddón:* la animadversión del escritor hacia su nombre y apellido paterno. Por lo que nos cuenta, un hermano anterior a él, de dos años de edad, murió en extrañas circunstancias y se llamaba Ernesto. Al nacer él, le pusieron el mismo nombre: «Como si no hubiese bastante con el apellido, derivado de Saturno, Angel de la soledad en la cábala, Epíritu del Mal para ciertos ocultistas, el Sabath de los hechiceros» —confiesa—.

Nombre, apellido, fecha de nacimiento, hechos todos que inquietan al escritor y que nos ponen en antecedentes sobre sus creencias: predestinación y superstición, condición ésta que nos conectaría con su manía a los invidentes. Pero no es ese el asunto que aquí nos trae.

Si estas circunstancias le preocuparon hasta el punto de reflejarlas en su obra, lo mismo ocurre con su pueblo natal, Rojas. Aparecerá con nombre distinto, «Capitán Olmos», en dos de sus novelas: *Sobre héroes* y *Abaddón.* Por supuesto que la descripción que allí se nos ofrece no corresponde estrictamente a la realidad, sino que se trata de una transposición ficcional de la realiad. Es el propio Ernesto Sábato quien ha confesado en diversas entrevistas dicha correspondencia.

Ernesto Sábato es el décimo de una familia de once hijos, todos varones. Sus padres, Francisco Sábato y Juana María Ferrari, eran de origen italiano —hecho muy frecuente en Argentina—. La severidad reinaba en el hogar de los Sábato y, como consecuencia lógica, dieron a sus hijos una educación muy marcada por este signo.

Según Oberhelman, su madre descendía de una ilustre familia, los Cavalcanti. Pero lo cierto es que su posición al llegar a la Argentina era modesta.

Su padre poseía un pequeño molino harinero en Rojas, que constituía su fuente de riquezas. Este molino aparecerá también transfigurado en *Sobre héroes* y en *Abaddón,* y convertido en un poderoso molino, que según Oberhelman pertenecía a la familia de los Cabodi. En *Abaddón,* el retrato físico y espiritual del padre de Bruno Bassán corresponde —según confesión del autor— al de su padre: candoroso, violento, autoritario, corpulento; pero al mismo tiempo «profundamente generoso y bueno», confiesa su hijo. El episodio que hace referencia a la muerte de su padre fue publicado en el número 100 de la Revista «Davar» de Buenos Aires. Por motivos de arquitectura lo suprimió de *Sobre héroes* pero lo incluyó posteriormente en *Abaddón.* [7]

En resumen, podemos afirmar que la infancia del escritor estuvo marcada por dos hechos, principalmente: la educación rígida que recibió y el paisaje de su pueblo, Rojas.

Rojas era un pueblo fundamentalmente agrícola que fue abierto a la inmigración de 1870: españoles, vascos, alemanes, franceses, turcos, italianos, etc., confluyeron en aquel lugar como en tantos otros lugares argentinos. Entre este arsenal de inmigración se encontraban sus propios padres. Por otro lado, Rojas era un lugar típicamente pampeano, de grandes bellezas naturales, difíciles de olvidar. Ernesto Sábato evocará siempre ese paisaje —sus pájaros, lagunas, atardeceres—, con un hondo sentimiento nostálgico. No resultará, por ello, arriesgado afirmar que la infancia se une indisolublemente a su pueblo natal y también a una persona de la que no he hablado hasta el momento: su madre, celosa guardiana del entonces niño Ernesto Sábato.

Primera crisis: la adolescencia y estudios
secundarios. 1924-1934

Durante la infancia, el joven Sábato había sentido gran inclinación hacia la pintura y la literatura; sin embargo, determinados hechos fueron a truncar por el momento su vocación primitiva.

La primera crisis en su vida la sufrirá cuando es enviado a estudiar al Colegio Nacional de la Universidad de La Plata —centro donde estudiaban sus hermanos—. Este hecho, normal en la existencia de cualquier joven de su condición social, se convirtió en un profundo trauma que el propio Ernesto Sábato reflejaría con estas palabras: «Me encontré solo y desamparado, lejos de mi madre, rodeado por chicos que se conocían entre sí, que parecían brillantes, que no podían sino considerar con irónica superioridad a

---

7 Cfr. *Abaddón...,* págs. 464 y 474.

un muchacho del campo. Yo había sido patológicamente introvertido, mis noches estaban pobladas de pavorosas pesadillas y alucinaciones, y todo ese tumulto interior y nocturno permanecía dentro de mí, disimulado por mi timidez. Al encontrarme en un mundo más duro, esos males se agravaron hasta un grado que es difícil suponer, y pasaba largas horas cavilando y llorando. Y entonces, de pronto, encontré ante mí el mundo matemático».[8]

Fue su primera huida al mundo de la ciencia buscando el orden y la tranquilidad que ansiaba su espíritu. En 1928 había terminado el bachillerato —los estudios primarios los realizaría en Rojas, cuya maestra aún recuerda hoy día Sábato con mucho cariño— y se inclinó, como sabemos, por la ciencia.

En 1929 ingresaría en la Universidad de Ciencias Físicomatemáticas, con el fin de doctorarse en Física, título que no obtendría hasta 1937. En el curso de estos ocho años tuvo lugar su segunda crisis.

Segunda crisis: su actividad política. 1934-1938

Durante los años universitarios, Ernesto Sábato, como muchos jóvenes de todas las épocas, se adhiere a los movimientos revolucionarios estudiantiles. Fue el *anarquismo* su primera experiencia, abandonada poco después por el *comunismo*. Como secretario de las Juventudes Comunistas argentinas asistió en 1934 a un Congreso contra el Fascismo que se celebraba en Bruselas. Lo que allí pudo oir tuvo en él un efecto contraproducente. Abandonó el movimiento y entró en la segunda crisis de su vida. Su alejamiento del comunismo se debió —según nos cuenta— a los crímenes del stalinismo y a que los procesos de Moscú le revelaron lo que era el Socialismo totalitario, con lo que él no estaba de acuerdo. Este momento de su vida dejó una profunda huella en el escritor hasta el punto de que lo ha relatado en varios de sus escritos[9] y en la novela que estudiamos, *Abaddón*.[10] Citamos por

---

8 «El escritor y sus fantasmas» en *O.E.*, Bs. As., Losada, 1970, pág. 462. Citaremos por esta edición todo lo relativo a ensayos allí contenidos y por *O.F.*, Bs. As., Losada, 1966, sus dos primeras novelas, *El túnel* y *Sobre héroes*.

9 «Hombres y engranajes» y «El escritor y sus fantasmas», en *O.E.*, págs. 142 a 143, y 463 respectivamente.

10 Ob. cit., pág. 131.

esta última: «Y muchos años más tarde cuando en Bruselas pensé que la tierra se abría bajo mis pies, cuando aquel muchacho francés que después moriría en manos de la Gestapo me confesó los horrores del stalinismo, huí a París, [11] donde no sólo pasé hambre y frío en el invierno de 1934 sino la desolación. Hasta que encontré a aquel portero de la Ecole Normale de la rue d'Ulm que me hizo dormir en su cama. Cada noche tenía que entrar por una ventana. Robé entonces en Gibert un tratado de cálculo infinitesimal, y todavía recuerdo el momento en que mientras tomaba un café caliente abrí temblorosamente el libro, como quien entra en un silencioso santuario después de haber escapado, sucio y hambriento, de una ciudad saqueada y devastada por los bárbaros. Aquellos teoremas fueron recogiéndome como delicadas enfermeras recogen el cuerpo de alguien que puede tener quebrada la columna vertebral. Y, poco a poco, por entre las grietas de mi espíritu destrozado, empecé a vislumbrar las bellas y graves torres».

De este modo ocurrió el segundo momento crucial en su vida que le hizo correr hacia el mundo matemático.

En 1934 también tuvo lugar su unión con Matilde Kusminsky-Richter, compañera de estudios. De este lazo nacerían dos hijos: Mario y Jorge Federico.

Cuando por fin pudo volver a su patria se centra definitivamente en los estudios y consigue el doctorado en 1937. Debido a su brillante carrera, el profesor Houssay le consigue una beca de la Asociación Argentina para el progreso de las Ciencias, con el fin de trabajar en los laboratorios Joliot-Curie de París.

Su marcha provocará la tercera y más importante crisis de su vida.

Tercera crisis: abandono del mundo científico. 1938-1940

Ernesto Sábato marcha a París en el año 38 y allí empezará a descubrírsele un nuevo mundo: el surrealismo, que vendría a ser la otra cara de la moneda, el mundo matemático. Empieza el argentino a practicar una doble vida: por la mañana trabaja en el laboratorio, consagrado a los experimentos científicos, y por la

---

11 Cuando tenía que haber ido a Moscú a completar su formación comunista.

noche frecuenta las reuniones de los surrealistas, vanguardia de los experimentos literarios. [12] Esta doble vida es rotulada por el autor como la del «Dr. Jekyll y Mr. Hyde». De este modo su vocación literaria adormecida comienza a cobrar nuevo impulso. Ernesto Sábato comenzó a navegar entre dos mundos: el de la consciencia y el de la inconsciencia.

De su contacto con los surrealistas surgirá un trabajo extraño y una teoría igualmente rara, el *litocronismo,* del que André Bretón se ocupó en el último número de *Minotaure.* Oberhelman nos habla de una serie de curiosos relatos, escritos por Sábato en aquella época, titulados *Recherches Margotiniques* [13] que nunca se vieron publicados —al parecer fueron hechos bajo el influjo de Henry Michaud—. Pero lo más destacable de este período es una novela que comenzó a redactar, bajo el título de *La fuente muda* —nominación que según el autor, está tomado de unos versos de Antonio Machado—. Esta novela no vio nunca la luz por considerarla muy imperfecta, pero algunos de sus capítulos aparecieron en el número 157 de «Sur» (1947), y en dos de sus principales novelas, *Sobre héroes* y *Abaddón.*

Su asistencia a las reuniones de los surrealistas ocasionó su amistad con André Bretón y Oscar Domínguez, pintor canario, cuya trágica historia quedó reflejada en las páginas de las novelas arriba citadas.

El Surrealismo lleva a nuestro hombre al polo opuesto de la ciencia, del mundo de la claridad pasó al mundo de la oscuridad, puesto que el hombre no es sólo razón pura sino también «sinrazón» y es esta parte irracional del hombre la más importante para Ernesto Sábato.

Aunque en su interior se gestaba a pasos agigantados su dedicación a la literatura, y por consiguiente el lógico abandono de la ciencia, sin embargo debía cumplir con sus obligaciones de becario y se trasladó para ello, al año siguiente, al Massachusetts Institute of Technology de Boston, donde realizaría una investigación

---

12 Esta etapa de su vida la recuerda en «El escritor y sus fantasmas», en *O.E.,* pág. 464 y 512; en «Una teoría sobre la predicción del porvenir», en *O.E.,* pág. 891 a 893; en el «Informe» y en *Abaddón,* págs. 276 a 319.

13 Respecto al *margotinismo* léase el apartado «Margotinismo» de «Uno y el universo», en *O.E.,* págs. 89 a 90.

teórica sobre Rayos Cósmicos, desde el punto de vista de la relatividad.

En 1940 se encontrará de nuevo en Buenos Aires, donde por corto tiempo combinará las dos facetas de su trabajo: la ciencia y la literatura.

Cuarta crisis: ingreso en el mundo
de la literatura. 1940-1960

El punto cero del escritor frente al público fue un pequeño estudio publicado en la revista «Teseo» sobre *La invención de Morel* de su entrañable amigo Adolfo Bioy Casares, en 1940. Este corto escrito entusiasmó a don Pedro Henríquez Ureña que le pidió que siguiese escribiendo. Ernesto Sábato, reconfortado por el apoyo moral que significaba el ser alentado por este gran maestro de la lengua, se animó a seguir su rumbo, y como fruto aparecieron algunos breves ensayos, unos publicados en la revista «Sur», bajo el título de *Calendario* —varios de cuyos textos fueron posteriormente recogidos en *Uno y el Universo*—; otros, en el diario «La Nación», etc.

En este mismo año es nombrado en la Universidad de la Plata para desempeñar la cátedra de Física teórica, al mismo tiempo que imparte enseñanza en el Instituto Nacional del Profesorado Secundario de Buenos Aires. De este modo, Ernesto Sábato combinó durante algún tiempo —poco, por cierto— el binomio literatura-ciencia. Aquellos escarceos literarios parisinos logran ahora un perfil más nítido, es decir, van tomando posición, cada vez con mayor empuje, dentro del escritor argentino.

Argentina sufre por esta época la política peronista con la que Sábato empieza a no estar de acuerdo. En 1943 abandona Buenos Aires y se marcha a vivir a un ranchito en Córdoba con su mujer y su hijo mayor. Los móviles de esta decisión fueron —según nos cuenta el interesado— su oposición a la dictadura peronista y la crisis de conciencia que ya se gestaba en su interior. Este paso decisivo en su vida quedó reflejado con estas palabras en el prólogo de su primer libro de ensayos: «La ciencia ha sido un compañero de viaje, durante un trecho, pero ya ha quedado atrás. Todavía, cuando nostálgicamente vuelvo la cabeza, puedo ver algunas de las altas torres que divisé en mi adolescencia y me atrajeron con su belleza ajena de los vicios carnales. Pronto desaparecerán de mi horizonte y sólo quedará el recuerdo... De todos modos, reivindico el mérito de abandonar esa clara ciudad de las torres —donde reinan la seguridad y el orden— en busca de un continente lleno de peligros, donde domina la conjetura». [14]

En aquella humilde casa en plena sierra de Córdoba, con mucho frío y sin luz artificial, comenzó a redactar su primer libro: *Uno y el universo*. Año especialmente duro para nuestro escritor. Fueron a verle científicos amigos con el propósito de disuadirle de su decisión de abandonar la ciencia (Gaviola, Guido Beck). Todo fue inútil. Fiel a su decisión, regaló todos sus libros, tanto de matemáticas como de física, entre sus amistades, con el fin de no tener retorno.

En 1945 un jurado formado por Vicente Barbieri, Francisco Luis Bernárdez, Leónidas Barletta, Ricardo Molinari y Adolfo Bioy Casares dio por unanimidad el primer premio de prosa de la Municipalidad de la ciudad de Buenos Aires a Ernesto Sábato que publicaba su primer libro de ensayos: *Uno y el universo*.

Dos años más tarde, en 1947, el Comité Ejecutivo de la Unesco —y gracias al profesor polaco Nowinski— lo nombró asistente en París y Roma. De este modo se gestó el tercer viaje a París de Ernesto Sábato. El carácter burocrático de este cargo —aceptado únicamente debido a dificultades económicas— no concordaba con su forma de pensar, y dimitió dos meses más tarde.

Fue esta una etapa de serios problemas económicos para él y su familia; pues, prácticamente, durante diez años (1945-1955) vivirán de lo que él ganaba con sus artículos, conferencias y su tarea de consejero de las editoriales Raigal, Codex y Emecé.

En 1948 apareció terminada y dispuesta para la publicación aquella novela que iniciara años antes en una estación de ferrocarril cuando se dirigía a Milán, *El Túnel*. A partir de este momento su nombre empezó a suscitar innumerables elogios. El éxito de esta «nouvelle» fue tal que se tradujo a más de diez lenguas. El propio Albert Camus la hizo traducir, por Gallimard, al francés.

---

14 «Uno y el universo» en *O.E.*, pág. 16.

Tres años después, volverá a ejercitar su primer tipo de escritura, el ensayo, en *Hombres y Engranajes,* libro en el que se examina el camino recorrido por la cultura occidental desde el Renacimiento, impulsado por dos grandes motores: la razón y el dinero. En 1953, tendremos otro corto volumen ensayístico, *Heterodoxia,* de estructura aforística, al igual que *Uno y el Universo.*

En 1955, derribado Perón y con un gobierno revolucionario en el poder, se le ofreció la oportunidad de dirigir un gran semanario «Mundo Argentino». Pero al no ser respetada la libertad de prensa renunció a su dirección.

Al año siguiente publicó una especie de carta abierta al problema del peronismo: *El otro rostro del peronismo,* incluida hoy dentro de las *O. E.* publicadas por Losada.

En 1958 se le nombró Director General de Relaciones Culturales de la Cancillería de la República Argentina, puesto que abandonó al año, pues opinaba que un escritor debe mantenerse al margen de cualquier gobierno —actitud que le sigue caracterizando desde entonces—.

El éxito como escritor: 1961...

En 1961 publicó *Sobre héroes y tumbas,* su segunda novela, con la que consiguió renombre universal, aunque determinados problemas de distribución y traducción retardaron su difusión en países de habla extranjera. Su éxito fue consolidándose poco a poco cada vez con mayor persistencia y hoy día el número de ejemplares vendidos por la Ed. Sudamericana solamente, es realmente escalofriante.

A pesar de que a Ernesto Sábato no le gusta ser considerado como perteneciente al «boom» —pues según él, no le gustan los grupos, se considera «franco tirador» y, como consecuencia, *exterior* al «boom», además de *anterior,* como Borges—, [15] *Sobre héroes* empieza a considerarse como una de las grandes muestras

---

15 En unas declaraciones para T.V.E. en marzo de 1977, Sábato declaró considerarse «anterior, exterior y posterior al boom», como lo prueban el éxito de *El túnel* (anterior), *Abaddón,...* (posterior), premio al Mejor Libro extranjero en Francia en 1977, y exterior, por lo antes dicho.

de ese fenómeno de los años 60. Esta novela aparece hoy día en la mayoría de los libros que tratan de ese «boom» literario, junto con *Rayuela* del argentino Julio Cortázar; *Cien años de soledad* de Gabriel García Márquez, *La ciudad y los perros* de Mario Vargas Llosa, y demás. [16]

En 1963, de nuevo, practicó el ensayo en *El escritor y sus fantasmas*. A continuación se multiplicaron sus actividades público-literarias: conferencias en Nueva York, Puerto Rico y países europeos. La fama comenzaba a rendirle tributos.

Le siguió *Tango, canción de Buenos Aires,* corto estudio sobre el baile típico argentino, incluido también en *O. E.*

Su cariño al romancero le llevó a la grabación del disco *Romance de la muerte de Juan Lavalle,* con música de André Malraux, en el 64. Por estas fechas recibió Ernesto Sábato la distinción de Caballero de las Artes y las Letras de Francia, y fue invitado a Génova para un Congreso de Escritores.

En 1966 apareció, bajo su supervisión, el primer volumen de las *O. C.* de Losada, a la que seguirían *Tres aproximaciones a la literatura de nuestro tiempo* (1968), *Itinerario* (1969) y *Claves políticas de E. Sábato* (1972).

En 1973 comienzan a aparecer en diversas revistas los primeros capítulos de *Abaddón, el exterminador* hasta que por fin, en 1974, sale a la luz esta obra que le valió en el año 1977 el Premio al mejor libro extranjero en Francia. En su país han sido vendidos más de 150.000 ejemplares, a pesar de que —según el propio autor— es el libro más difícil que ha escrito hasta el momento. [17]

Actualmente prepara un nuevo volumen de ensayos titulado *El escritor en la catástrofe,* libro en el que el argentino intentará dar su filosofía de la ficción en la crisis de nuestro tiempo. Algunos de los capítulos que lo componen han sido ya publicados bajo el título de «Nueva Literatura y revolución». [18]

---

16 Sin embargo, como decíamos en el capítulo anterior, aún hay críticos que lo marginan, como es el caso de Luís Harss en *Los nuestros*, Bs. As., Sudamericana, 1966, o que disienten con la opinión crítica general como es el caso de César Fernández Moreno en «El caso Sábato», contenido en *Nueva novela latinoamericana*, 2, Bs. As., Paidós, 1972, págs. 205 a 221.

17 En una entrevista concedida por E. Sábato al periódico *El País*, el 25-II-77, declaró: «La novela que ahora me han premiado en París será la última».

18 Recientemente ha publicado una colección de siete ensayos de temática diversa, bajo el título *Apologías y rechazos*, Barcelona, Seix Barral, 1979.

Su residencia habitual la tiene fijada en el barrio obrero bonaerense de Santos Lugares.

Sorprende quizá un poco que un escritor que ha alcanzado fama universal la haya logrado con dos grandes condicionantes: su escasa producción novelística y su residencia habitual en la patria. A ambas circunstancias da respuesta Ernesto Sábato.

A la pregunta ¿no le gusta escribir novelas? responde: «No. Me atormento mucho, no es un goce ni un pasatiempo. Y aunque respeto a los que escriben todos los días y publican todos los años, yo no puedo hacerlo. No puedo sino escribir sobre las grandes crisis que atravesamos en nuestra existencia, esas encrucijadas en que reajustamos nuestra visión del mundo, el sentido de la existencia en general». [19]

Respecto a lo segundo dice así: «Para bien y para mal, el escritor verdadero escribe sobre la realidad que ha sufrido y mamado, es decir sobre la patria... El escritor de nuestro tiempo debe ahondar en la realidad. Y si viaja debe ser para ahondar, paradójicamente, en el lugar y en los seres de su propio rincón. Lo otro es cosa de frívolos, de meros cronistas, de snobs. Viajar, sí, pero para ver con perspectiva su propio mundo, y para ahondar en él; pues así como el conocimiento de uno mismo pasa por los demás, sólo podemos indagar y conocer a fondo nuestra patria conociendo las que no nos pertenecen... Por otra parte la expatriación total es más peligrosa para un argentino que para un inglés o un español, que tiene una nacionalidad fuerte y bien definida. Nuestra patria está demasiado recién hecha, es demasiado frágil y vacilante para que nos podamos permitir el lujo de irnos a vivir definitivamente a París o a Londres». [20]

De esta forma se pone de relieve una de sus cualidades más acusadas: su compromiso y compenetración con la realidad que le ha tocado vivir y con su tierra, haciendo honor siempre a la verdad total. De ahí que repetidas veces, Ernesto Sábato se haya autodefinido como un testigo de su época.

---

19 «El escritor y sus fantasmas» en O.E., pág. 471.
20 Id. ib., págs. 517 y 518.

Dicotomía ciencia-literatura en su vida

Aunque a lo largo del estudio biográfico he hecho referencia a esta dualidad implícita en su persona, quisiera concluir este capítulo con el análisis de la bipolaridad constante que marcó profundamente su vida y sus escritos.

En principio estas dos materias parecen estar en contradicción; sin embargo, para nuestro escritor la primera ayuda a la segunda. Dice así: «Las ciencias físico-matemáticas exigen y confieren un rigor intelectual y lingüístico que no vienen mal para el ejercicio de las letras... En los países hispanoamericanos, un poco propensos a la pompa..., ese severo entrenamiento de las ciencias exactas puede servirnos para evitar los defectos a que esa tendencia nos lleva». [21]

Es decir, busca las ciencias para huir del caos y de la oscuridad, pero cuando tiene delante el mundo puro y ordenado, racional, de las matemáticas, comprende que eso no basta, que hay que contar también con el desorden, porque el mundo, la humanidad es la mezcla de esos dos polos: el orden y el desorden, la racionalidad y la irracionalidad, lo objetivo y lo subjetivo. Por eso, Ernesto Sábato se apartará de su primer mundo para entrar en el segundo, aunque sin despreciar aquellos hábitos adquiridos en su anterior etapa. De esta sabia combinación resultan novelas como El Túnel, cuyos planteamientos lógicos revelan a un matemático oculto. A medida que otras novelas siguen saliendo de su pluma, estos rígidos presupuestos se van a ver debilitados, aunque nunca totalmente despreciados —no en balde El Túnel es la novela que más próxima se halla a su etapa científica—. Para el argentino, el espíritu científico de los tiempos actuales influyó en la ficción de doble manera: con respecto a la objetividad y con respecto a la racionalidad. Y esta herencia supo ser recogida perfectamente por el escritor.

Quisiera terminar citando unas palabras suyas en las que claramente pone de manifiesto lo que hemos dicho: «A partir de Husserl, sus mejores discípulos ya no centrarán la filosofía en el individuo, que es enteramente subjetivo, sino en la persona, que es

---

21 Id. ib., págs. 464 y 465.

síntesis de individuo y comunidad. Mediante un proceso dialéctico que creo podría esquematizarse así:

RAZON ——— INSTINTO ——— PERSONA
objeto   sujeto   comunidad
totalidad   individuo   persona

Del objetivismo absoluto de la ciencia se pasó al subjetivismo absoluto de los románticos, y de esta antítesis nació la nueva mentalidad y la nueva manera de ver la realidad». [22]

De todo lo expuesto se puede deducir el siguiente planteamiento: Ernesto Sábato es un escritor que, a pesar de haber abandonado su primera vocación —la ciencia—, este abandono fue más material o externo que espiritual o interno. Bien es cierto que regaló todos sus libros para evitar un posible retorno; pero en su interior, siguieron subsistiendo los presupuestos cientifistas básicos hasta el punto de reflejarse en sus escritos —tanto en el ensayo como en la novela—. No se debe, por consiguiente, olvidar la presencia conjunta de esa bipolaridad ciencia-literatura en su obra. El abandono del primer mundo fue a toda luz más aparente que real, y hasta tal punto no lo olvidó que sus ensayos se hallan plagados de fragmentos que hacen referencia a él.

Ernesto Sábato, hombre y escritor

En Ernesto Sábato el hombre y el escritor forman un todo indisoluble hasta el punto que él mismo declaró en cierta ocasión «la verdadera autobiografía de un escritor hay que buscarla en sus ficciones». Este frase la entiendo en el sentido de que los personajes de sus novelas son hipóstasis o encarnaciones de lo más profundo de su personalidad, que revelan, a veces contradictoria o coherentemente, sus pasiones, fobias e ideas más ocultas. Es decir, el *pensador* está siempre presente en el *novelista*.

A diferencia de otros escritores, como Robert Musil, que combinan simultáneamente la actividad científica y literaria, él aban-

---

22 Id. ib., pág. 559.

donó totalmente su mundo anterior para consagrarse a la literatura, vocación que le venía de la infancia. Ernesto Sábato es escritor porque siente la necesidad vital de expresar sus angustias; sin embargo, no se considera un profesional de la literatura sino un «francotirador» —según su propia expresión—.

Si alguna cualidad le caracteriza ésta es la sinceridad total en todos sus planteamientos, circunstancia que le ha ocasionado más de un disgusto. En política, su acusación a los regímenes totalitarios, a la tortura, a la injusticia... sean de izquierda o de derecha. Su postura es perseguir la justicia social. Políticamente no se encuentra afiliado a ningún partido político —aunque en su juventud fue anarquista y más tarde comunista— porque considera que el oficialismo es malo para un testigo insobornable. Su postura es la de ser un hombre a contramano, y por eso a menudo está con los revolucionarios. Pero cuando la revolución triunfe piensa que debe volver a su independencia. ¿Significa esto no querer comprometerse? Comprometerse, sí, pero con la condición humana, no con un partido ni una secta. Testigo de su tiempo, sí, pero no propagandista de una religión o una ideología. Esta independencia que propala en cuanto a la política, es aplicable también en cuanto a su vínculo con las modas literarias. Sus novelas, revolucionarias en cuanto a las técnicas empleadas, son en cierto modo tradicionales en cuanto a la temática, lo que a Ernesto Sábato le interesa por encima de todo son los enigmas últimos de la condición humana: el problema de la muerte, la soledad, la esperanza, la frustración, el sentido de la existencia. Y es, en definitiva, esto lo que le ha valido ser uno de los escritores más leídos de América y Europa. Su público es de lo más vasto y sus obras han sido traducidas a más de siete idiomas.

El mundo novelístico sabatiano

Pretendo en este apartado dar una visión panorámica de las coordenadas principales que rigen la obra narrativa del escritor argentino. Para seguir una exposición ordenada iré tocando los puntos más significativos en una gradación descendente de lo general a lo particular, para terminar con el comentario que el propio escritor hace del conjunto de su obra. Una vez más será necesario recurrir a las opiniones mantenidas en los ensayos para poder sustentar su teoría de la novela.

Enjuiciamiento de la novela contemporánea

En 1963 sintetizó Ernesto Sábato los atributos centrales de la novelística de la siguiente forma:

1. *Descenso al yo.* Actitud opuesta a la novelística del siglo XIX. Si ésta pretendía describir objetivamente el mundo externo, hoy día el novelista toma una postura antagónica: el hundimiento en su propia existencia, como primer paso; y como segundo, dirigirse hacia la totalidad sujeto-objeto desde su yo.

2. *El tiempo interior.* Lógica consecuencia del primer punto. Si el novelista se instala en el yo, su tiempo no es sino el interior, en pugna con el cosmológico y el de los relojes, en suma, el tiempo astronómico.

3. *El subconsciente.* El descenso al yo trae aparejado el sumergirse en las regiones del subconsciente y del inconsciente.

4. *La ilogicidad.* En este universo tenebroso en que se sumerge no rigen las leyes lógicas, ni la razón; sino la ilogicidad y la irracionalidad.

5. *El mundo desde el yo.* Necesariamente se produce el maridaje entre el sujeto y el objeto, y por tanto rechaza el concepto de mundo que tenía el novelista de antes. El mundo no puede existir independientemente de los personajes; sino desde el sujeto.

6. *El otro.* Cuando el yo se pone en relación con las otras conciencias que lo rodean llegamos a lo que Sábato llama *intersubjetividad,* es decir la descripción de la realidad total desde los diferentes yo.

7. *La comunión.* La soledad y la comunicación son, consiguientemente, los problemas planteados a esos seres que viven la realidad desde su propia alma.

8. *Sentido sagrado del cuerpo.* El sexo adquiere una dimensión metafísica, puesto que la unión entre las almas es un intento fallido.

9. *El conocimiento.* Nueva dignidad alcanzada por la literatura como consecuencia de todo lo dicho. Las letras se convierten en un instrumento de conocimiento del hombre cuando se advirtió que los sentimientos y emociones también formaban parte de la realidad. [23]

El problema que ofrece este planteamiento es el siguiente: estas nueve características enumeradas corresponden efectivamente a las novelas del siglo XX, pero no todas las novelas del siglo XX presentan estas características. Es decir, esta teoría es válida sólo para algunas de las novelas contemporáneas entre las que se encuentan sus propias novelas.

Más adelante, y dentro del mismo libro, existe otro apartado en el que bajo el título «Atributos de la novela», extraemos dos conclusiones fundamentales: la primera parece corroborar el fallo que anteriormente apuntábamos. Dice así: «Siempre constituyó una gran tentación establecerse en una (relativa) posición personal y decretarla un absoluto». Nuestra postura —afirma Sábato— debe limitarse «a una simple descripción del fenómeno novela: tal como es, tal como la historia lo muestra y no tal como uno de nosotros lo imagina culminando en nuestra propia obra, por vanidad o por miopía, o por las dos cosas juntas». [24]

La segunda, hace referencia a características generales de la novela como historia (parcialmente) ficticia, como creación espiritual, que no intenta demostrar nada sino *mostrar,* y además «es una historia (parcialmente) inventada en que aparecen seres humanos, seres que se llaman «personajes»; aunque según la época, el gusto y la mentalidad de su tiempo, esos personajes o caracteres van desde corpóreos y sólidos seres... hasta transparentes individuos, que parecen ser portadores de ciertas ideas o estados psicológicos». [25] Es el caso de R. en *Abaddón,* personaje muy miste-

23 Cfr. «El escritor y sus fantasmas», en Ob. cit., págs. 561 a 568.
24 Id. ib., págs. 644 y 645.
25 Id. ib., pág. 645.

rioso que encarna la idea del mal, aparte de presentar un estado psicológico transtornado.

Otra característica de la novela sería —según Sábato— la indagación del drama del hombre.

Para el escritor argentino hay dos presupuestos básicos a partir de los cuales construye su teoría: 1) Fuera del yo (sujeto) no hay un mundo que pueda ser descrito independientemente del sujeto, sino que siempre en alguna medida el objeto está dentro del observador; de ahí que la realidad esté formada por la unión indisoluble de sujeto-objeto.

2) La indagación del hombre como eje novelístico. Ese es el contenido básico de sus novelas. Para ello el escritor debe recurrir a todos los medios posibles «empleando a veces un microscopio y otras veces un aeroplano». [26]

Todos los demás presupuestos no son sino derivados consecuentes de estos dos.

YO   lo observado

(observador)

SUJETO   OBJETO

HOMBRE   mundo: seres y cosas

SUJETO + OBJETO

El novelista y sus vivencias. El yo del escritor

En *Heterodoxia,* Ernesto Sábato haría unas declaraciones que sustentarán toda su producción novelística: «los más profundos novelistas y dramaturgos son los que están obsesionados por una sola obsesión… Ya sea el Bien o el Mal, o la Soledad, o el Amor, esa monomanía se debe a la profundidad de la obsesión, y ésta garantiza la profundidad de la creación». [27] De esta forma se pone de manifiesto lo siguiente: la narrativa de Sábato parte siempre de su yo interior y son sus preocupaciones vivenciales las que va a reflejar en sus escrittos. Esto significa lógicamente un desplazamien-

---

26 Id. ib., pág. 481.
27 En *O.E.,* ob. cit., pág. 376.

to hacia el sujeto —del que ya hemos hablado— practicado por Marcel Proust, Virginia Woolf, Franz Kafka, Joyce, etc. y que compartirá también el argentino. Para Sábato sólo de esa forma se logra una literatura profunda, es por eso que rechazará los presupuestos objetivistas del «nouveau roman» francés.

La literatura de hoy es, para el argentino, fundamentalmente *metafísica* puesto que se propone profundizar el sentido de la existencia y llegar hasta el fondo del problema. Esto es lo auténtico y no la persecución de la belleza que caracterizaba a la literatura novecentista.

A esta teoría se le puede achacar, y de hecho se le ha achacado, el abandono de la realidad social y política de su tiempo. Pero el argentino responderá con las siguientes palabras: «Nada más equivocado, pues, que pedirle a la literatura el testimonio de lo social o lo político. Escribir en grande, simplemente es, sin más atributos. Pues si es profundo, el artista inevitablemente está ofreciendo el testimonio de él, del mundo en que vive y de la condición humana del hombre de su tiempo y circunstancia. Y dado que el hombre es un animal político, económico, social y metafísico, en la medida en que su documento sea profundo también será (directa o indirectamente, tácita o explícitamente) un documento de las condiciones de la existencia concreta de su tiempo y lugar».[28]

La obra de arte tiene, pues, para el argentino un valor claramente *testimonial,* puesto que el escritor que siente en su interior la imperiosa necesidad de testimoniar su drama, su desgracia, se convierte en *testigo* o *mártir* de su época. «Son hombres —dice Sábato— que no escriben con facilidad sino con desgarramientos».[29] Y ahí quizá resida la clave de su escasa producción novelística y de la estructura repetitiva de sus novelas.

Pero además de valor testimonial, su obra tiene también un claro valor *catártico,* en el sentido de purificación o de liberación que el creador siente cuando consigue airear sus obsesiones.

Ernesto Sábato opina que «no se debe escribir si un tema no acosa, persigue y presiona, a veces durante años, desde las más misteriosas regiones del ser»,[30] por eso no se debe elegir un tema

---

28 Ob. cit., págs. 639 y 640.
29 Ob. cit. pág. 639.
30 «Heterodoxia», en ob. cit., pág. 377.

para una novela como si se eligiese un vestido, sino que sea el tema el que lo elija a uno. Sólo de esa forma la novela puede resultar auténtica. Un novelista no debe inventar vivencias sino *vivirlas,* «lo que hace el novelista —dice el escritor— es recombinar esas vivencias... sin saber ni cómo ni por qué... Ningún escritor puede escribir algo de valor que de alguna manera no haya pertenecido al mundo de la vigilia...». [31]

Por todo esto, la obra del escritor argentino Ernesto Sábato responde a una actitud opuesta a la gratuidad, al esparcimiento, a la diversión; es decir, responde a una actitud problemática cuya única misión es indagar la condición del hombre, tarea que rechaza el ingenio y la superficialidad. Citaremos al respecto unas palabras del autor que ponen punto final a esta consideración: «A esa superficial intriga se opone el apasionado interés que suscita la complicación problemática del ser humano, ese ser que se debate en medio de una tremenda crisis; y el trivial misterio... es reemplazado aquí por el misterio esencial de la existencia, por la dualidad del espíritu y por la opacidad que inevitablemente tienen los seres vivientes... Es radicalmente imposible la objetividad para *un escritor que angustiosamente expresa el drama del hombre contemporáneo. Esta novela, en efecto, es fundamentalmente una novela del Yo».* [32]

Anteriormente apunté cómo ese desgarramiento que sufre el escritor cada vez que escribe una novela podía estar en relación con su escasa producción novelesca y con la repetición de sus temas. Ernesto Sábato ha escrito poco porque sigue la máxima que aconsejara al joven escritor, B., de *Abaddón...:* «escribí cuando no soportes más, cuando comprendas que te puedes volver loco». No consiste en escribir por escribir, puesto que partimos de la base de que para nuestro escritor, escribir no es un juego, *no es fácil* en una palabra, sino el producto de una honda crisis. Por eso, sus novelas se han ido publicando con un intervalo de trece años, cuando para cualquier otro escritor este período de tiempo hubiera sido suficiente para trece novelas. Y a continuación le dice a B.: «Y entonces volví a escribir «lo mismo», quiero decir volví a

---

31 «El escritor y sus fantasmas», en ob. cit., pág. 572.
32 «El escritor y sus fantasmas» en ob. cit., págs. 574 y 575. El subrayado es nuestro.

indagar, por otro camino, con recursos más poderosos, con mayor experiencia y desesperación, en lo mismo de siempre».[33]

La refutación que puede hacérsele a este planteamiento lo apunta él mismo: «Y no te preocupes por lo que te puedan decir los astutos, los que se pasan de inteligentes; que siempre escribís sobre lo mismo. Claro que sí! Es lo que hicieron Van Gogh y Kafka y todos los que deben importar... *Las obras sucesivas resultan así como las ciudades que se levantan sobre las ruinas de las anteriores».*[34]

De esta forma quedan aclaradas las dos interrogantes que antes se plantearon.

Los temas de sus novelas

Si el propio Sábato ha confesado que «escribe sobre lo mismo siempre», lógicamente su trilogía presentará unos temas ejes comunes. De estos temas voy a tratar.

Quizá convendría comenzar citando las siguientes palabras del argentino: «No se debe elegir el tema de una novela o de un drama: es el tema quien lo elige a uno».[35] Es decir, el novelista va a escribir sobre lo que le obsesiona. ¿Cuál es la obsesión principal de Sábato?: «La indagación del hombre, lo que equivale a decir que es la indagación del Mal. El hombre real existe desde la caída. El hombre no existe sin el Demonio: Dios no basta».[36]

De esta forma se obtiene el primer tema que tomará forma en sus novelas: *El Mal,* que se encuentra ligado al hombre desde el pecado original. Si el Mal es una de las constantes del ser humano,[37] otra de esas constantes va a ser *la soledad* y la *comunicación,* que tomarán cuerpo en el alma de las criaturas. Dice así el argentino: «El Yo aspira a comunicarse con otro YO, con alguien igualmente libre, con una conciencia similar a la suya. Sólo de esa manera puede

---

33 *Abaddón...,* pág. 124.
34 *Abaddón,* págs. 124 a 125. El subrayado es nuestro.
35 «Heterodoxia», en ob. cit., pág. 377.
36 «El escritor y sus fantasmas», en ob. cit., pág. 724.
37 En esto sigue a C. G. Jung, cfr. *Recuerdos, sueños, pensamientos,* Barcelona, Barral, 1966.

escapar a la soledad y a la locura. De todos los intentos, el más poderoso es el del amor».[38]

La comunicación entre dos seres se consigue —para Sábato— a través de la unión carnal, a través de los cuerpos. «Intentar, como pretende Maeterlinck, la comunicación de dos almas puras es tan grotesco como pretender una amistad entre dos libros».[39] Pero fijémonos que he dicho «a través» y no «con» pues si el intento se realizase *con el solo cuerpo,* sólo se logra satisfacer las necesidades físicas del hombre, *no sus necesidades metafísicas...* «Sólo la plena relación con el otro yo permite salir de uno mismo, trascender la estrecha cárcel del propio cuerpo y, a través de su carne y de la carne del otro (maravillosa paradoja) alcanzar su propia alma».[40]

El mal, la soledad y comunicación, la *muerte,* gran tema éste también en las novelas de Sábato. Respecto a ella dice el argentino: «Las religiones son algo así como sueños metafísicos y, por lo tanto, revelan las ansiedades más hondas del ser humano. Del hecho de que las religiones prometen la vida de ultratumba debemos inferir, pues, que la obsesión de la muerte es la más profunda».[41]

Todos estos temas son producto de la crisis general de la civilización moderna, y son los que Sábato como otros tantos novelistas —léase Kafka como ejemplo— van a trasladar a sus novelas. *El túnel* se centró en el tema de la incomunicación y soledad del pintor Juan Pablo Castel que le llevaría hasta la locura. El problema del *mal* sólo está en esta novela esbozado, el principal motor de la novela es, como se ha dicho, la soledad y su consiguiente deseo de salir de ella, de conseguir la comunicación —posibilidad que le obrece en principio María Iribarne—. El intento resultó fallido.

En *Sobre héroes* se encuentra presente también el drama de la soledad, en Bruno; el de la incomunicación, en Martín y Alejandra; pero sobre todos ellos reluce el problema del *Mal* que halló su máximo exponente en Fernando Vidal Olmos y su indagación del mundo de las tinieblas. Pero además se encuentra tam-

---

38 «Heterodoxia», en ob. cit., pág. 329.
39 Id. ib., pág. 388.
40 «El escritor y sus fantasmas», en ob. cit., pág. 676. El subrayado es nuestro.
41 «Heterodoxia», en ob. cit., pág. 332.

bién aquí una de las constantes del pensamiento y de la obra de Sábato de la que no hemos hablado hasta el momento: la búsqdeda de *absoluto* y eternidad por parte del hombre, «condenado como está a la frustración y a la muerte».[42] Este anhelo de absolutto reflejado en parte en la vehemencia de amor absoluto de Juan Pablo Castel está enquistado en todos los personajes de *Sobre héroes*.

Pero ¿la búsqueda del absoluto es algo nuevo en la literatura? Tenemos que decir que no. Su origen se ancla en el Romanticismo. Aguiar e Silva dice al estudiar este movimiento: «El espíritu humano, para los románticos, constituye una entidad dotada de actividad que tiende al infinito, que aspira a romper los límites que lo constriñen, en una búsqueda incesante del absoluto, aunque éste permanezca siempre inalcanzable. *Energía infinita del yo* y *ansia del absoluto,* por un lado; *imposibilidad de trascender de manera total lo finito y lo contingente,* por otro —he aquí los grandes polos entre los que se despliega la aventura del yo romántico. «Por todas partes buscamos el Absoluto», escribe Novalis en uno de sus *Fragmentos,* y «nunca encontraremos más que objetos».[43]

Esta explicación resulta suficientemente explícita para garantizar nuestra afirmación inicial. Pero es que además de esto, debemos decir que el romanticismo latente de Ernesto Sábato no termina aquí. La indagación de las fuerzas ocultas, del misterio, de lo sobrenatural tiene también su origen en el mundo romántico. Continúa Aguiar e Silva diciendo: «El mundo romántico, a diferencia del mundo humanístico y del mundo ilustracionista, está radicalmente abierto a lo sobrenatural y al misterio, pues representa sólo «una aparición evocada por el espíritu»… El verdadero conocimiento exige que el hombre desvíe su mirada de todo cuanto le rodea y descienda adentro de sí mismo, allí donde mora la verdad tan ansiosamentte buscada».[44]

¿Acaso la descripción del personaje Fernando Vidal Olmos no responde a la del *hombre fatal* del romanticismo? En él «volvemos a encontrar muchos elementos característicos de Satán, desde la fisonomía —faz pálida, mirada impiadosa—, hasta el tempera-

---

42 «El escritor y sus fantasmas» en ob. cit., pág. 473.
43 Aguiar e Silva, Víctor M.: *Teoría de la literatura,* Madrid, Gredos, 1972, págs. 331 a 332. El subrayado es nuestro.
44 Id. ib., pág. 332.

mento y los rasgos psicológico-morales —melancolía indesarraigable, desesperación, rebeldía, inclinación ineluctable, a la destrucción y al mal», [45] descripción que concuerda con la del padre de Alejandra, convirtiéndose de este modo en una especie de *héroe romántico*. Pero los románticos también colocan como símbolo de la aventura titánica del hombre otro tipo que concuerda con la figura de Martín «desgraciado y perseguido por la sociedad, condenados a la soledad, incomprendido por los demás hombres, y que desafía el destino». [46]

En *Abaddón*... es Nacho Izaguirre el personaje que ejemplifica el *mal du siècle* romántico. «Del fracaso de esta aventura, de la imposibilidad de realizar el absoluto a que se aspira, nacen el pesimismo, la melancolía y la desesperación, la voluptuosidad del sufrimiento, la búsqueda de la soledad», [47] dice Aguiar. Y, efectivamente, creo que esa es la situación de Nacho que, asqueado por la relatividad de la existencia (simbolizada por Sábato, escritor de éxito) se marcha sin rumbo fijo. Aunque no se debe olvidar la importancia del determinismo en la novela naturalista hispanoamericana que, aunque heredera del «fatum» romántico, se transmite a la narrativa actual, sin que el modernismo representara una barrera seria. (*Idolos rotos* de Díaz Rodríguez, Eugenio Cambaceres, etc.).

Aunque en ningún momento se vincula estrechamente al movimiento romátnico, a veces sí que aparecen afirmaciones que nos hicieron sospechar el parentesco ideológico del escritor. En «El escritor y sus fantasmas» llegó a afirmar que «desde sus mismos orígenes, la novela es la expresión por antonomasia del espíritu romántico». [48] Anteriormente a 1963, en «Hombres y engranajes», Ernesto Sábato indicó de pasada la procedencia de los temas que maneja, dice así: «En cuanto a Nerval, precursor del movimiento surrealista, aspira a internarse en el continente de los sueños, para encontrar la región en que la realidad y el ensueño se confunden. *El sueño, la locura y la videncia —este reiterado tema de los románticos alemanes—* eran los medios de que quería

---

45 Id. ib., pág. 334.
46 Id. ib., pág. 334.
47 Id. ib., pág. 335.
48 Ob. cit., pág. 524.

valerse para ese «descendimiento a los infiernos», que luego será también invocado por Rimbaud y los surrealistas». [49]

El absoluto, la soledad, la incomunicación, el Mal, la muerte... son los grandes temas sabatianos de honda raíz metafísica. Para Ernesto Sábato el nacimiento de la novela occidental coincide con la honda crisis que se produjo al finalizar la época medieval, cuando se originó el derrumbamiento de los valores religiosos, y la soledad y la angustia empezaron a tomar cuerpo en el hombre. Dice el argentino: «no hay una fe sólida, la burla y el descreímiento han reemplazado a la religión, el hombre está de nuevo a la intemperie metafísica. Y así nacerá ese género curioso que hará el escrutinio de la condición humana en un mundo donde Dios está ausente, o no existe, o está cuestionado.

De Cervantes a Kafka, éste será el gran tema de la novela y por eso será una creación estrictamente moderna y europea; pues se necesitaba la conjunción de tres grandes acontecimientos que no se dieron ni antes ni en ninguna otra parte del mundo: el cristianismo, la ciencia y el capitalismo con su revolución industrial». [50]

Con referencia a lo que antes aludíamos —el escritor como *testigo* de su época— dice Sábato en esta reciente publicación que la novela «es el testimonio trágico de un artista ante el cual se han derrumbado los valores seguros de una comunidad sagrada». [51]

A través de este recorrido realizado a lo largo de sus ensayos, creo haber puesto de relieve cuáles son las constantes esenciales de la novelística sabatiana. Constantes temáticas que están profundamente enraizadas en los metafísico, y que huye en todo momento de lo lúdico y lo trivial. Ernesto Sábato es un gran conocedor de la civilización humana y como tal su pensamiento se halla dominado por una preocupación centralísima: el papel del artista —entendida la palabra en su más amplio sentido— en la crisis de nuestra época. Papel que consiste en despertar la conciencia de la humanidad y hacerle ver que existe una realidad mucho más profunda y válida, captada desde un «yo» que desea abarcarlo todo. De esta forma, el arte se manifestará como una fuente de conocimiento más válida que lo científico, pues engloba también la parte irracional de la

---

49 Ob. cit., pág. 203.
50 *La cultura en la encrucijada...*, ob. cit., pág. 123.
51 Id. ib., pág. 124.

existencia. El novelista es testigo, vate o visionario. La novela tiene una triple función: *catártica* o purificadora, *integradora* de «lo luminoso y lo nocturno», de lo bueno y lo malo; y *cognoscitiva,* en su sentido de contribuir al conocimiento del hombre. A esta triple función yo me atrevería a añadir una cuarta: *salvadora,* que se puede deducir de las siguientes palabras del escritor argentino: «la gran novela no sólo hace al conocimiento del hombre sino a su salvación. Y esta tarea, lejos de ser un lujo de individuos indiferentes al sufrimiento de clases o pueblos miserables, es una clave para el rescate del hombre triturado por la siniestra estructura de los Tiempos Modernos».[52] En este sentido incide el intento de Sábato en *Abaddón* de analizar la novela desde dentro, al colocarse en el interior de la ficción.

El empleo de las técnicas.

Las técnicas que deben emplearse para la elaboración de una novela deben estar, según Sábato, en función de los fines perseguidos. Considera, pues, como ilegítimo la innovación por la innovación. A esta primera salvedad, añade el argentino la necesidad por parte del artista de superar su técnica anterior, haciendo suya la frase de Pavese: «El artista que no analiza y no destruye continuamente su técnica es un pobre hombre».[53] Efectivamente, Ernesto Sábato cumple con estos presupuestos, si comparamos el avance de su técnica desde *El túnel* hasta *Abaddón el exterminador.* Indudablemente, se advierte una progresiva complicación y madurez de los recursos empleados. Desde el relato directo, en primera persona, del protagonista Juan Pablo Castel, se pasa al punto de vista múltiple de *Sobre héroes* y de *Abaddón,* procedimiento que permite al autor ahondar caleidoscópicamente en la realidad(en definitiva, en la indagación del hombre, finalidad última de sus novelas) gracias a ese desplazamiento continuo. A esto habría que añadir la estructura abierta de sus dos últimas obras, en contraposición a la estructura cerrada de *El túnel;* la ubicación del autor como un personaje más de la ficción, conviviendo con el resto de los personajes en el mismo plano ontológico, etc.

---

52 Id. ib., pág. 127.
53 «El escritor y sus fantasmas», en ob. cit., pág. 686.

No nos vamos a detener aquí en un análisis de las técnicas novedosas empleadas por Ernesto Sábato, puesto que de eso nos ocuparemos más adelante. Mi único propósito era hacer hincapié en la actitud de Sábato, abierta a las innovaciones siempre que sean necesarias. Ahora bien, su postura presenta una salvedad: su oposición a la técnica «objetivista» (a lo Robbe-Grillet) [54] y a la nueva forma de novelar a la que hace una lacerante crítica en *Abaddón,* gracias a Quique. [55] Al objetivismo de Robbe-Grillet se opone porque no indaga las estructuras internas de la conciencia, los complejos y vivencias que no pueden aprehenderse observando el comportamiento. Las nuevas formas de novelar no las considera serias, sino que le parece un juego mental, ingenioso y divertido, pero nada más. Tanto lo primero como lo segundo son concepciones que chocan evidentemente con sus ideas de las novelas, expuestas en páginas anteriores. Huelga, por tanto, cualquier comentario.

Consideraciones finales

Del estudio de la producción novelística del escritor argentino se deduce quién es Ernesto Sábato y qué espera de la existencia. Es decir, su obra es el fruto de un compromiso de su yo con sus criaturas. Su yo, su persona, está —como él mismo declara— llena de contradicciones y dudas; de ahí que su obra esté considerada —por él y por la crítica— como la obra de un espíritu contradictorio. «Y que, por lo tanto, se manifiesta mejor en la ficción que en el ensayo; ya que en ella puede encarnar en diferentes personajes sus desgarramientos interiores, porque la ficción permite expresar su mundo interior en su enigmática diversidad y unidad». [56]

Ahora bien, personalmente creo que no hay que colocar la novela por encima del ensayo. Ambos, novelas, y ensayos, forman un sistema de vasos comunicantes para darnos una visión totalizadora del escritor Ernesto Sábato. No en balde, confesó en *Heterodoxia* que ensayo y novela son «lo diurno y lo nocturno». [57] Sólo

54 Sobre esto, Sábato ha tratado extensamente a lo largo de sus ensayos. Cfrs.: «El escritor y sus fantasmas» y *Tres aproximaciones a la literatura de nuestro tiempo: Robbe-Grillet, Borges, Sartre;* Santiago de Chile, Ed. Universitaria, 1968.

55 Cfr., *Abaddón...*, págs. 228 a 233.

56 «El escritor y sus fantasmas», ob. cit., pág. 461.

57 Ob. cit., pág. 370.

gracias a la unión de «lo diurno y lo nocturno», el escritor puede cumplir el compromiso que se estableció de antemano, el de la verdad total.

Para Ernesto Sábato, la novela no puede prescindir del yo; para la novela, la realidad es a la vez objetiva y subjetiva, está fuera y dentro del sujeto. Este «subjetivismo» le ha valido al argentino el calificativo de «reaccionario», «cuando en realidad no sólo el existencialismo sino el marxismo parten del hombre concreto (el único que existe) lo que es tanto como decir que parten de la subjetividad». [58]

La obra de Ernesto Sábato que alcanza su cumbre con *Abaddón* inaugura nuevas perspectivas novelísticas, a la vez que deja al lector hondamente preocupado. No es en absoluto una novela más, sino una novela que sacude, que despierta y que hará a todo lector recapacitar y meditar sobre el futuro de la Humanidad, [59] pues nunca fue más explícita que aquí esa aventura humana que explora los abismos y cuevas de su propia alma.

EL MUNDO ENSAYÍSTICO, SU CONTRAPARTIDA

Aunque un análisis concienzudo de su producción ensayística rebasaría el propósito inicial de este libro, la visión resultaría incompleta si no se expusiera las líneas fundamentales que atraviesan sus obras-ensayos y su significación, dada la profunda imbricación del ensayo dentro de la ficción y su simultáneo efecto reversible: sus ficciones no podrían ser cabalmente interpretadas si no dispusiéramos de todos esos pensamientos que Ernesto Sábato ha dejado diseminados a lo largo de sus numerosos libros dedicados al género. No en balde el escritor es simultáneamente pensador y novelista.

Carácter del ensayo sabatiano

El ensayo en Hispanoamérica ha presentado desde sus orígenes una temática definida y concreta muy diferente a la del ensayo europeo. El ensayo en Europa se ha caracterizado desde siempre

---

58 *La cultura en la encrucijada...*, ob. cit., pág. 73.
59 El loco Barragán, Molinelli, Schnitzler son los profetas de la Humanidad en la obra; por sus bocas aparece anunciada «el fin de la civilización materialista».

por una temática de amplio radio universal. Los temas más heterogéneos han cabido en su seno, desde la metafísica a la psicología, pasando por la moral, la política, la filosofía, etc. Por el contrario, el ensayo hispanoamericano ha ofrecido un repertorio mucho más reducido a sus propios límites: a lo sumo, al continente americano; en pequeña escala, a los problemas nacionales. La causa de esta limitación habría que buscarla en la idiosincrasia del continente. En 1945, Vitier señaló los tres cauces principales en que se desenvolvía el género: la cultura de nuestros países, los problemas racioales, políticos y económicos y la emoción de lo histórico. [60] Como se puede comprobar las tres vías desembocan en la problemática nacional. Todo esto no es más que el reflejo de la preocupación constante en Hispanoamérica, desde su independencia, de la búsqueda de una identidad.

En este panorama, que se puede considerar como general, ha habido aislados brotes que se han preocupado por dar a la ensayística de América nuevos enfoques —cabría citar aquí a Vaz Ferreira, Alejandro Korn, Francisco Romero, Alfonso Reyes—, pero éstos no dejan de ser escasos ejemplos.

Sin embargo, Argentina ha sido una de las naciones que más claramente ha manifestado un acento metafísico en su literatura. Herencia que recogerá el escritor en sus ensayos y ficciones. [61] Ernesto Sábato plantea esta propensión partiendo de las siguientes bases: la ausencia en esta zona de una civilización indígena —caso de México o Perú—, y la presencia de una población nómada y primitiva que obligó a una colonización especialmente dura que trajo como lógica consecuencia una literatura áspera y problemática. Los colonizadores que aquí vinieron eran en su mayoría segundones de la nobleza que se instalaban en las cortes de México o Lima, con el único propósito de probar fortuna en un amplio territorio vacío. De esta forma —explica Sábato— comenzó a desarrollarse ese temperamento meditativo, típico del gaucho, «en medio de esa metáfora de la Nada y de lo Absoluto que es la llanura sin límites ni tributos». [62] A esta primera disposición a lo metafísico habría que

---

60 Cfr. Vitier, M.: *Del ensayo americano*, México, FCE, 1945.

61 Este aspecto ha sido analizado maravillosamente por el autor en su artículo «Sobre el acento metafísico en la literatura argentina», en *La cultura en la encrucijada...*, ob. cit., págs. 95 a 102.

62 Id. ib., pág. 96.

añadir otras: el carácter inmigratorio de la Argentina que ocasionó, como caso más llamativo, el crecimiento monstruoso de Buenos Aires, poblada ahora por seres cuyo principal sentimiento será la nostalgia de la patria perdida y el recelo ante miradas resentidas de los nativos. Todo esto provocó un sentimiento de inestabilidad en un mundo que se transformaba demasiado rápido. Para Ernesto Sábato, incluso el *tango* es metafísico. Argentina presentará de este modo un doble motivo de angustia: la condición catastrófica que rige para Europa, puesto que es integrante de la civilización que sufre esta angustia; y en segundo lugar, su posición espacial de fractura («no somos ni Europa propiamente dicha ni América Latina propiamente dicha»). Es decir, ni tienen detrás el respaldo de una antigua cultura indígena, ni pueden reivindicar del todo la tradición de Europa. Termina diciendo: «Nuestra literatura es la expresión de esa compleja crisis existencial o no es nada. En lo que al Plata se refiere, al menos, es evidentte que la misión de la literatura consiste en la descripción de esa alma atormentada por el caos, de esa anhelosa búsqueda de un orden y un porqué. Esa violencia tectónica de nuestra realidad nos determina hacia una literatura problemática: en lo social, en lo político y en última instancia, como pasa cada vez que una literatura es grande, *hacia lo metafísico*».[63]

Ernesto Sábato profundamente enraizado en esta condición del argentino, va a hacer un ensayo de raíces metafísicas, y que se acercará, por tanto, al tipo de ensayo europeo. Se interesará primero por el hombre en sí, en general, sin distinciones de razas ni orígenes; y en segundo lugar, por el hombre argentino. Es decir, sus meditaciones irán desde lo general a lo particular, sin caer en el localismo excesivo, aunque sin desvincularse totalmente de una realidad que está presente día a día y que la vive con intensidad: la realidad argentina.

Sus líneas fundamentales

Variadas son las líneas centrales de su pensamiento ensayístico, pero con fines aclaratorios se podría enumerar las siguientes:

---

63 Id. ib., pág. 102. El subrayado es nuestro.

— Visión del Universo a partir de la búsqueda de su yo. Eje
que mueve su primer libro de ensayos, *Uno y el Universo*.
Conjunto de reflexiones, por orden alfabético, de orden estrictamente personal y muy variada temática. Dice Sábato en la
«Advertencia»: «El universo de que se habla aquí es mi
Universo particular y, por lo tanto, incompleto, contradictorio y perfeccionable». [64] Esta visión será superada por el
escritor inmediatamente. [65]

— El derrumbe de la civilización occidental, la crisis de toda una
civilización basada en la razón y la máquina (el capitalismo
maquinista). Profundo planteamiento que se remonta al Renacimiento para explicar la crisis de las artes y las letras en
el mundo actual. Ernesto Sábato se revela aquí como un gran
conocedor de la historia y la cultura de Occidente.

— Reflexiones de muy diverso tipo; la vida, el hombre, la ciencia,
la literatura, etc. constituyen la temática de *Heterodoxia*. Su
estructura es aforística y similar, por consiguiente, a la de
Uno y el universo. En él aparece esbozado el tema literario,
eje fundamental de su siguiente libro de ensayos.

— En *El escritor y sus fantasmas,* el más importante ensayo publicado por Ernesto Sábato hasta el momento, centra su atención principal en el «porqué ,cómo y para qué se escriben ficciones», constituyendo de esta suerte una especie de diario
íntimo del escritor.

Bien es cierto que en este libro el argentino repite ideas ya
esbozadas en anteriores ensayos, pero ese asunto no preocupa a
nuestro escritor. La diferencia entre este libro y los anteriores ha
sido claramente manifestada por Angela Dellepiane cuando dice:
«La diferencia radica en el alcance que ahora tiene el tiro, pues
mientras en aquellos ensayos hay, más que nada, un afán filosófico
o de captación o comprensión de la realidad humana —del hombre
y su producto, la civilización—, aquí, en *El escritor y sus fantasmas,*
todo el acento está del lado de lo literario, visto como fenómeno
vital y metafísico, no ya tan sólo estético». [66]

---

64 Ob. cit., pág. 15.
65 Lo cual motivó el que se negara durante veintitrés años a que el libro fuese reeditado.
66 Dellepiane, Angela: *Sábato, un análisis...,* ob. cit., pág. 271.

El libro está dividido en tres partes de igual preocupación temática y de distinta configuración:

1) *Interrogatorio* en el que Sábato ha puesto de manifiesto las claves esenciales de su concepción novelística en *El túnel* y en *Sobre héroes*.

2) *Las letras y las artes en la crisis de nuestro tiempo* en la que el argentino volverá a esbozar más precisamente las teorías expuestas en *Hombres y engranajes* y añadirá dos nociones muy importantes: a) La interrelación de literatura y existencialismo; y b) las características de la novela contemporánea, síntesis de sus anteriores teorías, aplicadas ahora a la creación novelística.

3) *Variaciones sobre un mismo tema,* de estructura similar a *Uno y el universo* y a *Heterodoxia,* hacen referencia al quehacer literario. Angela Dellepiane establece una agrupación por temas, teniendo en cuenta los más numerosos, que vamos a trasladar aquí porque la consideramos muy acertada: 1) La novela; 2) la creación artística; 3) el realismo en la literatura; 4) el lenguaje literario, y 5) la literatura argentina. [67]

A estos cuatro grandes libros habría que añadir sus reflexiones literarias acerca de tres grandes escritores contemporáneos: Robbe-Grillet, Borges y Sartre. El libro se titula *Tres aproximaciones a la literatura de nuestro tiempo...* y fue publicado en 1968.

Del año 63 datan sus reflexiones sobre el tango en *Tango, canción de Buenos Aires.*

Significado del ensayo en la ficción

Como ya se ha apuntado, el principal valor que ofrece la producción ensayística para la ficción es el de *iluminar,* aclarar su concepción novelística. En *Heterodoxia* explicaría sus ideas sobre *El túnel;* [68] en *El escritor y sus fantasmas* extendería sus reflexiones a *Sobre héroes,* aparte también de *El túnel.* Pero por encima de referencias concretas a estas dos novelas, lo más importante es

---

67 Id. ib., pág. 273.
68 Ob. cit., págs. 336 a 337.

su planteamiento del mundo novelístico y del escritor que hace en estos libros. Hasta tal punto sirve de complemento a la ficción que ambas vienen a ser dos caras de una misma moneda.

Pero hay además otro aspecto importante: Ernesto Sábato dentro de sus ficciones hace también ensayo, hasta el punto que muchas de las ideas expuestas en sus novelas están recogidas casi textualmente de los ensayos. Sírvanos como ejemplo «Los fantasmas de Flaubert» (1965) [69] recogidos en *Abaddón* cuando Ernesto Sábato, protagonista, escribe a un joven escritor alentándolo; [70] «Una teoría sobre la predicción del porvenir» (1967) [71] está en parte recogida en *Abaddón* igualmente, cuando narra el episodio de Víctor Brauner y Oscar Domínguez en París. [72] Fragmentos sueltos sobre la nueva novela, los ciegos, las tinieblas, Sartre y su fealdad, Sartre y su repudio de novelas como *La Náusea,* etc. son teorías que ya habían sido anteriormente expuestas.

En resumen, tanto el ensayo como la ficción presentan una red de vasos comunicantes, gracias a los cuales, el ensayo se instala en la ficción, y la ficción es «iluminada» por el ensayo. Ernesto Sábato, escritor, es la suma de estos dos aspectos incondicionales de su ser, «lo diurno y lo nocturno», Dr. Jekyll y Mr. Hyde, lo apolíneo y lo dionisíaco, en definitiva, el ensayo y la novela, las dos piezas del rompecabezas. Creo que no es mejor el Sábato ensayista que el Sábato novelista, ni al contrario; ahora bien, el argentino muestra mayor facilidad para escribir ensayos que para escribir novelas, como constata su producción literaria en uno y otro sentido.

---

69 En *O.E.*, págs. 865 a 873.
70 *Abaddón...*, págs. 125 a 130.
71 En *O.E.*, págs. 889 a 907.
72 *Abaddón...*, págs. 314 a 317.

CAPÍTULO III

ESTRUCTURA TEMATICA Y SIGNIFICATIVA DE ABADDON

LA TRAMA DE ABADDÓN

Dicotomía historia-discurso

La gran mayoría de los estudiosos del análisis estructural del relato —franceses, sobre todo— están de acuerdo en considerar y distinguir dos grandes niveles de estudio: *la historia* y *el discurso*. Quizá haya sido Tzvetan Todorov quien más explícitamente ha puesto de manifiesto esta dualidad a tener en cuenta; pero no ha sido, desde luego, el único ni el primero. Dice así Todorov: «En el nivel más general, la obra literaria ofrece dos aspectos: es al mismo tiempo una historia y un discurso. Es *historia* en el sentido de que evoca una cierta realidad, acontecimientos que habrían sucedido, personajes que, desde este punto de vista, se confunden con los de la vida real». Pero esa historia podría haber llegado a nosotros por otros medios: por una película, por un largo poema épico, etc. «Pero la obra —sigue más adelante—, es al mismo tiempo *discurso:* existe un narrador que relata la historia y frente a él un lector que la recibe. A este nivel, no son los acontecimientos referidos los que cuentan, sino el *modo* en que el narrador nos lo hace conocer». [1]

---

1 Todorov, T.: «Las categorías del relato literario» en *Análisis estructural del relato,* 3.ª ed. Buenos Aires, Edit. Tpo. Contemporáneo, Col. Comunicaciones, 1974, pág. 157.

Con respecto a los estudios del lenguaje —no a los literarios— estas categorías de historia y discurso ya habían sido aplicadas por Emile Benveniste, como apuntó Todorov, hecho que podemos comprobar con la lectura de su libro: *Problèmes de linguistique générale*. [2]

Aplicado a los estudios literarios, y antes que Todorov, los formalistas rusos se habían ocupado de este problema. Es Tomachevski quien en su artículo «Temática» [3] aislará dos componentes, «trama» y «argumento» son las denominaciones que les adjudica. La «trama» la define como «lo que ha ocurrido efectivamente», mientras que el «argumento» será el modo en que el lector se ha enterado de lo sucedido. «La trama se opone al argumento —opina Tomachevski, en 1925—, el cual, aunque está constituido por los mismos acontecimientos, respeta en cambio su orden de aparición en la obra y la secuencia de las informaciones que nos los representan». [4] Estos dos apelativos los volveremos a encontrar repetidas veces a lo largo de este trabajo. Por ahora, retengamos este dato; ya en el primer cuarto del siglo, uno de los pioneros de los estudios literarios formalistas, Tomachevski, esbozó una dicotomía vigente todavía hoy. En su artículo se encuentran también, en germen, una serie de conceptos que posteriormente desarrollarían los estructuralistas: Barthes, Todorov, Genette, Greimas, etc. Es, por tanto, condición «sine qua non» para cualquier estudio de este tipo, partir de este libro que ya empieza a ser considerado como un «clásico de la literatura del siglo XX». [5]

En la Antigüedad clásica, Aristóteles distinguió en su *Poética* cuatro partes comunes a la tragedia y a la epopeya: la «fábula», los «caracteres», la «elocución» y el «pensamiento». Pues bien, la «fábula» y el «pensamiento» de Aristóteles corresponderían hoy a nuestra «historia». El alemán Wolfgang Kayser hace una oportuna distinción entre los dos significados de la palabra «fábula». El pri-

---

2 Benveniste, Emile: *Problèmes de linguistique générale*, París, Gallimard, 1966.
    Estos dos niveles, aunque con nombres distintos, son los que señalan también Claude Bremond («récit racontant» y «récit raconté») y A. J. Greimas (nivel «inmanente» y nivel «aparente»).

3 Contenido en *Teoría de la literatura de los formalistas rusos*, de varios autores, Bs. As., Signos, 1970, págs. 199 a 232.

4 Id. ib., págs. 202 a 203.

5 Estos conceptos de «trama» y «argumento» son traducidos por Todorov como «fábula» y «tema», en ob. cit., pág.157.

mer sentido sería el de «narración de escenas de animales con sentido didáctico, de la cual se considera a Esopo mítico antepasado» (éste no es, por supuesto, el significado que interesa aquí), y un segundo sentido de la palabra sería «el desarrollo de la acción a extrema sencillez, a esquema puro». [6]

Digamos, por consiguiente, como André Niel: «l'*histoire* est un systema de personnages et événements, tandis que le *discours* est l'acte par lequel le narateur communique avec l'auditeur». [7]

Raúl Castagnino al hablar de estos dos conceptos establece un elemento puente entre ambos al que llama «tema». Su teoría viene expresada de la siguiente forma: «En el proceso de avanzar la lectura quedan separados lo temático y lo formal como principios estructuradores: la historia y el discurso. *Historia* será lo que ocurra en el relato; *tema,* el desarrollo literario para que el lector la conozca; *discurso,* la forma verbal del tema, en la cual el conjunto de discursos parciales integra el relato, palabra real dirigida por el narrador al lector». [8]

Realmente la puntualización de R. Castagnino está inspirada en los tres niveles que anteriormente distinguiera T. Todorov en su *Poética:* aspecto verbal, sintáctico y semántico. [9]

El título y su carácter significativo

Sábato ha dado a esta novela un título de gran resonancia auditiva. Personalmente no creo que los títulos de sus creaciones literarias hayan sido puestos al azar; por consiguiente debemos intentar la búsqueda de una explicación satisfactoria a tan alarmante denominación.

Raúl Castagnino ha enumerado las posibles razones de una titulación de la siguiente manera: «anticipar contenidos, insinuar la idea central, dar relevancia a un personaje, a una situación, a un

---

6 Kayser, Wolfgang: *Interpretación y análisis de la obra literaria,* Madrid, Gredos, 1972, pág. 98.

7 Niel, André: *L'analyse structurale des textes,* París, Maison Mame, 1973, págs. 44 a 45.

8 Castagnino, Raúl H.: *Sentido y estructura narrativa,* Bs. As., Nova, 1975, pág. 28.

9 Todorov, T.: *¿Qué es el estructuralismo? Poética,* Bs. As., Losada, 1975, cfr., págs. 35 y ss.

hecho; explicar sus intenciones, resumir el asunto, tratar de ganar simpatías, intrigar, despertar curiosidad, tender una especie de trampa, provocar sensacionalismo...». [10]

En este caso, se trata de insinuar la idea central, el mal por excelencia, expresado metafóricamente en *Abaddón*. De este modo, y siguiendo a Castagnino, este título puede considerarse *declarativo* y *metafórico* a la vez que *provocativo* por el impacto que causa en el lector.

El título del relato: *Abaddón el exterminador* nos proporciona un punto de partida: constituiría el primer término de una secuencia que se puede conectar con dos secuencias del texto, y una secuencia extratextual. La primera, de carácter directo, la tenemos en la voz del escritor Sábato, cuando responde a una entrevista:

«—¿Puede adelantarnos la primicia de lo que está escribiendo en estos momentos?

—Una novela.

—¿Tiene ya título?

—Generalmente lo sé al final, cuando termine de escribir el libro. Por el momento tengo dudas. Puede ser EL ANGEL DE LAS TINIEBLAS. Pero quizá ABADDON, EL EXTERMINADOR» (pág. 261).

La segunda, de carácter directo igualmente, la poseemos gracias a un personaje mentalmente trastornado, Jorge Ledesma, en una de las cartas —la última— que escribe a Sábato:

«Sus últimos trabajos, sus cavilaciones sobre la nada y la angustia y la poderosa esperanza demuestran (me demuestran a mí) que he llegado a un punto muerto. Abaddón, o Opollyón, el Angel Bello o Satanás. Basta de intermediarios. DIOS, EL EXTERMINADOR» (pág. 420).

La tercera es una de las dos citas preliminares que acompañan al relato:

«Y tenían por rey al Angel del Abismo, cuyo nombre en hebreo es Abaddón, que significa El Exterminador». (Apocalipsis según el Apóstol San Juan, 3.ª parte, versículo 9).

---

10 Castagnino, Raúl H.: *El análisis literario*, 9.ª edic., Bs. As., Nova, 1974, pág. 48.

El sentido específico de esta palabra viene dado en la nota aclaratoria, a pie de página del *Apocalipsis*. Dice así:

«Abaddón vale tanto como ruina, destrucción, y en hebreo suele tomarse como sinónimo de *seol*, infierno, personificado aquí para atribuirle el principado sobre todos los espíritus infernales». [11]

Claramente se observa que la palabra *Abaddón* es sinónimo de *mal*. Ernesto Sábato ha querido concentrar en este nombre el problema del mal, clave de su novela. El mal es un significado que se va a enquistar en varios lugares del texto, es un elemento migrador que entra en juego con otros elementos del mismo género para formar caracteres, atmósfera, figuras, etc. Por ejemplo: la secta de los Ciegos y sus sistema de enlaces, Schneider, Schnitzler, R., Soledad; el «profeta» Natalicio Barragán, anunciador de desgracias; la policía que tortura hasta la muerte a Marcelo e incluso la transformación en monstruo de Sábato, indica una identificación con las fuerzas del mal.

El mal, es, sin dudar, uno de los grandes problemas sometidos a debate en la novela; como lo fue en cierto modo también en su anterior novela, *Sobre héroes y tumbas*. No en balde la Delleepian apuntó: «La clave para los títulos sabatianos (y para el sentido de su obra) hay que hallarla en su estética y en su metafísica, y no debe olvidarse que dicha estética es alimentada por una filosofía existencial-fenomenológica, última fuente en que hay que ir a buscar las premisas que sustentan las criaturas de Sábato». [12]

Aparte de todo lo expuesto, quisiera, a continuación, poner en relación este título con el de sus novelas anteriores, pues evidentemente existe un vínculo que las une: la idea de *muerte*.

En *Abaddón el exterminador* se encuentra explícita e implícitamente la noción de destrucción o muerte. En *Sobre héroes y tumbas*, tenemos el sustantivo «tumba» = muerte. Y sí aceptamos la explicación de Rodríguez Monegal que observa cómo «tumba designa un útero al revés. También es una suerte de «túnel», entonces, el título *El túnel* presentaría la connotación de muerte.

---

11 Nacar-Colunga: *Sagrada Biblia*, Madrid, B.A.C., 1959, pág. 1.358.
12 Dellepiane, Angela: *Sábato, un análisis...*, ob. cit., pág. 135.

Esta explicación pondría de relieve la fuerte concatenación que existe entre las tres obras narrativas escritas por Sábato. No en vano *Abaddón el exterminador* está considerada como el cierre de la trilogía abierta con *El Túnel*.

Lo dicho hasta el momento pone de relieve la relevancia y significación del título como índice primigenio de lo que tendrá amplio desarrollo en las páginas de la novela. Su valor es fundamentalmente *connotativo*.

Desarrollo del tema

El tema o los temas que integran una obra están constituidos por pequeños elementos temáticos dispuestos en un orden determinado. Estamos con Tomachevski al distinguir dos tipos principales de disposición de los elementos temáticos: según una cierta cronología que atiende al principio de causalidad; o fuera del orden temporal, sin ninguna causalidad interna. En el primero de los casos tendríamos obras «con argumento», por ejemplo, una novela; y en el segundo, obras «sin argumento» o descriptivas.

De este modo, para el trabajo que nos ocupa, una novela, debemos señalar dos exigencias fundamentales de la trama: el tiempo y la causalidad. Pero ¿a qué llamamos *trama*? «Al conjunto de acontecimientos vinculados entre sí que nos son comunicados a lo largo de la obra». [13] Esta trama (= fábula, = historia) podría presentarse siguiendo el orden cronológico y causal de los acontecimientos, independientemente del modo en que han sido dispuestos e introducidos en la obra.

De esta suerte Tomachevski distinguió en su estudio entre trama y argumento, «el cual, aunque está constituido por los mismos acontecimientos, respeta en cambio su orden de aparición en la obra y la secuencia de las informaciones que nos los representan». [14] Argumento es aquí equivalente a tema o discurso.

Volvamos a la noción de tema esbozado al comienzo y digamos que cada obra posee un tema, y al mismo tiempo cada parte tiene

---

13 Tomachevski: ob. cit., págs. 202 y 203.
14 Ibídem.

el suyo propio. Tarea nuestra es descomponer la obra aislando las partes caracterizadas por una unidad temática específica. De este modo, el relato de Sábato, *Abaddón...* puede descomponerse en tres relatos: el de los encuentros de Sábato con Bruno y demás amigos o conocidos, que se divide a su vez en dos: la historia de los problemas personales de Sábato como escritor, y consejos, opiniones y teorías que Sábato da o esboza al hablar con los personajes de la novela; la aventura de los hermanos Izaguirre, también subdivididos en: a) la relación entre los hermanos, y b) la relación de Agustina con otros hombres, y por último, la aventura de Marcelo Carranza que comprende: a) las primeras tentativas para cambiar de vida, y b) encuentro con Palito, a partir de lo cual dará un nuevo curso a su existencia.

A estas tres unidades temáticas se une la biografía del autor: recuerdos de infancia, conversaciones, fragmentos de convivencia con sus hermanos, su pasión por la física, muerte de su padre, etc.; *más* la visión apocalíptica del Loco Barragán, portador del mensaje de la novela, especie de profeta anunciador de males y desgracias que caerán sobre la tierra.

Si tenemos en cuenta que se trata de establecer una comunicación a un receptor de un cierto mensaje (la «historia» contenida en la novela), tendremos que buscar una fórmula apropiada para transmitir al lector ese contenido de comunicación, esa fórmula será el *resumen,* esqueleto de la historia.

Resumen o argumento. Intriga. Motivos y «leit-motiv»

Como anteriormente apuntaba, la historia puede llegar hasta nosotros por diversos conductos —no sólo por el de la novela—, a través de la mímica, de la representación dramática, de la música, etc., sin que pierda la unidad de su sistema, lo cual pone de manifiesto la fuerte estructura que posee. Y es precisamente por su carácter fuertemente estructurado que puede ser objeto de *resumen* —mientras que el *discurso,* por el contrario, no puede ser resumido—.

Pero para que haya *historia* «hace falta introducir una organización elemental en este «conjunto» de acciones realizadas siendo la organización cronológica la más simple»[15] y desde el momento en que nosotros organicemos el conjunto de acciones realizadas en la novela, aunque sea en bruto, ya estamos haciendo un *resumen*. Para hacerlo utilizaremos, por consiguiente, la disposición cronológica.

Podemos pues *resumir la historia* de *Abaddón* de la siguiente manera, esquemáticamente: «Un escritor, Ernesto Sábato, lucha denodadamente consigo mismo para poder escribir en una novela que ya tiene iniciada, pero no lo consigue por una serie de fuerzas que se oponen a ella, y que desembocan en un desdoblamiento de su personalidad y posterior transformación en monstruo. Entretejida con esta historia se encuentran dos historias más, las de los hermanos Nacho y Agustina Izaguirre que mantienen una relación incestuosa y que termina con la separación de los hermanos y el intento de suicidio de él; y la de Marcelo Carranza que muere en la tortura acusado de formar parte de una banda de guerrilleros».

Este esquema narrativo en bruto es por supuesto una *intriga* (inglés, «plot»).[16]

Interesaría, saliendo de la obra, investigar la procedencia de la historia, que vamos a transcribir a continuación:

a)   La realidad inmediata, proceso que arranca de la experiencia del narrador.

b)   La realidad mediata, experiencia llegada al narrador por las vías habituales (sentidos), pero que no está presente materialmente en el momento de la relación.

c)   La realidad interior, cuyo mecanismo opera por el análisis psíquico.

d)   La fantasía o imaginación.

e)   Libros, testimonios, tradición, etc.[17]

---

15 Bourneuf y Ouellet, R. y R.: *La novela,* Barcelona, Ariel, 1975, pág. 44.

16 El crítico inglés Edwin Muir, en *The structure of the novel,* Hogarth Press, Londres, 1967, pág. 9, habla del «plot» como «the chain of events in a story and the principle which knits in together», es decir, «el orden en que ocurren las cosas en una novela» (Recogido por Baquero Goyanes, M. en *Estructuras de la novela actual,* Barcelona, Planeta, 1970, pág. 16).

17 Ob. cit., pág. 29.

Tomando como punto de partida el enfoque de Castagnino, podemos afirmar que la historia de *Abaddón...* proviene de tres campos: de la realidad mediata, de la realidad interior y de la fantasía. No en balde, Kayser dijo que los casos difíciles de captar son aquellos en que la propia observación y la vivencia personal han proporcionado el asunto, como es el caso de esta novela, lo cual nos llevaría al problema de la dependencia de la obra a la vida del autor. De este modo la obra está constituida por los tres episodios antes reseñados —provenientes de la realidad mediata—, y parte de la biografía del autor —vivencia personal—. A lo que habría que añadir el ingrediente fantástico en esas ceremonias subterráneas y esa kafkiana metamorfosis del escritor. Estamos ante un caso de transposición ficcional de unos hechos que pueden ocurrir en cualquier país y en cualquier momento determinado —la muerte de los jóvenes revolucionarios, es un ejemplo cotidiano en países latinoamericanos, hoy día—, y de los pensamientos y hechos personales del autor trasladados también a la ficción, bien como propios —de Ernesto Sábato— o bien como ajenos —como es el caso de la muerte de su padre, que se narra como si fuera el padre de un personaje de la novela, Bruno Bassán—.

De estas historias, tomadas en parte de una realidad mediata y en parte de una realidad interior, para elaborarlas temáticamente, el narrador ha escogido aquellos elementos que le han parecido más interesantes para componer su relato, y urdir una *intriga*.

Ahora bien, como la intriga tiene sus raíces en el asunto, convendría analizar de qué tipo es el asunto de *Abaddón*. El *asunto* que desarrolla una novela puede ser simple o complejo. La diferencia consiste en su referencia a una única realidad o a más de una realidad, según lo cual el desarrollo temático será menos o más complicado.

El análisis de *Abaddón* pone de manifiesto un asunto complejo debido a la confluencia de cuatro líneas distintas de desarrollo:

1) La preocupación de Sábato por la humanidad y por la misión del novelista en la sociedad.

2) La creación de una ficción para desdibujar circunstancias y detalles personales a través de un doble yo en la novela: Bruno-Sábato.

3) La interferencia metanovelesca de problemas relativos a la creación literaria y a la vida.

4) La creación de unos personajes ficticios (Nacho, Marcelo, Jorge Ledesma...) que simbolizan el drama real de la existencia.

Estas cuatro líneas señalan tres planos: a) ficcional; b) real y autobiográfico, ya sea porque indirectamente aclare una conducta (la suya, la del autor Ernesto Sábato), ya sea porque ponga de relieve una realidad existente hoy día (la de Marcelo como «mártir»); c) teórico, relativo al arte de escribir, al mundo literario, a la psicología (puesto en boca tanto de unos personajes como de otros).

Estos tres planos no se mantienen equidistantes sino que continuamente se van a ver mezclados y entrecruzados, consiguiéndose así una *intriga* novelesca. Una *intriga* contiene en su haber una multiplicidad de episodios e incidentes que constituyen unidades narrativas, de variadas dimensiones, y a las más pequeñas se las llamará *motivos*. Los motivos no son sino los impulsores de la *acción*. Y si la acción está tan íntimamente ligada a los motivos, podemos señalar como *motivos centrales* de la intriga de *Abaddón...*: la comunicación —en el caso de Sábato—, el deseo —en el de Nacho Izaguirre— y la búsqueda —en el caso de Marcelo Carranza—.

Cuando por encima de los motivos centrales podemos señalar un motivo dominante que se repite en la totalidad de la obra de un escritor, nos está permitido hablar de *leitmotiv,* que en el caso de la narrativa sabatiana sería la búsqueda de lo absoluto, motivo persistente y principal de las tres obras narrativas escritas hasta el momento por su autor.

El hilo conector entre historia e intriga es el siguiente: una novela cuenta una historia —o varias—, pero se sigue para contarla el hilo de una intriga. Es decir, la historia se preocupa principalmente de los personajes, mientras que la intriga, de la acción, pero como ya veremos —cuando estudiemos a los personajes— acción y personajes son elementos estrechamente vinculados, que no se conciben por la crítica actual como separados.

Sabemos, por consiguiente, que la intriga se basa en la noción de movimiento, de *cambio* a partir de una situación dada, bajo el influjo de ciertas fuerzas, que pueden ser la acción, el carácter o la manera de pensar. En la intriga hay que tener también en cuenta el equilibrio y relación entre la situación externa (componentes geográficos y sociales) y la situación interna de los personajes (sentimientos, acciones, pensamientos, etc.). Escojamos el ejemplo de Marcelo Carranza, la intriga de su historia viene dada por el juego de fuerzas que inciden en su persona, provenientes de la situación externa: su puesto social como hijo de un potentado de Buenos Aires, el ambiente familiar, los estudios universitarios, etc.; y procedentes también de su situación interna: timidez, honradez, buenos sentimientos, incapaz de hacer daño ni de ver sufrir al prójimo, etc. Pues bien, todos estos «condicionantes» van a influir en determinado momento para que la intriga cambie, se mueva hacia uno u otro lado según empujen unas u otras fuerzas.

Cuando actúa determina fuerza que hace cambiar la situación dada, dando un viraje a la acción, hablamos de «resorte». En la intriga de la historia de Marcelo Carranza, el «resorte» es su encuentro con Palito (Nepomuceno), guerrillero del Che Guevara, lo que le hace, gracia a sus palabras, ponerse definitivamente del lado de la revolución. Cuando ve la miseria de ese muchacho, y lo que ha sufrido sin importarle para nada las penalidades, se le abren los ojos a Marcelo, y comprende que esa es la verdadera revolución y no la que hacen sus amigos universitarios: Araújo, Puch, que no dejan de ser «revolucionarios de salón» —despreciados siempre por Sábato, en la vida real—.

Secuencias y «funciones»

En nuestro relato contamos con tres historias y por tanto, tres intrigas distintas. Cada intriga por separado está constituida por un eslabonamiento de hechos, sometidos a una tensión interna, creada por el narrador al comienzo de su narración, entretenida durante el desarrollo y que debe encontrar su solución en el desenlace.

Esto mismo podríamos retomarlo bajo una perspectiva semiológica y entonces diríamos que la serie lógica de la historia puede seccionarse en secuencias, y que cada secuencia está integrada por una serie de «funciones». Pero ¿qué es una secuencia? Rolan Barthes dice así: «La cobertura funcional del relato impone una organización de pausas, cuya unidad de base no puede ser más que un pequeño grupo de funciones que llamaremos aquí una *secuencia*. Una secuencia es una sucesión lógica de núcleos unidos entre sí por una relación de solidaridad: la secuencia se inicia cuando uno de sus términos no tiene antecedente solidario y se cierra cuando otro de sus términos ya no tiene consecuente». [18]

Las «funciones» de Barthes son las «proposiciones» de Tzvetan Todorov, de ahí que éste defina la secuencia de la siguiente forma: «Las proposiciones no forman cadenas infinitas; se organizan en ciclos que todo lector reconoce intuitivamente y que el análisis no tiene demasiada dificultad para identificar. A esta unidad superior se le denomina *secuencia,* el límite de la secuencia está marcado por una... transformación de la proposición inicial». [19] Aunque quizá la definición más clara de secuencia sea la que el propio Todorov diera en su *Gramática...:* «serie de oraciones susceptibles de constituir una historia independiente». [20]

A la vista de estas definiciones vemos cuales son las secuencias de esta novela, fundamentalmentes tres: la historia del escritor Sábato (S_1), la de los hermanos Izaguirre (S_2) y la de Marcelo Carranza (S_3). Ahora bien, las secuencias se hallan integradas por «funciones» o unidades narrativas mínimas. Para Barthes «la función es, evidentemente, desde el punto de vista lingüístico, una unidad de contenido». [21] Estos segmentos funcionales no tienen necesariamente que coincidir con las formas tradicionales del discurso (diálogos, escenas...), ni tampoco con las unidades lingüísticas. Se suelen agrupar en cuatro clases que, sintéticamente, pueden ser reducidas a dos: funciones distribucionales, que remiten al hacer, y funciones integradoras, que remiten al ser, es decir, son unidades semánticas, que atienden a un significado; mientras que las primeras, atienden a las operaciones. A su vez, las funciones distribu-

---

18 Barthes, R.: «Introducción al análisis estructural de los relatos», en ob. cit., pág. 25.
19 Todorov, T.: *¿Qué es el estructuralismo? Poética,* ob. cit., pág. 95.
20 Todorov, Tz.: *Gramática...,* ob. cit., pág. 40.
21 Ob. cit., págs. 16 y ss.

cionales se pueden subdividir en dos tipos: «núcleos» o cardinales, que abren, mantienen o cierran una alternativa consecuente para la consecución de la historia, y corresponden a los nudos del relato; y «catálisis» o secundarias, que sirven para rellenar el espacio narrativo que separa las funciones anteriores. Las funciones integradoras se subdividen, a su vez, en indicios e informaciones.

Ahora veamos el desarrollo de las secuencias en *Abaddón*.

S_1 = En esta lucha que el protagonista Sábato mantiene consigo mismo para poder terminar de escribir esa novela que tiene entre manos, hemos podido rastrear unos momentos en que la tensión se hace mayor, ya sea por sus conflictos internos o episodios externos. Entre la página 101, en que por primera vez tenemos referencia de que algo va a cambiar en este personaje: «Y de pronto intuyó que aquello comenzaría, con invencible fuerza, pues nada podía frenarlo una vez el proceso iniciado»; pasando por la pág. 434 en que tiene lugar el desdoblamiento de Sábato, consecuencia de su descenso a los subsuelos de Buenos Aires, nudo de concentración de la secta: «Los dos estaban solos, separados del mundo» (pág. 435), hasta llegar a la pág. 457 en que sufre la metamorfosis convirtiéndose en rata con alas (hecho que nadie advierte); otros episodios externos han influido sobre su persona en orden a este progresivo enrarecimiento de carácter, y han actuado a modo de cortapisas a sus deseos, que se han visto una y otra vez frustrados, hasta terminar por aniquilarlo.

A continuación, y como complemento de lo esbozado, voy a transcribir aquellas palabras del texto relativas a la subida de «tensión» de la curva dramática :

Sábato sueña con Alejandra (personaje de su novela anterior):

«Y Sábato volvía a preguntarse por qué la reaparición de Alejandra parecía recordarle su deber de escribir, aun contra todas las potencias que se oponían. Como si fuera preciso intentar una vez más el desciframiento de esas claves cada día más escondidas. Como si de ese frenesí complicado y dudoso *dependiera* no sólo la salvación del alma de aquella muchacha sino *su propia salvación* (págs. 114 a 115).

Cuando va a comenzar a escribir recibe una advertencia:

«Iba a comenzar, ya había puesto un papel en la máquina, pero
algo lo frenaba. Su mirada empezó a vagar por el cuarto, sin
objeto. [...]. El acápite tomado de la Biblia (E. 3, 22), decía:
*Lo que es demasiado maravilloso para ti, no lo indagues; y lo
que está más allá de tus fuerzas, no lo investigues».* Se quedó,
cavilando. Luego sacó el papel de la máquina» (pág. 260).

Nuevos impedimentos para escribir:

«A la mañana quiere escribir pero la máquina sufre una serie de
desperfectos: no anda el margen, se atranca, el carrete de la cinta
no vuelve automáticamente, hay que rebobinar a mano y finalmente se rompe algo del carro. Desesperado [...] decide comprar
una carpeta de anillos, para escribir a mano [...]. Es probable
que así rompa el maleficio» (pág. 375).

Estos contratiempos que van sucediéndole al protagonista
ocasionarán paralelamente un enrarecimiento del carácter hasta tal
punto de que Bruno se extrañará de que al encuentro con él por
la calle no lo salude, o que esté más frío de lo normal en sus ya
clásicas y largas conversaciones.

En resumen, sobre el protagonista Sábato van recayendo una
serie de problemas en el sentido de obstaculizar su proyecto, su
íntimo deseo, que es escribir. Estos obstáculos necesariamente influyen en su carácter, en su «psique» y, por consiguiente, el desenlace no puede ser otro que esa metamorfosis que él cree haber
sufrido y que nadie, por supuesto, la nota; puesto que sólo es un
producto de su imaginación.

Si tomamos el método propuesto por Claude Bremond,[22] la
lógica de las acciones en el caso de la historia de Sábato (S₁) podría
ser esquematizada de la siguiente forma:

La *función cardinal* que abre el proceso es el *deseo de escribir*
(forma de comunicación). Para lograrlo Sábato lucha denonadamente
contra esas fuerzas que se lo impiden:

22 Bremond, Claude: «La lógica de los posibles narrativos» en *Análisis estructural del
relato*, ob. cit., págs. 87 a 109.

DESEO DE ESCRIBIR

Medios para la acción =   Necesidad de aliados.
$$\downarrow$$
Mejoramiento a obtener →:   Proceso de captación = Entrevista con sus amigos: Bruno, M.,
los videntes (Gilberto, Aronoff...).

Degradación previsible
$$\downarrow$$
Comienzo de dificultades =   fuerzas que se oponen («entida-
des» que lo mantienen inmovili-
zado).

Proceso de degradación
Aumento de dificulttades =   Aparición de Schneider, Costa, R.,
Soledad, Schnitzler, etc. Enrareci-
miento del carácter de *Sábato*.
$$\downarrow$$

Degradación efectiva
Dificultades no superadas =   Descenso a los subsuelos.
$$\downarrow$$
Desdoblamiento y transformación.
Personaje «relativizado» (muere).
Personaje «enceguecido» (sobre-
vive identificado con el *Mal*).

Entre una búsqueda de comunicación inicial (el deseo de escribir) y una ruptura final de la comunicación (puesto que nadie le
ve ni le oye), transcurre el proceso.

Sábato (X) está privado (—) de la capacidad de escribir (A).
Como desea hacerlo [(XA) opt.] busca aliados (a'). En un principio
el asunto parece ir bien y alcanza su propósito (XA). Pero más
tarde, empiezan a surgir seres (la Secta) que se oponen con fuerza
a su propósito (Y) y lo vencen (a"). Termina con el fin ya expuesto.

$$X — A + (XA) \text{ opt. } X → X a' → XA$$
$$XA + (X — A) \text{ opt. } Y → Y a'' → X — A.$$

S_2 = En la lucha que Nacho mantiene por no verse privado
del amor «exclusivo» de su hermana, existen varios momentos álgi-

---

23 Seguimos el sistema propuesto por Todorov en su *Gramática del Decamerón*, Madrid,
Taller, 1973.

dos, motivados por los celos que en él despiertan las posibles relaciones de su hermana Agustina con otros hombres; concretamente, dos serán los hombres que se interpondrán en su camino: Ernesto Sábato y Rubén Pérez Nassif. Es a partir de la pág. 69 y hasta la 71 cuando —tras el primer encuentro con el personaje que originará la discordia, Sábato—, sus relaciones empezarán a enfriarse: «Quería besarla. Pero a quién besaría? *Su cuerpo estaba en esos momentos abandonado por su alma.*[24] Hacia qué remotos territorios?» (pág. 71). Esta tensión es mantenida por el narrador gracias al juego dialéctico: «vigilancia de Nacho a su hermana/disputa entre ambos». Los momentos de mayor dramatismo en esta intriga son aquellos en que estalla la pelea entre los hermanos, motivada por los celos. La solución pareció encontrarla el narrador en el *suicidio* de Nacho, idea que después desechará. Es, por consiguiente, ese momento, el de la pág. 450, el punto más alto de la curva dramática que descenderá un poco con la última conversación violenta que ambos mantienen y la despedida de Nacho sin rumbo fijo.

La intriga de la historia de los hermanos Izaguirre tiene, en resumen, tres momentos cumbres:

a) El encuentro con Sábato y el ataque violento de Nacho a aquél.

b) La violenta discusión entre los hermanos, después que éste se da cuenta de que Agustina le engaña con Sábato.

c) Intento de suicidio de Nacho cuando se da cuenta de que su hermana le engaña ahora con R. Pérez Nassif. El intento no llega a cuajar y Nacho vuelve a casa en el momento en que regresa Agustina, donde tiene lugar una atroz escena de insultos, ultrajes y golpes de aquél a ésta. Nacho, tras llorar, se marchó sin un objetivo todavía definido.

Sobre el protagonista Nacho recaen una serie de fuerzas humanas (Sábato, Pérez Nassif) y mentales (abandonado por sus padres, padece el complejo de Orestes) en el sentido de obstaculizar su proyecto, es decir, su perfecta comunicación («amor») con su hermana. Estos inconvenientes, sin lugar a dudas, influyen sobre su mente enferma, produciéndole una pérdida del control que le

---

24 El subrayado es nuestro.

llevará primero al suicidio —idea que abandonará— y más tarde a pegar e insultar a su hermana, hasta que se marcha. La comunicación, como en el caso anterior, ha sido imposible.

Del mismo modo, podemos retomar la historia de Nacho Izaguirre bajo la fórmula de Bremond y resultaría el siguiente proceso:

La *función cardinal* que abre el proceso es el *deseo de absoluto,* aspiración abstracta que se concretiza en la búsqueda de relaciones amorosas con su hermana, el único ser al que él consideraba puro y sin contaminar por la sociedad burguesa.

DESEO DE ABSOLUTO (amor)

Medios para la búsqueda =   Unión incestuosa con Agustina =
↓   Colaboración inicial exitosa.

Degradación previsible.
Comienzo de dificultades =   Enfrentamiento de Nacho con Sábato.
↓

Proceso de degradación
Aumento de dificultades =   Relación de Agustina con Sábato
↓   y con Pérez Nassif.

Degradación efectiva.
↓
Dificultades no superadas =   a)   Intento de suicidio de Nacho.
↓
    b)   Abandono a su hermana y marcha sin rumbo.

Nacho (X) carece de absoluto (amor) por el abandono de su madre. Su deseo [(XA) opt.] le lleva a la «unión» con su hermana (a'). Pero esta relación de armonía es pronto trastocada: aparece Sábato (Y) y, más tarde, Pérez Nassif (Z) que van a arrebatarle a Agustina (a''). Termina con la situación inicial (X — A) y su intento de suicidio.

$$X — A + (XA) \text{ opt. } X \rightarrow Xa' \rightarrow XA$$
$$XA + (X — A) \text{ opt. } Y, Z \rightarrow Y, Z \text{ a''} \rightarrow X — A.$$

S_3 = Los puntos cumbres en la curva dramática de esta intriga son esencialmente tres: a) cuando Marcelo se entera por los periódicos del turbio asunto en que está implicado su padre; b) el contacto de Marcelo con Palito, guerrillero revolucionario y; c) su prendimiento por la policía de Buenos Aires cuando iba en compañía de su amiga-novia Ulrike. A continuación vendrá la tortura y el desenlace final: la muerte y el arrojar su cuerpo al agua, para no dejar huellas.

Sobre el protagonista Marcelo recaen una serie de fuerzas, provenientes de la sociedad —la policía—, que le cortan definitivamente su intento de búsqueda de un ideal revolucionario al vincularse con Palito, guerrillero del Che Guevara. Los dos anteriores protagonistas sufrieron un *daño* especialmente *psíquico,* ahora el daño será *físico*: la muerte.

Al igual que en los dos casos anteriores retomaremos la historia de Marcelo Carranza siguiendo los mismos presupuestos.

La *función cardinal* que abre el proceso es el *deseo de ayuda la revolución* (búsqueda de un ideal) a través de un pobre guerrillero tucumano que estuvo con Ernesto Guevara en Bolivia.

DESEO DE AYUDA A LA
   REVOLUCION

Medios para la acción =   Ayuda (ocultamiento de) a Palito.
Degradación previsible.
     ↓

Comienzo de dificultades =   Es cogido prisionero por la policía política.

Proceso de degradación.
Aumento de dificultades =   Es torturado para hacerlo confesar.
     ↓
Degradación efectiva.
     ↓
Dificultades no superadas =   Es asesinado a golpes.

Marcelo (X) carece de ideal revolucionario. Su deseo [(XA) opt.] le lleva a ayudar a Palito (a'). Pero esta relación va a ser descubierta por la policía (Y) que se encargará de acabar con la situación, ocasionándole la muerte.

$$X — A + (XA) \text{ opt. } X \rightarrow X \text{ a'} \rightarrow XA$$
$$XA + (X — A) \text{ opt. } Y \rightarrow Y X \rightarrow X \dots$$

$$\dots = \text{es eliminado}$$

Ahora estableceremos las «funciones» correspondientes a S_1, S_2, y S_3.

S_1:   Las tres «funciones» núcleos correspondientes al deseo, proceso y resultado ya han sido señaladas en la pág. 59. Como «catálisis» señalaremos: el planteamiento por parte del narrador = Bruno = Sábato de las claves o móviles de las tres historias centrales, las preocupaciones que atormentan al escritor sobre la validez de escribir sobre estas vidas, el estímulo de las confidencias con Bruno, la relación con los videntes, la relación con Schneider, Schnitzler, Soledad y R.; el descenso a los subsuelos, la amistad con los Yzaguirre y con los Carranza, los sucesos de París. Como funciones integradoras, ya sean indicios o informantes, podemos citar: su primer encuentro con Nacho, sus «obligaciones» de escritor que ha escalado la fama: contestar correspondencia (las cartas que escribe al joven B. alentándole) o recibirla (como en el caso del neurótico Jorge Ledesma), las misivas que se cruzan entre él y Silvia, las tertulias con jóvenes estudiantes en cafés de la ciudad, entrevistas hechas para televisión o prensa; los cócteles de los Carranza y lo que allí se habla: los largos y curiosos parlamentos de Quique, y en menor escala, las ideas de Gandulfo, Coco Bemberg, Nené Costa; recuerdos pasados en relación con su infancia, La Plata, su madre, su estancia en París, sus novelas anteriores, la aparición de personajes de novelas anteriores, la vinculación Schneider-Haushofer-Hess, los sueños de Matilde y los suyos, las sesiones de espiritismo, la visión del Loco Barragán, el viaje de Bruno a su pueblo natal y la muerte de su padre.

S_2:   Como en el caso anterior existen tres funciones núcleos: hecho a vivir, proceso de vida y resultado vivido (Cfr. pág. 61).

Como «catálisis»: el comportamiento violento de Nacho en el encuentro con Sábato, las conversaciones entre los hermanos y las consiguientes disputas. Como informaciones e indicios: los pensamientos de Nacho, la entrevista que el periodista Muzzio le hace a Rubén Pérez Nassif, fiel reflejo de la catadura moral del tipo; el mundo de la infancia de Nacho y su amistad con Carlucho; los recortes de periódico que Nacho reúne, claro indicio de su desequilibrio, sus paseos.

S_3: En la vida de Marcelo Carranza, tres funciones núcleos integran la secuencia (Cfr. pág. 62) que se cierra cuando Marcelo muere en manos de la policía política. Entre las «catálisis» más importantes señalaremos: la turbiedad de los asuntos de su padre, miembro de la «alta burguesía»; el conocimiento de Palito y su vida, enarbolada por Marcelo como ideal. Indicios e informaciones nos proporcionan: los cócteles dados en su casa (por la repulsa que inspiran a Marcelo), la preocupación de Beba y Sábato por él, la visita a su tío-abuelo Amancio, los pormenores de la vida de Palito [25] y su relación con Ernesto Guevara, el diario de Guevara, las conversaciones que mantiene con Sábato o con sus amigos, Araújo, Puch...; las formas de tortura empleadas por la policía.

Secuencias y «funciones» tienen importancia en relación con las acciones y los actantes como veremos en el apartado *Caracterización y sintaxis de los personajes*.

Relación entre principio y desenlace

La novela narra una historia, que quiere decir sin más, «una serie de sucesos encadenados en el tiempo desde un principio hasta un fin». [26] Veamos, por tanto la relación entre el principio y el desenlace del relato.

Acordamos con Bourneuf y Ouellet que la primera página de una novela nos da su tono, su ritmo y, a veces, su argumento. Efectivamente, así ocurre con *Abaddón*. La novela se abre con el

---

25　Una misma «función» puede ser de varios tipos.
26　Bourneuf: *La novela*, ob. cit., pág. 134.

enrarecimiento en las relaciones de dos buenos amigos, Bruno y Sábato. Parte de la novela girará en torno a la evolución de la relación de amistad «degradada» entre estos personajes. En este sentido, incide positivamente el comienzo «in medias res» del relato. Y esto, si nos referimos sólo al inicio, pero si tenemos también en cuenta las páginas siguientes (págs. 16 a 18), entonces el planteamiento argumental es completo, porque en este comienzo se nos habla de la vigilancia que Nacho ejerce sobre su hermana y de la muerte de Marcelo Carranza. Parte de la novela girará en lo sucesivo en torno a las historias de estos personajes centrales.

Con ello quería poner de manifiesto que los dos fragmentos iniciales —al que quizás podríamos agregarle el fragmento tercero, correspondiente a los pensamientos de Bruno, pieza fundamental del relato— nos dan la tónica del resto de la obra. Con relación a este aspecto, Roland Barthes, apoyándose en el lingüista Revzin, propone: «establecer primeramente los dos conjuntos límites, inicial y terminal, y luego explorar por qué vías, a través de qué transformaciones, de qué movilizaciones, el segundo se asemeja o se diferencia del primero: en suma, es necesario definir el pasaje de un equilibrio a otro, atravesar la «caja negra». [27]

Esta exploración será el objeto de análisis en la segunda parte de este trabajo, cuando nos ocupemos del *discurso*.

Al igual que las secuencias pueden estar enlazadas unas con otras, ya porque tengan como protagonista central el mismo personaje, o ya porque traten un mismo tema, aunque desde otros ángulos o perspectivas, o bien estar separados por un efecto de corte o ruptura entre ellos; del mismo modo podemos afirmar que no hay historia en la que no aparezcan en su interior otras historias. Desde la mera explicación sobre la conducta de un personaje a causa de tal o cual problema, hasta un paréntesis de algunas líneas sobre el origen de la fortuna de tal héroe, constituye ya una narración dentro de una narración.

La disposición que pueden adoptar estas narraciones son bastante simples, y pueden ser reducidas a tres: el encadenamiento, la alternancia y el engaste. [28] En *Abaddón,* novela que se caracteriza

---

27 Barthes, R.: *El grado cero de la escritura,* Bs. As., siglo XXI, 1973, pág. 207.

28 Utilizamos la misma clasificación que T. Todorov enmplea para determinar las relaciones que unen las secuencias. Cfr. Todorov ,T.: *Gramática del Decamerón,* ob. cit., págs. 130 a 137 y *¿Qué es el estructuralismo? Poética* ,ob. cit., págs. 97 y ss.

por la heterogeneidad de su conjunto, se dan estos tres tipos de relaciones. El *encadenamiento* consiste en que cada uno de los personajes-narradores toma la palabra por turno. Ejemplo de lo que decimos es uno de los cócteles en casa de los Carranza en que toma la palabra el profesor Alberto Candulfo para hablar del mundo y las ponencias que lo gobiernan (págs. 336 y sigs.), a continuación tomará la palabra Quique, otro de los asistentes a la reunión.

Con respecto a la *alternancia,* es decir, contar dos o más historias simultáneamente, interrumpiendo ahora una y después otra, podemos citar como ejemplo más llamativo la forma en que nos es contada las tres historias básicas de que se compone la novela: la del escritor Sábato, la de los hermanos Izaguirre y la de Marcelo Carranza. Alternativamente se nos va dando a conocer los fragmentos de este conflicto hasta llegar al desenlace, que también se nos ofrecerá alternativamente. En la anterior novela de Ernesto Sábato, *Sobre héroes...* se sigue el mismo procedimiento con la historia del general Lavalle y la de Martín y Alejandra.

Por último, el *engaste* (o «naración encuadrada») que consiste en incluir una historia en el interior de otra. Como ejemplos podemos citar la historia Haushofer (incluida dentro de la historia de Schneider (págs. 30 a 83); la historia de Víctor Brauner, incluida en la del pintor Domínguez (págs. 316 a 317) y la de Hedwig, incluida dentro de la de Schneider (pág. 75).

Es cierto, por lo tanto, que una historia puede ser simple —en menos casos—, o comprender diversas subhistorias —o metahistorias—, como ocurre con esta novela.

A estas últimas historias encuadradas dentro de otras historias, las llamaremos *historias secundarias;* puesto que cada una de ellas constituye un relato autónomo, que desarrollará igualmente el esquema:

$$conflicto \rightarrow combate \rightarrow eliminación$$

De este modo, las historias secundarias se integran de una u otra forma en el sistema general de los personajes. Veamos ahora cómo se integran en este sistema general, las historias secundarias.

1.   La historia de Haushofer

Schneider   [= en relación de complicidad
[
Haushofer

En principio, Schneider niega conocer personalmente a Haushofer, aunque afirma que el nombre le resulta familiar.

Hitler ... Albrecht   Hitler y R. Hess
]   [
Haushofer
[
Schneider ... Sábato
]
Bruno
... : hostilidad

Sábato le está contando a su amigo Bruno la historia de Schneider, que originará la de Haushofer.

Conflicto: Haushofer se pone en contacto con sociedades secretas durante su estancia en Asia.

Combate: A su vuelta a Alemania fundó una logia que tenía como símbolo la cruz Gamada = Secta de la Mano Izquierda (Rudolf Hess, Hitler). Su hijo, *Albrecht* fue ejecutado como consecuencia de su participación en el complot de los generales contra Hitler.

Eliminación: Al enterarse de la noticia, el padre de Albercht se quitará la vida. Se llega así a la «superación» del conflicto.

2.   La historia de Víctor Brauner

Víctor Brauner
[
Domínguez
]
Sábato

Conflicto: Su preocupación por los fenómenos de premonición y evidencia.

Desarrollo: Durante diez años (1927-1937) pintó imágenes del inconsciente, obsesivas, concernientes a los ojos, llegando incluso a hacer su autorretrato.

Eliminación: En 1938 sufre la «mutilación» y se cumple la profecía.

Son las dos metahistorias más completas que existen en el interior de la novela. Aparte, tenemos referencias a personajes y asuntos, encuadrados también dentro de una misma historia, pero que por su escasa extensión no merece la pena considerarlos, es el caso de Hedwig, Luvi y el anarquismo, Soledad, Ernesto Guevara, etc.

Sociedad ficcional del relato. Nivel semántico

Analizaremos a continuación la sociedad ficcional del relato, puesto que los personajes se mueven dentro de ella y en cierto modo se ven afectados en su forma de actuar por el estrato social a que pertenecen.

Abaddón se desarrolla dentro de un sector ciudadano, de una gran urbe, cosmopolita y centro de confluencia de gentes de diversos orígenes y lugares. Ciudad caracterizada por su fuerte componente migratorio, confluyen en ella habitantes de procedencia y clase social muy distintas. El relato va a reflejar perfectamente esta micro-sociedad ficcional. En este minúsculo sector ficcional podemos caracterizar los siguientes estratos:

1)   Aristocracia y burguesía.
2)   Intelectuales y clase media.
3)   Clase humilde.

Estos compartimentos no son impenetrables ni estáticos, sino que presentan fisuras entre sus clases próximas.

La aristocracia halla su máximo exponente en la familia Carranza y sus asistentes a las reuniones, a las que también acudirán burgueses e intelectuales.

Juan Bautista Caranza y su mujer, Maruja, son los organizadores de estas fiestas «sociales». A estas reuniones asisten infinidad de personajes, que resulta inútil enumerar, pero que tienen idéntico sello, el «deterioro espiritual», fiel reflejo de esta clase social que se caracteriza por su desocupación y vaciedad intelectual. A este círculo acude Sábato, intelectual, que finalmente se siente asqueado, impresión que se recoge en el capítulo «Se despreciaba por estar en esa quinta», ... por tener, en alguna forma y medida, algo en común con ellos. Todavía lo estaba viendo al Coco, ..., hablando de los negritos y poniendo aquel gesto irónico de menosprecio cuando él les decía que esos negritos habían dejado sus huesos a lo largo y a lo ancho de América Latina...» (pág. 373).

De este modo tenemos ya la primera fisura en los estratos sociales: la presencia de un intelectual que se agrega al círculo aristocrático (de la burguesía criolla).

La caracterización intelectual de la aristocracia se refleja de manera patente en las conversaciones allí mantenidas. A este respecto, es especialmente significativa, la escena de las págs. 352 a 360 y 361 a 373.

Pero no contamos con la presencia de Sábato únicamente, sino también con la de Marcelo que, aunque no asiste a las reuniones, a pesar de los ruegos insistentes de su hermana, por su origen (hijo de Juan Bautista Carranza) es un aristócrata. Sin embargo, Marcelo no se siente identificado con este grupo social, es un estudiante universitario que no comparte las ideas de su círculo y se siente más próximo a Palito que a su hermana, por poner un ejemplo. Con Marcelo tenemos una muestra del caso contrario al de Sábato, por su condición social es aristócrata, pero por sus ideas y sentimientos, se encuentra identificado con las clases humildes, con los desposeídos. Y he aquí la paradoja, esta circunstancia le llevará a la muerte. Marcelo, representa, pues, el eslabón de engarce entre dos clases sociales muy distintas y separados entre sí: el poder y las clases humildes.

Pero el *poder* en la novela no lo detenta únicamente la aristocracia, sino también la *burguesía,* enriquecida por el dinero, cuyo símbolo en el relato es la figura del rico potentado Rubén Pérez Nassif, presidente de la Inmobiliaria Perenás. El apellido Carranza pertenece a la rancia aristocracia de Buenos Aires; Pérez Nassif representa al nuevo rico. Las escenas de los cócteles caracterizaban a la aristocracia; en esta ocasión, dos capítulos: «El joven Muzzio» (págs. 115 a 116) e «Interesantes elementos de la entrevista» (págs. 116 a 118) caracterizarán sicológica y moralmente a este hombre. Egoísta, frío, calculador, son los apelativos que mejor encajan al que posteriormente será amante de Agustina Izaguirre.

La imagen que el autor nos da de los «poderosos» no es edificante, tanto unos como otros carecen de «valores espirituales». Un detalle muy simple, pero quizá de los más reveladores, sea la forma en que el autor retrata a Maruja (esposa de Juan Bautista Carranza), cuya mayor preocupación consiste en resolver crucigramas: «Maruja preguntaba algo sobre celenterados de cinco letras» (pág. 46)... «Algo en el límite entre Kenya y Etiopía que pareciese un cebú pero que no era un cebú: siete letras» (págs. 49)... «No griten, dejen pensar. Río de Asia, cuatro letras» (pág. 48).

A Pérez Nassif se le caracteriza mejor por el lenguaje que emplea, típico de los triunfadores que ejercen algún tipo de poder.

Entre los que ejercen el poder y los desposeídos, se sitúan en esta sociedad, los *intelectuales.* Sus máximos exponentes son aquí Bruno y Sábato. En este escalón intermedio cabría situar a los amigos de Marcelo: Araújo, Puch, Silvia... —aunque en algunos, la intelectualidad es más bien una «pose» que una realidad—. Nacho y Agustina entrarían también dentro de este grupo, integrado en su mayoría por universitarios. Las preocupaciones de estos jóvenes hallan su mejor reflejo en la conversación que los amigos de Marcelo tienen con Sábato y Bruno en el café (Cfr. págs. 176 a 193).

En el escalón inferior se encuentra la *clase humilde,* los desposeídos, que tienen en el texto dos exponentes muy claros y significativos: Carlucho, amigo de Nacho durante la infancia, que posee un pequeño quiosco; y el tucumano Nepomuceno, Palito le decían los amigos, miembro de una humilde familia de ocho hermanos, que se adhirió a la guerrilla del Che Guevara. Honradez y sencillez son las cualidades más sobresalientes de estos personajes. Marcelo en presencia de Palito y cuando éste toma la palabra «sentía vergüenza, tuvo repentinamente la intuición de lo que oiría, y se consideraba inmerecedero» (pág. 235).

También pertenece a este grupo Natalicio Barragán, el profeta portador del mensaje a los hombres, con su carga de ignorancia y credulidad de hombre sin cultura que se rodea de seres como él: los asistentes al bar de Chichín —entre los que se encuentran el viejo Humberto D'Arcangelo—.

Marcelo es el único personaje que atraviesa verticalmente esta compartimentación: por su origen, aristócrata; por su formación, intelectual; y por sus ideales, confraterniza con la clase humilde.

Entre el potentado Pérez Nassif y Agustina Izaguirre se establece un contacto entre clases diferentes, pero por venir marcadas por el signo del adulterio y la venganza no son significativas para el cruzamiento de estratos sociales.

Confluencia de autobiografía y ficción en la obra

Anteriormente apuntamos la procedencia de la historia narrada en *Abaddón:* realidad mediata y realidad interior. Atenderemos ahora a este último aspecto, hasta el momento marginado, que es la realidad interior.

Bourneuf afirma cómo la historia narrada en una novela «es ficticia, distinguiéndose así de la biografía, la autobiografía, el testimonio vivido, la declaración, el relato de viajes y la obra llamada «histórica». [29] Pero, paradójicamente, en esta obra se da la confluencia de *ficción* y *autobiografía*. Problema nuestro es delimitar ambos aspectos y señalar la utilización que el novelista hace de lo verdadero hasta transformarlo en ficción. Cuando en una obra confluyen estos dos aspectos, armónicamente, sin disonancias, combinándose tan sabiamente que resulta difícil discernir un plano de otro, estamos en presencia de una gran novela, fruto de un trabajo maduro y consciente.

Philippe Lejeune define la autobiografía como «récit rétrospectif en prose qu'une personne réelle fait de sa propre existence, lorsqu'elle met l'accent sur sa vie individuelle, en particulier sur

---

29 Bourneuf: *La novela,* ob. cit., págs. 34 y 35.

l'histoire de sa personnalité».[30] Esta definición puede descomponerse en cuatro puntos fundamentales:

1) Forma del lenguaje: a) relato, b) en prosa.
2) Tema tratado: una vida individual, una personalidad.
3) Situación del autor: identidad de autor y narrador.
4) Posición del narrador: a) identidad del narrador y del personaje principal; b) perspectiva retrospectiva del relato.

Los géneros vecinos a la autobiografía no cumplen con todas estas condiciones, sino sólo con alguna de ellas, así, las memorias cumplen la 2; la biografía, la 4 a; la novela personal, la 3; etc.

Para que haya autobiografía es imprescindible la *identidad* de nombre entre *autor, narrador y personaje.* Pero se puede plantear el caso de un nombre ficticio (diferente del del autor) dado a un personaje que cuenta su vida, y que el lector tenga razones para pensar que la historia vivida por ese personaje sea exactamente la del autor. El lector puede llegar a esa conclusión por comprobación con otros textos o por informaciones exteriores. Pues bien, estos textos entrarían en la categoría de *novela autobiográfica,* es decir, un texto de ficción del que el lector tiene razones para sospechar, a partir de ciertos parecidos que adivina, que hay identidad de autor y de personaje, mientras que el autor ha preferido negar esta identidad, o al menos no confirmarla.

A diferencia de la autobiografía la novela autobiográfica comporta *grados.* El «parecido» que el lector sospecha puede tener «un aire de familia» débil entre el personaje y el autor, o llegar hasta la casi transparencia. La autobiografía, por el contrario, no implica grados: es todo o nada.

En la novela que nos ocupa podemos hablar de *confluencia de autobiografía y novela autobiográfica.* Al hablar de esta última nos referimos al episodio de la muerte de Marco Bassán, que en el relato aparece como el padre de uno de los personajes: Bruno; pero por informaciones textuales y extratextuales, podemos afirmar que se trata del padre de Ernesto Sábato (cfr. págs. 460 a 480 de *Abaddón).*

---

30 Lejeune, Ph.: «Le pacte autobiographique» en *Poétique,* 14, 1973, pág. 138.

La identidad de nombre, piedra de toque de la autobiografía, se establece en el texto *de manera patente,* debido al nombre que se da el narrador personaje en el relato mismo, y que es el mismo que el del autor en la cubierta: Ernesto Sábato. De este modo, llegamos a lo que Lejeune llama «el pacto autobiográfico»: afirmación en el texto de esa identidad.

Paralelamente al «pacto autobiográfico» podemos hablar de «pacto novelesco» que tendría dos aspectos: «*pratique patente de la non-identité* (l'auteur et le personnage ne portent pas le même nom), *attestation de fictivité* (c'est en général de sous-titre *roman* qui remplit aujourd'hui cette fonction sur la couverture)».[31]

Abaddón... es la conjunción de tres factores: novela, autobiografía y novela autobiográfica. Es *novela* en cuanto que existen personajes totalmente ficticios que no han existido ni existirán jamás (tal cuales): Nacho, Agustina, Marcelo, Bruno... que cuentan historias también ficticias. *Autobiografía* en cuanto que Ernesto Sábato como personaje-narrador cuenta episodios de su propia vida: infancia, estudios, su dedicación a la física, sus problemas como escritor, etc. Y es *novela autobiográfica* en la medida en que el lector sospecha que existen episodios dentro de la novela que, aunque referidos a otra persona, podemos constatar como propios (el episodio de la muerte de Marco Bassán).

Existe otra salvedad que quisiera apuntar aquí: el protagonista de una novela puede tener el mismo nombre que el autor de la misma, sin que sean los episodios allí referidos autobiográficos. Pues bien, también se da en *Abaddón...* esta excepción: el protagonista Ernesto Sábato cuenta sucesos, tales como su desdoblamiento de personalidad y su transformación en monstruo, que entrarían dentro de lo fantástico; luego nada tiene que ver con lo autobiográfico, a pesar de que siga existiendo identidad entre nombre del personaje y nombre del autor.

Sin embargo, el mismo Lejeune habla de que si el nombre del personaje es igual al nombre del autor, este hecho excluiría la posibilidad de una ficción: «Même si le récit est, historiquement, complètement faux, il sera de l'ordre du *mensonge* (qui est une catégorie «autobiographique») et non de la fiction».[32] Creo que en

31 Id. ib., pág. 148.
32 Id. ib., pág. 150.

este caso Lejeune es demasiado estricto en sus consideraciones, puesto que la experiencia nos demuestra que se puede dar ficción, existiendo esa identidad. Ahora bien ¿qué diferencia hay entre hablar de «mentira autobiográfica» o «verdad ficcional»? ¿No tienen acaso el mismo sentido y nos llevan a resultados idénticos?

Un aspecto que no hemos querido tocar aquí, por creer que pertenece al estudio del *discurso,* es el modo de expresión que el autor utiliza para establecer la identidad del narrador y del personaje en el texto. El empleo de las personas gramaticales para marcar la identidad será una de las consideraciones que haremos cuando nos ocupemos de las *Voces* del relato. Estamos situados al nivel de la *historia* y por ello sólo nos debe interesar aquello que se nos cuenta y no el *modo* en que se nos cuenta, tarea del discurso.

El resumen de la historia dentro de la dialéctica universal del relato

Si consideramos la historia en sí misma, o lo que es lo mismo, reducida a su resumen, estamos dando prioridad al orden lógico sobre el cronológico. De este modo, tanto el tiempo de la historia que suponemos real como el tiempo de la historia contada en un discurso, se encuentran reducidos a un *esquema intemporal.*

La historia contada en un relato es para Schlovski una materia «preliteraria», error que fue puesto de manifiesto por T. Todorov, para quien ambos aspectos, historia y discurso, son igualmente literarios.

La historia es solamente un «sistema» de personajes y de acontecimientos. La «fábula» que aquí hemos resumido relata aventuras de tipo existencial y social, común a otras muchas «fábulas», es por ello que podemos establecer una dialéctica universal del relato que quedaría establecida de la siguiente manera:

$$\text{conflicto} \rightarrow \text{combate} \rightarrow \text{eliminación}$$

a la que corresponde la «estructura matricial atemporal» (Lévi-Strauss).

Es decir, lo que hace diferente unos relatos de otros es el *discurso* o manera en que la historia es contada. Ya anteriormente, expusimos el resumen de la historia del relato, ahora veremos cómo se adecua a la dialéctica anterior.

La 1.ª historia tiene como protagonista al escritor Sábato:

A se opone a B, siendo este último eliminado.

A: La secta de los Ciegos y sus enlaces (Schneider, Schnitzler, R., etc.).

B: Sábato.

Planteamiento del conflicto:

> «Durante años debí sufrir el maleficio. Años de tortura. Qué fuerzas obraron sobre mí, no se lo puedo explicar con exactitud, pero sin duda provenientes de ese territorio que gobiernan los ciegos, y que durante estos diez años convirtieron mi existencia en un infierno...» (pág. 25).

Combate: Se desarrolla a lo largo de todo el relato y viene dado por esos altos y bajos que el protagonista sufre.

Eliminación: desdoblamiento y transformación:

> «Los dos estaban solos, separados del mundo. Y, para colmo, separados entre ellos mismos» (págs. 434 y 435).

> «Sin que atinara a nada (para qué gritar?, para que la gente al llegar lo matara a palos, asqueada?), Sábato observó cómo sus pies se iban transformando en patas de murciélago» (pág. 457).

La 2.ª historia tiene como protagonistas a Nacho y Agustina.

Planteamiento del conflicto:

> «Al cabo de un tiempo, con una voz que parecía atravesar en la oscuridad secretos caminos antes conocidos por ellos pero ahora con obstáculos y trampas ocultas puestas por un perverso invasor, tuvo apenas fuerza para decir: —Algo pasa, Agustina» (pág. 110).

Combate: Tira y afloja entre ambos hermanos que se desarrolla a lo largo del relato, y que viene dado por el signo de las peleas y disputas verbales.

Eliminación: Intento de suicidio de Nacho (pág. 450). Huida.

La 3.ª historia tiene como protagonista a Marcelo Carranza.

Conflicto: Marcelo se entera del asunto sucio en que está su padre implicado:

> «De aquel affiche Marcelo sólo veía el nombre de su padre, que sin embargo no estaba con los resaltantes caracteres con que eran denunciados Krieger Vasena y los otros abogados del trust» (páginas 83-84).

Combate: La lucha que mantiene consigo mismo sobre si meterse o no en la organización guerrillera, y que se desarrolla a lo largo del relato.

Eliminación: Marcelo es torturado hasta la muerte por la policía.

Es decir: el desarrollo de estas tres acciones, en cierto modo interrelacionadas, se sitúa entre dos polos establecidos por el conflicto inicial y la eliminación final.

Estos tres personajes: Sábato, Nacho y Marcelo se presentan como *víctimas*. Sin embargo el final respectivo es gradualmente diferente: Sábato sobrevive convertido en monstruo, e identificado con las fuerzas del mal, luego la Secta de los Ciegos (el mal, por excelencia) ha triunfado sobre su víctima. Nacho, rechaza la idea del suicidio, pero es un hombre acabado, como demuestra su último contacto con su hermana. Estos insultos y aberraciones son producto de una mente enferma. Marcelo muere y, en este caso, la tragedia es consumada sin más.

CARACTERIZACIÓN Y SINTAXIS DE LOS PERSONAJES

Los personajes a la luz de las teorías de Ernesto Sábato

Creo conveniente comenzar el estudio de los personajes con el análisis de las diversas opiniones que Ernesto Sábato ha dejado diseminadas a lo largo de los ensayos que se ocupan de la ardua tarea de novela. [33]

---

[33] Citaremos por la edición de las obras completas publicadas por Losada, Bs. As., 1970, vol. II: *Obras. Ensayos,* bajo las siglas O.E. Cualquier modificación será señalada en una nota.

En el primer libro de este género, *Uno y el universo* —«discurso de ingreso» en el mundo de la literatura, especie de carta de presentación del autor como hombre de letras—, por su carácter más próximo a lo científico que a lo literario, no encontramos teorizaciones acerca de los personajes. Necesitaremos llegar a *Heterodoxia* (1953) para que surjan tímidamente sus reflexiones al respecto. Concretamente son tres los apartados que se ocupan de ellos: «Novelistas y personajes» (*O. E.*, 291), «Los personajes y la realidad» (*O. E.*, 410) y «Libertad de los personajes» (*O. E.*, 411). Veamos, pues, cuáles son sus ideas. En el primer caso dice así:

«La diferencia entre un escritor que crea un personaje loco y un loco está en que el escritor puede volver de la locura. Ingenuidad de los que imaginan que Dostoievsky es un personaje de Dostoievsky. Claro que buena parte de él vive en Iván Karamázov, en Dimitri, en Aliosha, en Smerdiakov. Pero no hay que suponer, por eso, que Dimitri sería capaz de escribir *Los Karamázov*.

Entre la novela y la vida hay la misma diferencia que entre el sueño y la vigilia: el escritor cambia, disfraza la realidad para ejecutar actos infinitamente deseados. Y, como en los sueños, esos cambios, esos disfraces, son casi siempre inconscientes».

Dos ideas capitales se decantan de estas líneas: a) todos los personajes de un novelista llevan siempre algo del propio novelista, en lo relativo a los personajes; b) las diferentes manifestaciones novelescas de un escritor responden a sus diversas formas de ver la realidad gracias casi siempre a impulsos inconscientes, en lo que respecta a los novelistas. De estas dos ideas, es la primera la que nos interesa por el momento. Gracias a sus palabras se puede establecer la primera premisa: *los personajes de un novelista son en cierto modo «hijos» de su creador.*

En «Los personajes y la realidad» vuelve en cierta forma a insistir en lo dicho anteriormente: «...De modo tal que ningún escritor puede crear un personaje más grande que él mismo, y si lo toma de la historia tratará de achatarlo hasta su nivel... Al revés: modestos seres llegan a alcanzar la estatura de sus cronistas». Consideramos que el intento de igualar el personaje a su creador no es sino una faceta del personaje desgajado de él.

Cuando por tercera vez alude a los personajes en *Heterodoxia*, es para tratar de su libertad: «Los seres reales son libres y si los personajes de una novela no son también libres, son falsos; y la novela se convierte en un simulacro sin valor.

El autor se siente frente a un personaje como un espectador ineficaz frente a un ser de carne y hueso: puede ver, hasta puede *prever* el acto, pero no puede evitar. Lo curioso, lo ontológicamente digno de asombro, es que ese personaje es una hipóstasis del propio autor. Es como si una parte de su ser fuese esquizofrénicamente testigo de la otra parte, y testigo ineficaz».

Libertad sin fronteras para el personaje, hasta tal punto que el creador no puede impedir sus actos, los ve o los prevé, pero no puede frenar la libertad de actuación. Y lo curioso es que —y en esto incide sobre lo ya expuesto— ese personaje es una hipóstasis (manifestación) del propio autor. En pocas palabras pueden sintetizarse las ideas de Sábato sobre los personajes: «El personaje es una manifestación («criatura») de su creador, situado en un plano igualatorio a aquél —nunca inferior o superior al ser que le dio la vida— y dotado de libertad absoluta para actuar».

Comparemos estas opiniones con las que, sobre lo mismo, están contenidas en el libro *El escritor y sus fantasmas,* pieza clave para el estudio de los diversos aspectos de su labor como escritor de ficciones, especie de «diario íntimo» del escritor, como declara en el prólogo.[34] Las ideas que comentaremos serán en su mayor parte reticentes con lo ya dicho en *Heterodoxia.* En siete pequeños apartados que trataremos separadamente, se ocupará Sábato de los personajes. La primera ocasión lleva el título «Sobre los personajes tomados de la realidad externa» e incide en la idea expuesta en *Heterodoxia* sobre el personaje surgido del interior del creador *«Los personajes profundos de una novela salen siempre del alma del propio creador,* y sólo suelen encontrarse retratos de personas conocidas en los caracteres secundarios o contingentes. Pero aun en ellos es difícil que el escritor no haya proyectado parte de su avasalladora personalidad» (*O.E.,* 576). Compárese con: «Ibsen confesaba: «*Todo lo he buscado en mí mismo, todo ha salido de mi corazón*» (Heterodoxia» en *O. E.,* 410) que se aplica Sábato

---

34 Conocemos tres ediciones diferentes de este libro: a) la publicada por la Ed. Aguilar de Bs. As., en 1963; b) la contenida en O.E. —con pequeñas modificaciones respecto a la anterior— y c) la publicada por Emecé, Bs. As., 1976, que modifica en gran parte las ediciones hasta entonces conocidas. Recientemente en 1978, Seix Barral, Barcelona ofreció «la edición definitiva».

a sí mismo.[35] Continúa luego en *El escritor*: «...Por eso los personajes de un escritor poderoso tienen siempre un aire de familia: todos son en definitiva hijos del mismo progenitor». Su teoría del parecido entre creador y criatura se extiende aquí al parecido entre las diversas criaturas puesto que efectivamente proceden del mismo padre. Y continúa Sábato con un ejemplo: «Y hasta en aquellos casos en que buscaron un personaje para zaherirlo o satirizarlo, un poco se zahieren o satirizan a sí mismos, con esa tendencia masoquista que casi invariablemente tienen estos grandes neuróticos».

No se desdice en un ápice de lo ya dicho ocho años antes; en este intervalo, Sábato ha publicado una nueva novela, *Sobre héroes y tumbas,* y su concepción sigue siendo idéntica.

Transcurridas algunas páginas, y a propósito de Robbe-Grillet, vuelve a insistir en lo mismo. En esta ocasión titula su comentario «Personaje desde fuera y personaje desde dentro»[36] y se muestra contrario a la idea del ingeniero y escritor francés del «nouveau roman» que postula el adoptar la visión «desde fuera» —según terminología de Jean Pouillon— al tratar a los personajes. ¿Cómo se puede describir desde fuera «cuando es harto sabido que los personajes más importantes de la literatura de ficción son emanaciones del propio autor?». Contrario totalmente a la idea de Robbe-Grillet, este empeño lo considera consecuencia de tres factores:

1. Influencia del cine.

2. Deseo de lograr, astutamente, una mayor ambigüedad.

3. **Estupidez.**

Demasiado tajantes nos parecen sus opiniones. No creo que ni Robbe-Grillet, ni Nathalie Sarraute, ni cualquier otro componente de la famosa «escuela de la mirada» haya pretendido crear «astutamente» la confusión de sus lectores o seguidores, muy atrevido, por su parte, es, también, llamarlos «estúpidos». Son dos opciones

---

35 El subrayado es nuestro.

36 En la edición que citamos, O.E., ha sido suprimido este epígrafe; nosotros lo hemos tomado de *El escritor y sus fantasmas*, Bs. As., Aguilar, 1971, 4.ª ed., pág. 119.

diferentes a la forma de novelar y tan respetable la una como la otra —posteriormente Sábato se desdijo, en parte, de estas afirmaciones—.

Sigamos ahora el cauce de sus posteriores comentarios, y nos encontraremos con una larga cita de Jean Paul Sartre —escritor admirado y criticado repetidas veces por Sábato—. La cita de palabras textuales del novelista y filósofo francés no viene acompañada de ningún comentario por parte del autor, lo cual hace suponer que está plenamente de acuerdo con su idea, y que por estar suficientemente desarrollada no necesita de más explicación. La teoría de Sartre confirma la idea de Sábato: el personaje tomado de la realidad con las mismas inquietudes e incertidumbres del hombre real: «Que cada personaje... se muestre incierto con la incertidumbre misma de los héroes, que se inquiete con sus inquietudes, que sea desbordado por su presente, que se doble bajo el peso de su porvenir, que quede cercado por sus percepciones y sus sentimientos..., que siente, en fin, que cada uno de sus estados de ánimo y cada movimiento de su espíritu encierran a la humanidad entera...» (O. E., 619 y 620).

Bajo el epígrafe «Estatura de los personajes» (O. E., 631) desarrolla las mismas ideas —incluso con las mismas palabras— que en «Los personajes y la realidad» de Heterodoxia:

> «... nadie puede crear un personaje más grande que él mismo, y si lo toma de la historia lo bajará hasta su propio nivel... Al revés modestos seres son levantados hasta la estatura de sus grandes creadores» («El escritor y sus fantasmas», O. E., 631).

> «De modo tal que ningún escritor puede crear un personaje más grande que él mismo, y si lo toma de la historia tratará de achatarlo hasta su nivel» («Heterodoxia», O. E., 190).

En la página 674 asistimos a su negativa de existencia de personajes complicados. Los personajes, al igual que los temas, no son complicados, son los escritores los complicados. Gracias al escritor los personajes resultan de una u otra manera. Se viene a incidir en lo mismo: los personajes son lo que son gracias al escritor que les da el soplo vital.

En la «Relación entre el autor y sus personajes» avanza un poco su teoría sobre los personajes emanados del espíritu de su creador, pues a medida que esto ocurre «se van convirtiendo, por otra parte, en seres independientes; y el creador observa con sorpresa sus actitudes, sus sentimientos, sus ideas» *(O. E., 677)*. Idea que incide directamente en la libertad de los personajes ya expuesta en *Heterodoxia (O. E.,* 411). El personaje una vez que sale de la pluma del escritor es, en cierto modo, incontrolable.

La última vez que hablará Sábato sobre este tema es en el apartado «Más sobre los personajes» *(O. E.,* 708 a 710). Dice así: «Un escrior profundo no puede describir, meramente describir, un hombre cualquiera de la calle... A menos que sea un personaje secundario y pintoresco de su novela. En cuanto se descuida (...) aquel hombrecito que tomó del mundo externo comienza a moverse, a sentir y pensar como delegado de alguna parte oscura y desgarrada del autor. De ahí el aire de familia que siempre tienen los personajes de un gran creador, ya sea Tolstoi o Faulkner». La misma obsesión que hemos visto hasta el momento aflora en estas últimas palabras: el personaje es parte del propio autor que le ha dado vida, y ofrece por consiguiente muchas de sus características.

Todo lo dicho hasta el momento viene a poner en claro una cosa: Sábato hace sus novelas *desde el yo. En Hombres y Engranajes,* su segundo libro de ensayos publicado en 1951, aparece un cuarto apartado que se titula «Las artes y las letras en la crisis» en el que bajo el epígrafe *La literatura del yo* dice así: «... los escritores del siglo XX son incapaces de trascender el propio yo, hipnotizados por sus propias desventuras y ansiedades, eternamente monologando en un mundo de fantasmas... Y en Dostoievsky, que en tantos aspectos es la compuerta de la literatura actual, se observa ese desentendimiento hacia el mundo externo...» *(O. E.,* 231 y 234).

Es decir, desplazamiento hacia el sujeto y desprendimiento del mundo externo, idea que nos llevaría a concepciones paralelas referentes a otros aspectos de la novela tales como el espacio y el tiempo. Cuando analicemos el espacio o el tiempo tendremos ocasión de volver con detalles a sus teorías. Sólo queremos dejar apuntado la *interrelación* de los componentes de la obra literaria, condición propia de su fuerte *estructuración.*

La «construcción en abismo» y los personajes

Someter a consideración la última —hasta el momento— novela de Ernesto Sábato implica considerar que esta novela se apoya en una técnica muy conocida del «nouveau roman»: la «construcción en abismo», es decir el enfrentamiento entre personajes de novelas diferentes. Esta novedad ofrece a la obra un atractivo indiscutible. [37] Concibo, personalmente, este recurso como una faceta de la rebelión del personaje contra el autor, tema ya saboreado en nuestra literatura por Unamuno y en la italiana por Pirandello; y que responde en Sábato a la búsqueda de una fórmula novelística más satisfactoria. Hasta tal extremo arriba Sábato que, él mismo, se proyecta dentro de su propia creación como ente de ficción, y se atribuye a sí mismo igualdad con su autor. Todo esto no responde sino al producto de una peculiar concepción de la realidad. Esta relación reversible entre lo real y lo imaginario ha sido práctica corriente en el transcurrir de la literatura española. Estamos frente a un rechazo claro por parte del argentino de la separación entre el mundo vivido y el que crea con su imaginación, que se traduce en perplejidad por parte del lector sobre la validez de toda separación entre lo real y lo ficticio. Por algo se dijo anteriormente que la novela de Ernesto Sábatto era una *novela desde el yo*.

Ernesto Sábato publica su segunda novela en 1961, trece años después de *El Túnel*, y entre ambas ficciones existe un vínculo evidente: la historia del asesinato de María por Juan Pablo Castel es analizado y desmenuzado, diríamos, por otro paranoico: Fernando Vidal Olmos. [38] Forma novedosa de hacer intervenir personajes de una novela en otra distinta. Pero aparte de este procedimiento original, Sábato utiliza también otro mecanismo muy conocido, el hacer reaparecer los personajes de una novela anterior. Ese es el caso de *Abaddón*, en la que concretamente y de una manera constante reaparecen dos de los personajes principales de *Sobre héroes*: Bruno

---

37 Cfr. Jean Ricardou: *Problèmes du Nouveau Roman*, París, Seuil, 1967, y Hélène Baptiste en «Análisis estructural comparado de tres novelas» en *Los personajes de Sábato*, Bs. A., Emece, 1972, págs. 169 a 191.

38 Cfr. las págs. 531 a 534 (cap. 25 de la III Parte) de *Sobre héroes y tumbas*, en O.F., Bs. As., Losada, 1966.

y Quique; y de una manera esporádica, Juan Pablo Castel en las páginas 174 a 175. Tras una serie de cavilaciones, Bruno dijo:

«Sí, ahí estaba la fotografía: el desconocido era aquel Juan Pablo Castel que en 1947 había matado a su amante».

En las páginas 213 a 218 reaparece *Martín* conversando con Bruno sobre Alejandra:

«Pero Bruno no respondió a la muda interrogación, y más bien quedó reflexionando en ese retorno de Martín, después de quince años, a los lugares que revivificaban el recuerdo tenaz».

Y el propio Martín medita sobre sus relaciones con Alejandra. Pero, anteriormente, Sábato había reparado en un joven que le da la sensación de haberlo visto anteriormente. Gracias al narrador sabremos que es Martín. Martín reconoce a Sábato, pero no se atreve a hablarle (Cfr. págs. 194 a 196).

Al fin y al cabo que reaparezcan Martín o Castel no nos sorprende puesto que su autor no los «mató» en su novelas anteriores. Pero lo que sí asombra es que Alejandra que, como todos sabemos, por la lectura de *Sobre héroes,* muere, junto con su padre, quemada por las llamas del fuego que ella misma prendió en el Mirador, haga una aparición «relámpago» en *Abaddón.* Es Sábato quien la ve:

«Fue entonces cuando la vio caminar como una sonámbula por la plaza hacia uno de aquellos zaguanes viejos cerca del EPSILON. ¿Cómo podía no reconocerla? Alta, con su pelo renegrido, con sus pasos. Corrió hacia ella, hechizado, la tomó en sus brazos, le dijo (le gritó) *Alejandra.* Pero ella se limitó a mirarlo con sus ojos gris-verdosos, con la boca apretada. ¿Por el desdén, por el desprecio?
Sábato dejó caer sus brazos y ella se alejó sin volverse. Abrió la puerta de aquella casa que tan bien él conocía y la cerró tras de sí» (pág. 271).

Un claro matiz diferente presenta la reaparición de Alejandra si la comparamos con la de Castel o Martín. La aparición es tan fugaz que más bien parece una «ilusión óptica» de Sábato, una confusión con otra persona. Pero esto no dejaría de ser una conjetura de orden personal. El hecho, la realidad, lo que la novela nos presenta, está bien claro: Sábato ve en determinado momento a Alejandra.

Apuntemos al respecto las palabras de Hélène Baptiste, muy significativas en este caso: «El lector, frente a esta construcción «en abismo» que puede retroceder hasta el infinito, es presa del vértigo, y la realidad se vuelve inestable. No sólo los personajes son nudos de relaciones dentro de una misma novela sino que, más aún, los personajes de una novela anterior se corresponden con los de ésta, dando a la obra una abismal profundidad». [39] Estas afirmaciones aplicadas a *Sobre héroes* son igualmente significativas para enjuiciar *Abaddón*... De esta suerte, *Abaddón* actúa a modo de novela total que engloba en su seno a las otras dos, en orden a los personajes.

Debido a estas circunstancias, creo conveniente distinguir tres grandes apartados en orden a su estudio:

1) Personajes de novelas anteriores que aparecen en *Abaddon*, bien de una manera física, bien en la mente de alguno de los personajes.

2) El autor como personaje de la ficción.

3) Personajes específicos de *Abaddón*...

Personajes «reales» existentes en las novelas anteriores

Comenzaremos nuestro estudio con la distinción entre los personajes que conviven con los demás personajes de la novela en el mismo plano ontológico, y aquellos que sólo existen en la imaginación. Esta distinción iría acompañada de otra en lo referente a su representatividad: los que son caracteres *significantes* de los que sólo son caracteres *secundarios*.

---

[39] Ob. cit., pág. 170.

	car. significantes	car. secundarios
Ex. real	Bruno	Natalicio Barragán
	Quique	Humberto J. D'Arcangelo
	Martín-Alejandra	J. P. Castel
	Carlos-R. (V. Olmos)	
Ex. imaginaria	Martín-Alejandra	J. P. Castel
	Carlos-R. (V. Olmos)	María Etchebarne
		Víctor Brauner
		Domínguez

a) *Bruno*

En *Sobre héroes y tumbas* es personaje central, que sólo en la IV parte asume el papel de protagonista, desde el momento en que se adelanta a primer plano y el interés se centra en él. Hasta llegar a esta última parte de la novela su presencia ha sido constante, pero «casi invisible o tan sólo bosquejado, que entrevemos y que suele proporcionar el material que completa o da forma a las reflexiones de Martín». [40]

Pues bien, en la novela que nos ocupa, Bruno se sitúa en un primer plano ya desde el capítulo inicial, en el que el autor introduce a los dos protagonistas: Sábato, personaje real, y Bruno, personaje simbólico. Los pensamientos de Bruno van a llenar el capítulo tercero de esta parte prologal de la novela. Este protagonismo de Bruno en las veintidós primeras páginas del relato, volverá a resurgir, en los últimos capítulos, «Georgina y muerte» (pág. 459 hasta el final), en el que se narra la última visita a Capitán Olmos (el Rojas natal de Sábato) y la muerte de su padre Marco Bassán (que corresponde al padre de Sábato en la realidad). Es decir, Sábato narrará en esta parte final un episodio real de su vida la muerte de su padre y el concierto de sus hermanos alrededor del padre moribundo, amparándose o utilizando como careta la figura de Bruno, «su alter ego» novelesco.

---

40 Dellepiane, A.: *Sábato, un análisis...*, ob. cit., pág. 139.

Hasta ese momento la figura de Bruno a lo largo de cuatrocientas y pico de páginas ha ido haciendo una aparición continua,
pero en un segundo plano, casi invisible o bosquejada como se decía
de *Sobre héroes…*— que proporciona el material que configura las
reflexiones de *Ernesto Sábato.* [41]

Concretemos afirmando que Bruno es un carácter significante
o, lo que es lo mismo, un personaje central puesto que es uno de
los hilos conductores de la novela, la atraviesa desde el principio
hasta el final y da vida a muchos de los personajes que se mueven
a su alrededor. Además su existencia en la ficción es «real» —como
lo demuestran sus palabras—. Entonces, ¿en qué se diferencia el
Bruno de *Sobre héroes* del Bruno de *Abaddón?* Sencillamente en
que el Bruno de *Abaddón…* hay que verlo siempre al lado de Sábato, forma con éste una pareja incondicional e inseparable; mientras que en *Sobre héroes,* Bruno es el personaje que habla un poco
con todos y un mucho con nadie: Martín, Alejandra, Fernando, etc.
Bruno es en *Abaddón* el «monopolio» de *Sábato,* es su íntimo
amigo, su confidente, su «alter ego», como ya hemos dicho.

FICCIÓN: *Bruno* ——— *Sábato* (personajes de la novela)

REALIDAD: Ernesto Sábato (autor de la novela).

Se trata de un problema de «duplicación interior» del novelista en el interior de la ficción, pues en boca de uno y otro —Bruno
y *Sábato*— colocará el autor sus principales ideas y angustias. Con
respecto a este asunto, creo oportuno citar unas palabras de Sábato
contenidas en *El escritor y sus fantasmas* a propósito de Bruno
como personaje autobiográfico —referidas a la novela *Sobre héroes,*
pues *El escritor…* en anterior (1963) a *Abaddón* (1974)— dice así:

«He puesto en él, deliberadamente, algunas de mis ideas más
conocidas, y eso ha hecho creer a muchos lectores que el personaje
me representa. Pero observe que lo mismo hice con Fernando. Más
aún; he puesto elementos míos en los cuatro personajes centrales,

---

41 Cada vez que aparezca subrayado, nos estamos refiriendo a Sábato, personaje, y no al
autor del libro que aparecerá sin subrayar.

personajes que dialogan y hasta luchan mortalmente entre sí. Es el diálogo y la lucha que esas hipóstasis tienen en mi propio corazón...» *(O. E.,* 1479).

Palabras que refuerzan la teoría anteriormente expuesta. En el caso de *Abaddón,* podemos sustituir el nombre de Fernando por el de *Sábato,* y no exageramos al afirmar que diría: «he puesto elementos míos en los dos personajes centrales...». (La relación Bruno-*Sábato* en la novela, la veremos más adelante al estudiar «los personajes y sus relaciones»).

En honor a la verdad diremos que Bruno conoce también a otros muchos personajes de la novela —como lo demuestran sus pensamientos—, pero no mantiene en el relato contacto directo con ninguno de ellos. Una excepción podemos citar al respecto: la charla de *Sábato* con los jóvenes en el café (págs. 177 a 193) en la que está presente Marcelo, Palito y otros. Pero en este caso, es *Sábato* el elemento conector, y Bruno sólo asiste a la reunión como mudo testigo.

Lo primero que apuntaremos en cuanto a la *forma* será su descripción física en una y otra novela. En el capítulo IV de la segunda parte de *Sobre héroes* se le describe de la siguiente manera:

> «Se levantó un hombre muy rubio, de ojos celestes y anteojos con vidrios increíblemente gruesos. Tenía un aire sensual y meditativo y parecía tener unos cuarenta y cinco años» *(O. F.,* 314 y 315).

En *Abaddón:*

> «Una vez más en su ya *larga vida* sentía...» (pág. 19).

> «*Entre ellos, los viejos,* habría uno quizá como él, como Bruno y todo volvería a empezar...» (pág. 30).

> «Bruno levantó sus *ojos celestes* y se quedó esperando» (pág. 322).

En cuanto a su descripción física no tenemos ninguna señal en *Abaddón...* Si en 1955 Bruno tenía aproximadamente 45 años, lógicamente en 1973 puede perfectamente considerarse un hombre viejo (63 años sería su edad, muy aproximada como podemos comprobar a la que tiene el autor de la novela. Nacido en 1911, en la actualidad cuenta con 71 años).

Pero esta descripción física, no muy explícita, viene acompañada de una descripción moral más amplia:

«La timidez de Bruno era tan acentuada que en rarísimas ocasiones se atrevía a telefonear...» (pág. 15).

«... pensó con su característica duda, con aquel exceso de honradez que lo hacía vacilante y en definitiva ineficaz» (pág. 19).

«incapaz de esos actos absolutos de la pasión y el heroísmo» (pág. 19).

«Una vez más... sentía esa necesidad de escribir... Pero al mismo tiempo experimentaba su crónica impotencia frente a la inmensidad» (pág. 19).

«Si no fuera como desdichadamente era: un débil, un abúlico, un hombre de puros y fracasados intentos» (pág. 22).

Todas estas notas nos han sido dadas en la parte prologal, cuando el personaje aparece por primera vez. Bruno, de esta suerte, ha quedado configurado como un hombre tímido, honrado y vacilante en sus decisiones, impotente para grandes actos, que se debate entre el querer y no poder; y débil de carácter.

Esa debilidad de carácter ya fue reseñada en *Sobre héroes* en varias ocasiones. Escogemos a modo de ejemplo una de las más significativas. A la pregunta de Martín a Alejandra sobre qué hacía Bruno, le responde:

«Nada, es un contemplativo, aunque él dice que es simplemente un abúlico. En fin, creo que escribe. Pero nunca le ha mostrado a nadie lo que hace ni creo que nunca publicará nada» (*O. F.*, 278, C. XVII de la I Parte).

La evidencia señala que en nada se diferencia, en cuanto a la forma, el Bruno de *Sobre héroes* del Bruno de *Abaddón*. Es el mismo personaje con unos cuantos años más.

Su forma de presentación es siempre el «pensaba Bruno» insistente fórmula que se repite machaconamente a lo largo de la novela. De Bruno, sólo sabemos —por el narrador o por Sábato— que *piensa* o *escucha*. Largos monólogos interiores atestiguan lo primero. Como ejemplo citemos los de las págs. 18 a 22, los de las 60, 69, 174, 184, 193, 409 y 459 hasta el final, como los más representativos. Y siempre con la expresión «pensaba Bruno», en tercera persona, conoceremos los pensamientos, meditaciones y cavilaciones de este ser enigmático. Nos encontramos en presencia del monólogo interior indirecto. Bruno es un personaje rico en ideas y parco en palabras.

Pero también dijimos que este personaje se manifiesta en otras ocasiones como oyente pasivo. ¿De quién? De *Sábato,* o de conversaciones en las que intervenga *Sábato.* Veamos como ejemplo de lo primero «Algunas confidencias hechas a Bruno» (págs. 25 a 33) en las que Bruno no interviene para nada, es mudo oyente de las declaraciones de *Sábato;* confidencias que son interrumpidas por un paréntesis (págs. 29 a 31) en que piensa *Sábato* —el «pensaba Bruno» en el contexto hay que entenderlo como un «pensaba *Sábato* que pensaba Bruno»—; o aquellas otras confesiones de las páginas 322 a 330 sobre las preocupaciones que agobian a *Sábato* en aquel momento. (Curiosamente, sus encuentros son siempre en la calle, en algún café de los frecuentados por ambos y son, además, encuentros fijados por *Sábato).* Ejemplo de lo segundo es la conversación de *Sábato* con los jóvenes, de las páginas 177 a 193, a la que Bruno asiste sin pronunciar palabra. Gracias al narrador, sabemos que en determinado momento interviene para calmar a *Sábato* que se excitó con la discusión: «Bruno le pidió que se calmara, tomándolo suavemente de un brazo» (pág. 190).

Todo lo dicho nos hace afirmar que Bruno es el hombre de ideas, junto con *Sábato,* en la novela. En el discurrir de su mente ha puesto el autor muchas de sus reflexiones sobre la humanidad, el sufrimiento, la búsqueda de lo absoluto, el acto de escribir, la soledad del hombre contemporáneo, etc. Es el vocero de las ideas del autor, toda su fuerza reside en su mente, hasta tal punto que a lo largo de la lectura de la novela, sentimos la impresión de que Bruno es una sombra, un espíritu que no llega a tomar cuerpo, espíritu separado de la materia.

Llegados a este punto creemos conveniente hacernos la siguiente pregunta ¿quién presenta a este personaje?, ¿el narrador?, ¿otro personaje?, ¿se presenta a sí mismo? El texto nos da la respuesta:

«En la tarde del 5 de enero... Bruno vio venir a Sábato...» (pág. 15).

Es un narrador, externo a la historia —heterodiegético— quien nos introduce a este personaje.

En suma: Bruno, hombre de ideas de la novela, aparece bajo la forma física exterior de un hombre maduro, y con los rasgos morales de un tímido, y por consiguiente un hombre dubitativo, indeciso, «contemplativo y abúlico» —como se declara en la página 174—; aunque en todo momento honrado y fiel a sus ideas. Su irrupción primera en la novela se realiza gracias a un narrador exterior a ella, y la fórmula de introducción va a ser generalmente el «pensaba Bruno». Personaje, cuya nota más característica será la parquedad de palabras y la riqueza de ideas, gasta su tiempo en pensar o escuchar confidencias o conversaciones de otros, hasta el extremo de que nos hace sospechar que más que un ser de carne y hueso es la voz de la conciencia» de *Sábato,* su «alter ego», su otro yo, su otra cara, que posee, como es natural, algunas de las características de *Sábato* y otras que *Sábato* no tiene, pero que le gustaría tener, por ejemplo, la prudencia (recuérdese la escena del café, en la pág. 190).

Pero además, Bruno como cualquier personaje, está integrado en una «dinámica de grupos», y gracias a ese movimiento la novela va a desarrollarse y a necesitar un tiempo para su lectura. Y a su vez, los personajes van a necesitar un *tiempo* para actuar —tiempo interior del relato—, y un *espacio* donde instalarse. Todo ello viene a demostrar la fuerte interrelación de los componentes del texto literario, en este caso, de la novela.

Puesto que lo que nos interesa en primer lugar —siguiendo las últimas tendencias de la crítica en el estudio de los personajes— es la *relación* de los personajes entre sí, gracias a la cual entran a formar parte del sistema del relato, pasemos, pues, a precisar la *funcionalidad* de dicho personaje, es decir, su condición de participante o actante.

Bruno aparece en la novela relacionado con otro personaje central a ella, *Sábato*. La relación de Bruno con *Sábato* viene dada por el predicado de base de la comunicación y aparece garantizada desde las primeras líneas del relato:

«... Bruno vio venir a Sábato, y cuando ya *se disponía a hablarle* sintió que un hecho inexplicable se produciría... Era la primera vez que ocurría algo así y, *considerando el tipo de relación que los unía*, debía excluir la idea de un acto deliberado, consecuencia de algún grave malentendido» (pág. 15). [42]

Esta base de la comunicación entre ambos personajes se presenta bajo la forma de la *amistad* o *confidencia*. Amistad que deriva hacia la confidencia y que es un sentimiento recíproco y reversible, de Bruno a *Sábato* y de *Sábato* a Bruno. Sírvannos como ejemplos: «Algunas confidencias hechas a Bruno» (págs. 25 a 33) o aquel encuentro de *Sábato* con Bruno en «La Tenaza» (pág. 380).

En suma, tenemos en las primeras líneas a dos actantes, unidos por la relación sintáctica siguiente:

SUJETO   vs.   OBJETO [43]
Bruno   Sábato

El sujeto (Bruno) es *destinador* del afecto (saludo) y *destinatario* de un desaire inapropiado. Y reversiblemente, el objeto (Sábato) es destinatario del saludo y destinador del desaire. Estas relaciones de amistad se van a ver obstaculizadas por un oponente —en el sentido de obstaculizador de las relaciones sujeto-objeto—. Pero no nos adelantemos a los acontecimientos, y veamos el curso de estas relaciones guiadas por el eje de la comunicación.

Como la novela tiene un claro comienzo «in media res», la primera vez que en el curso de la lectura conocemos la relación Bruno-*Sábato* se encuentra ya *alterada* puesto que el orden del relato no coincide con el orden de la historia, y este encuentro —el de las páginas 15 a 16— habría que colocarlo casi al final de la obra.

---

42 El subrayado es nuestro.
43 Seguimos la terminología de Greimas en su *Semántica estructural*, Madrid, Gredos, 1969.

Si nos situamos en el orden de la *diegesis,* la relación Bruno-Sábato sigue los pasos siguientes:

	SUJETO	OPONENTE	OBJETO
Págs. 25 a 33	Sábato	[—]	Bruno

(Relación «directa» de confidencia, no enturbiada por ningún elemento).

Págs. 60 a 61	Bruno	[—]	Sábato

(Relación «mental» de comprensión amistosa, no enturbiada).

Pág. 69		(Relación idéntica a la anterior).	
Págs. 71 a 83	Sábato	[—]	Bruno
Págs. 177 a 193	Sábato	[—]	Bruno
Págs. 276 a 319	Sábato	[—]	Bruno
Págs. 322 a 330	Sábato	(?)	Bruno

(Bruno empieza a notar algo raro en Sábato. Relación que comienza a enturbiarse).

Págs. 380 a 382	Sábato	[+]	Bruno

(Se hace imposible la comunicación. Se despiden sin hablar. Relación enturbiada).

Págs. 15 a 16	Bruno	[+]	Sábato

(Frialdad evidente de las relaciones).

$$+ \ = \ \text{presente.}$$
$$- \ = \ \text{ausente.}$$

La comunicación de estos dos personajes, perfecta en sus comienzos, se va haciendo progresivamente más difícil, debido a una serie de fuerzas que actúan sobre *Sábato* oponiéndose a la realización de confidencia establecida de antemano. Coincidimos con Greimas cuando afirma que esta categoría actancial —la de Oponente— no es sino la «resistencia imaginaria dentro del mismo sujeto *(Sábato),* juzgada maléfica por relación a su deseo». [44]

En el relato lo primero que conocemos es esta *relación enturbiada* (págs. 15 a 16) y posteriormente se nos dará a conocer el

---

44 Id. ib., pág. 275.

curso que ha seguido esta relación hasta llegar a ese punto. Veamos ahora cuáles son las señales en el texto que nos permiten afirmar lo dicho:

«Bruno lo encontró raro y le preguntó por su salud —Bien, bien— respondió distraído» (pág. 322).

«Sábato se calló y quedó como cavilando durante tanto tiempo que pareció haberse olvidado de Bruno. Este no sabía qué hacer, hasta que por fin le preguntó si no creía preferible salir o por lo menos buscar otro café menos ruidoso. Cómo, cómo? Pareció no haber oído o entendido bien» (pág. 324).

«Cuando Bruno llegó al café encontró a S. como ausente, como quien está fascinado por algo que lo aísla de la realidad, pues apenas pareció verlo y ni siquiera lo saludó» (pág. 380).

«Ahí podía verlo, como recogido en una sombría guarida, hasta que de pronto se levantó, y sin saludarlo sólo dijo a manera de despedida: —Otro día hablaremos de lo que le dije por teléfono» (pág. 382).

Las palabras reflejadas hasta el momento nos permiten afirmar que Bruno es el confidente de Sábato, es el hombre que sirve de refugio consolador al escritor: en sus momentos de preocupación o alegría tiene siempre a su lado a ese silencioso e incondicional amigo, Bruno, que le escuchará con paciencia y le aconsejará. Al final de la novela estas relaciones se verán alteradas desafortunadamente por uno de los motivos de la ficción: la caída de *Sábato* en un «pozo», pozo en el sentido de desesperación, abatimiento y refugio en su propio yo, consecuencia de ese «desdoblamiento» que sufre el personaje *Sábato,* trágica circunstancia que se venía presintiendo desde la página cien del relato.

De esta forma cerramos el mundo de este singular personaje —Bruno—, en cierto modo *omnipresente* puesto que conoce a todo el resto de los personajes de la novela que tratamos y opina sobre sus dramas en concreto, y también a personajes de novelas anteriores: Martín, Alejandra, Fernando, Castel, sobre los que también opinará, tomando entonces la cualidad de *omnisciente.* Esta omnipresencia y omnisciencia de Bruno ¿no nos recuerda las dotes del narrador?, ¿no nos da la impresión en ciertos momentos de que Bruno es el narrador?

b) *Quique*

Personaje pintoresco que vuelve a resurgir en *Abaddón...* prácticamente con las mismas características que en *Sobre héroes.* En aquélla, ya desde su primera intervención (capítulo VII de la segunda parte), el autor nos reflejaría exactamente su forma de ser, y no a través de las palabras del narrador sino gracias a las palabras del propio Quique que se presenta y autodefine. La única observación del narrador es: «Momento en que entró al taller un hombre rarísimo». Luego toma la palabra Quique:

«—Mesdames... —dijo inclinándose con grotesca deliberación.

Besó la mano de Wanda, luego la de Alejandra y agregó:

«—como decía la Popesco en *L'habit vert: je me prostitu à vos pieds*».

A continuación se describe físicamente a sí mismo:

«... soy un conjunto de elementos inesperados. Por ejemplo, me ven callado y no me conocen, piensan que debo tener la voz de Chaliapin, y luego resulta que emito chillidos. Cuando estoy sentado, suponen que soy petiso, porque tengo el tronco cortísimo, y luego resulta que soy un gigante. Visto de frente, soy flaco. Pero observado de perfil, resulta que soy corpulentísimo... Pertenezco al tipo Gillete, en la famosa clasificación del Profesor Mongo. Tengo cara filosa, nariz larga y también filosa, y, sobre todo, estómago grande...» (*O. F.,* 336).

En *Abaddón...* no existe presentación física de este personaje, se da por supuesto que ya se le conoce y huelga su descripción. Su primera aparición es en la página 53 con motivo de una reunión en casa de los Carranza a la que asiste *Sábato.* Cruza unas palabras de saludo con *Sábato* y éste se marcha. Una de las asistentes a la reunión, Beba, recrimina a Quique por haberse metido con el escritor y por la respuesta de Quique reconocemos —por si nos quedaba alguna duda— al mismo personaje que ya apareció en *Sobre héroes*:

«... Desde que me hizo trabajar en esa novela, tanto para aliviar esa pesadez. Un plomo, un repedante, un mamarracho...» (pág. 54).

Personaje extremadamente singular que se caracteriza por sus palabras, por su lenguaje, y esto, en dos sentidos: *lo que dice* —el contenido o tema de sus parlamentos— y *cómo lo dice* —su estilo de lenguaje—. Este sujeto no ha sufrido ninguna modificación de una novela a otra. Es una extraña mezcla —«conjunto de elementos inesperados», como se definía en *Sobre héroes*—, de afeminado, satírico, burlón, inteligente, chispeante, «perverso», etc. Es mejor no caer en sus «garras» porque a la persona que coja como objetivo la «destruye». Chismoso empedernido, es, en cierto modo, el que da vivacidad y aliciente a las reuniones aburridas de la alta burguesía, de las que es un ejemplo los cócteles en casa de los Carranza:

«Prohibirle hablar mal de la gente era, en opinión de Beba, como prohibirle a Galileo emitir su célebre aforismo» (pág. 54).

Quique no se concibe sin sus argumentos. Se le acosa para que hable. Generalmente rodeado de mujeres, son ellas las que le animan a que exponga sus ideas:

«Que por favor no se fuera
Que explicara...
Que hablara...
Que dijera...
... que contara»

Son los ruegos del «coro» femenino que lo halaga insistentemente; y Quique, que se complace con estos ruegos, no duda en comenzar a exponer su «filosofía». Sus escenas son verdaderos soliloquios, puesto que nadie le interrumpe; de un tema se pasa a otro con una soltura sin igual —por algo es persona avizada en entrevistas—. Soltura en el lenguaje y amenidad en la exposición, dos cualidades que hacen de él un personaje sumamente atractivo.

El humor se mezcla con la ironía y la sátira de carácter jocoso aunque en algunos momentos sea «cruel». De él dijo la Dellepiane —refiriéndose a *Sobre héroes*— que era un oasis dentro de la novela. Personalmente, me atrevería a afirmar que en *Abaddón,* Quique es un «falso oasis», pues sus argumentos, en apariencia triviales, nos dejan meditando. Su filosofía de la vida —*Weltanschauung,* según palabras del texto— es desencantada, aunque el tono que emplee para su argumentación —humorístico cien por cien— relaja la tensión del lector de esta novela, marcada por el signo de la angustia.

Su forma de presentación en el relato es siempre por sí mismo, en primera persona y en diálogo directo con sus interlocutores. Sus intervenciones constituyen *escenas* de las más importanttes y extensas en la novela.

Sus apariciones, ligadas siempre al ámbito de los Carranza, así como el contenido de sus argumentaciones son las siguientes:

Páginas 53 a 60. Encuentro con *Sábato.* Choque. Opiniones sobre: catolicismo; cine, en combinación con el gusto por lo francés; Dios y la creación; psicoanálisis.

Páginas 218 a 221. Ataque a *Sábato.* (Referencias a *Sobre héroes).* Opiniones sobre: educación en la infancia; *Sobre héroes* y el título; tendencia a usar nombres extranjeros. (Conversación que continúa en la página 223 hasta la 234).

Páginas 223 a 234. Opiniones sobre: los trasplantes; los congelados por cáncer; la enseñanza del inglés; la nueva novela; los saludos.

Páginas 336 a 347. Apenas si interviene, se limita a comentar las teorías del Profesor Gandulfo, personaje que él trae a escena.

Págs. 352 a 360. Refiere su entrevista con la estrella E. Lynch y la conversación de Nené con Pampita y Cristina sobre los apellidos. (Sátira).

Continúa en la página 361 hasta la 373.

Páginas 361 a 373. Con la llegada de un nuevo personaje, la conversación se ramifica. (Intermedio en que el Nené Costa y Cristina comentan unas noticias del *Playboy,* págs. 364 a 368).

Para comprender la *funcionalidad* de Quique en la novela, debemos verlo integrado dentro de una «dinámica de grupo». Quique no es un personaje radicalmente individualizado, sino que su funcionalidad está en razón del «grupo» del que forma parte. El, como hemos tenido ocasión de ver, jamás piensa o habla en solitario, es el «alma» de las conversaciones de la sociedad burguesa. Un elemento más dentro de esa sociedad, pero quizá uno de sus elementos más llamativos porque en él ha puesto el autor muchos y variados comentarios sobre los hombres y la vida. El espejo a través del cual se refleja este tipo de sociedad es Quique. Pero curiosamente Quique fustiga también muchos de los vicios de la misma y ahí es donde radica su mayor fuerza.

En la novela, el narrador lo ha colocado en la posición de *adversario* [45] del personaje central *Sábato.* No está de acuerdo con *Sábato,* ni con la utilización que hace de él como personaje de su anterior novela. Así declara:

> «A ese Sábato que me hizo trabajar en su novelón sin pagarme díganle que sería mejor que escriba un Informe sobre Palomas, en lugar de ese retórico discurso sobre no videntes» (pág. 218).

Esta antipatía parece ser mutua, porque *Sábato* lo mira «con desconfianza y de modo ambiguo». Sin embargo, cuando se encuentran frente a frente no existe enfrentamiento directo —signo de su carácter escurridizo—.

Con Quique se produce el reconocimiento claro de esa «construcción en abismo» de que hablábamos anteriormente. Maruja, personaje de la novela, le dice: «—Sos exacto como en la novela de Sábato» (pág. 219) ante lo cual Quique se rebela y ataca despiadadamente a su creador:

> «Eso, eso! Lo único que faltaba. Desde que ese sujeto me metió en una novela, todo el mundo a jorobarme con esa caricatura. Burdísimo y flogelante. Debería prohibirse por ley la existencia de individuos de esa calaña... que si no verían la caricatura que me mandaba del sujeto ése. Pero qué caricatura, si bastaría describirlo como es. Una risa» (pág. 219).

---

45 Un adversario es un *oponente* a menor escala.

Rebelión estructural de la criatura contra su creador, enfrentamiento claro, *actante adversario:* esa es la función de Quique. Obstaculizar al sujeto Sábato, en la medida en que lo irrita o lo desvía de su objetivo central. Y al hablar de la función de Quique me estoy refiriendo a todo el grupo que la forma: Maruja, el Nene, Cristina, Pampita, Coco Bemberg, etc. Este grupo social, vacuo, con sus reuniones fijas en casa de unos y otros para comentar la «chismografía oficial» de la ciudad, a las que Sábato se siente atraído a asistir y a las que acude una y otra vez, aunque después comente: «Se despreciaba por estar en esa quinta, por tener, en alguna forma y medida, algo en común con ellos» (pág. 373), actúan de *fuerzas obstaculizadoras a la realización del deseo de Sábato.* Por eso, dijimos que Quique cumplía su función integrado en un grupo, aunque era una de las cabezas más visibles de él.

La caracterización lingüística de Quique, tendremos ocasión de comentarla al estudiar la estructura de la novela.

c) *Natalicio Barragán o la metáfora*
del fuego. Humberto D'Arcangelo

Resurge en esta novela un personaje muy curioso: Natalicio Barragán. Definido anteriormente como carácter secundario, lo es por su escasa participación en la obra; no obstante, es el vocero de la tesis de la novela, tanto en *Sobre héroes* como en *Abaddón.*

En el capítulo XVI de la IIª parte de *Sobre héroes* conocimos su existencia: «... y entrando oyó al Loco Barragán, que tomaba caña sin dejar, como siempre, de predicar, diciendo *vienen tiempos de sangre y fuego, muchachos,* amenazando admonitorio y profético, con el dedo índice de la mano derecha...» (O. F., 371). Es el capítulo de presentación de este personaje, borracho y loco, que profetiza tiempos de fuego que sobrevendrán, no se sabe cómo, y purificarán algo indeciso. El mismo Barragán dice de sí: «Yo, muchacho, soy un borracho y un loco. Me dicen el Loco Barragán, chupo, me paso el día vagando por ahí y pensando, mientras la patrona trabaja de sol a sol. Qué le voy a hacer. Así nací y así voy a morir. Soy un canalla, no me aparto. Pero eso no es lo que les digo, muchachos. ¿No dicen que los chicos y los locos dicen la verdad?». Y posteriormente hablará de la aparición ante él del Cristo, que le dice: «Loco, el mundo tiene que ser purgado con sangre y fuego, algo muy grande tiene que venir, el fuego caerá sobre todos los hombres, y te digo que no va a quedar piedra sobre piedra» (O. F., 374 y 375).

Pues bien, este personaje entre loco y profético vuelve a aparecer en las primeras páginas de *Abaddón* con la misma misiva. En el mismo escenario que en la anterior novela: el viejo bar de Chichín, sale a escena el loco Barragán, ligado, como siempre, a la bebida. Su presentación es a través de un narrador heterodiegético: «Natalicio Barragán apuró su copita de aguardiente y salió tambaleante» (pág. 16). Al salir a la calle tiene una visión: un enorme monstruo rojizo con cola de escamas. Su visión no es compartida por un marinero que pasa y el Loco cae desmayado. Al despertarse, ya de día, se dirige a su casa. Hará falta llegar casi al final del relato para retomar el hilo de este personaje. «Esta madrugada del 5 de Enero» enlaza en la página 453 con el capítulo «El día 6 de enero de 1973» —téngase en cuenta el comienzo «in medias res» de la novela—, en el que Natalicio Barragán se despertó muy tarde con agudos dolores de cabeza. A partir de aquí y hasta la página 457 tomaremos contacto de nuevo con este sujeto olvidado durante cuatrocientas y pico de páginas.

Su *funcionalidad* es la misma que en *Sobre héroes,* avisar a los hombres del fin del mundo: «Porque el tiempo está cerca, y este Dragón anuncia sangre y no quedará piedra sobre piedra. Luego, el Dragón será encadenado» —dice—.

Para comprender las palabras de Barragán tenemos que acudir al *Apocalipsis* según San Juan y veremos cómo ese dragón es el que allí aparece como señal del fin del mundo. Veamos la cita de la Biblia (4.ª Parte, vers. 12):

> «Apareció en el cielo otra señal, y vi un gran dragón de color de fuego, que tenía siete cabezas y diez cuernos, y sobre las cabezas siete coronas» (pág. 1.361, *Sagrada Biblia,* ob. cit.).

Natalicio Barragán es, de esta suerte, el personaje emblemático de lo que puede sucederle a la humanidad entera en un tiempo como el existente. Ya anunció catástrofes parecidas en *Sobre héroes* y en junio de 1955 la muerte cayó sobre miles de obreros en la Plaza de Mayo. A partir de entonces ya nadie lo tomó jamás en broma y él mismo se hizo hosco y retraído. En 1973, tiene de nuevo la visión del Dragón, símbolo de una destrucción que se avecina. Sus contertulios —los mismos de la novela anterior: Loiácono, Berlingieri...— guardaron silencio, asustados. El dragón de su visión es el mismo del *Apocalipsis:* «La cola le llegaba hasta el suelo... un dragón colorado. Con siete cabezas. De las narices echaba fuego» (pág. 456 de *Abaddón).* El color rojo, de sangre, es el símbolo de la destrucción. Las siete cabezas y su enorme cola indican su poder y resistencia.

Su reconocimiento como personaje de la novela anterior viene dada por el narrador que nos lo identifica claramente como aquel Loco Barragán de *Sobre héroes:* «Natalicio Barragán sabía muy bien lo que le reprochaba. Quince años atrás, se le aparecía y él predicaba en la calle, en el bar de Chichín. Había anunciado el fuego sobre Buenos Aires y todos chacoteaban con él, le decían «Dale, Loco, dale, contá lo que te dijo el Cristo», y él, con la copita de caña, les contaba» (pág. 455).

Con Natalicio Barragán, Bruno y Quique concluimos el apartado dedicado a esos personajes que, existentes en *Sobre héroes,* toman cuerpo de nuevo en *Abaddón* y continúan su trayectoria allí iniciada. Los tres son muy diferentes entre sí, como hemos tenido ocasión de ver, y pertenecen a tres mundos distintos que coexisten en la novela: la clase baja —el pueblo y sus creencias ancestrales arraigadas—, simbolizadas en el Loco Barragán; la clase media, intelectual, con su carga de preocupación por el ser humano y su destino —Bruno—, y la clase refinada, la alta burguesía —¿aristocrática?—, representada por Quique, símbolo de la distración en la clase a la que pertenece.

Entre Barragán y Quique se forja el entramaje de la novela.

QUIQUE   es símbolo de una sociedad desprovista de valores.

BRUNO   es símbolo del intelectual preocupado por el HOMBRE con mayúsculas.

BARRAGÁN es símbolo del pueblo y sus creencias, metáfora anunciadora de lo que le ocurrirá a la sociedad.

Humberto J. D'Arcangelo hace también una reaparición repentina al final de la novela. Bruno ve en el antiguo café de Chichín —centro de reunión de los hombres que fastidiaban al Loco Barragán con sus bromas— un hombre muy viejo al que reconoce como D'Arcangelo. La identificación viene dada por una conversación que oye Bruno, sin intervenir, entre D'Arcangelo y uno de los contertulios del bar. Esta reaparición que ocupa desde las págs. 475 a 477 termina con las ya típicas reflexiones de Bruno: «Bruno volvió a mirar a D'Arcangelo, a escrutar en su rostro aquel anhelo de absoluto, aquella mezcla de candoroso escepticismo y de bondad, aquel no entender de un mundo cada día más caótico y enloquecido...» (pág. 477).

Personajes entre la «realidad» y la imaginación existentes en las novelas anteriores

Nos enfrentamos ahora a una serie de personajes cuya postura en el relato no es del todo clara. Cabalgan entre una existencia imaginaria —en la mente de algunos de los personajes de la novela, como *Sábato* o Bruno—, y una corporización breve e instantánea en determinado punto del relato. Todos ellos son personajes que han pertenecido a novelas anteriores del autor, *El Túnel* y *Sobre héroes*. Concretamente, nos referimos a Juan Pablo Castel, Martín, Alejandra, Fernando Vidal Olmos y Carlos.

a) *Juan Pablo Castel:* Protagonista indiscutible de la primera novela del escritor Ernesto Sábato; su caso: el crimen de su amante, María Iribarne, es analizado por otro neurópata en *Sobre héroes*. El caso Castel es visto desde otra perspectiva por Fernando Vidal Olmos en el capítulo XXV del «Informe sobre Ciegos», —primera señal de que nos encontramos ante una novela de «construcción en abismo»—.

La primera referencia a Castel, hecha en *Abaddón,* se debe a Bruno: «empezaba a dominarlo el mismo sentimiento de desamparo y de incomprensión que alguna vez había sentido *Castel* caminando por ese mismo sendero» (pág. 69). Castel se encuentra presente en los pensamientos de Bruno y llegado el momento oportuno esa imagen tomará cuerpo. Bruno identificará a un hombre que sentado en un café piensa delante de una copa como Juan Pablo Castel «que en 1947 había matado a su amante» (pág. 175). ¿Estaba Bruno en lo cierto o no? Nunca podremos saberlo, puesto que en ningún momento toma la palabra para identificarse como tal. Pudiera ser que el recuerdo obsesivo de Bruno necesitara un cauce donde desembocar y, entonces, éste no sería sino una visión «ilusoria», producto de su obsesión. Pero todo ello no es más que una hipótesis, que aunque plausible, resulta incomprobable.

Es un carácter secundario por su escasa actuación en la novela.

b)   *Martín:* Coprotagonista junto con Alejandra de la anterior novela *Sobre héroes.* Enamorado de Alejandra, «el amor... asume proporciones gigantescas y devastadoras y al que la magnitud de la tragedia que esconde su muerte lo extravía, lo idiotiza, lo convierte en un ser sin voluntad, que sólo ansía la muerte».[46] Al final de la novela no tiene fuerzas para suicidarse y se marcha con Bucich hacia el Sur. Al igual que con Castel, su imagen se encuentra presente en las cavilaciones de Bruno. Ya al comienzo de la novela: «Testigo, testigo impotente, se decía Bruno, deteniéndose en aquel lugar de la Costanera Sur donde quince años atrás Martín le dijo «aquí estuvimos con Alejandra» (pág. 18).

> «Y hasta era posible que en aquel tiempo en que Martín le hablaba allí de su amor por Alejandra, aquel niño que con su niñera pasó a su lado, fuese el propio Marcelo» (pág. 19).

Y al igual que ocurre con Castel, *Sábato* cree conocer a un joven que sentado en el parque Lezama se oculta la cara con un periódico, pero no llega a identificarlo. Quedan en el aire preguntas tales: «¿Pero dónde? ¿Cómo?» (pág. 195). En esta ocasión es Martín quien reconoce a *Sábato:* «Repentinamente avergonzado por la sola posibilidad de ser reconocido por él, Martín se ocultó tras el diario que acababa de comprar» (pág. 195).

Al tomar la voz el narrador para decirnos estas palabras elimina la posible duda que planteábamos con Castel. Efectivamente, Martín ha tomado forma real.

---

46 Dellepiane, A.: *Sábato, un análisis...,* ob. cit., pág. 147.

Si seguimos el curso de la novela, veremos cómo Bruno recuerda las relaciones Martín-Alejandra en las páginas 213 a 218. Es quizá el pasaje más significativo respecto a estos dos seres y su entrelazamiento en los pensamientos de ese amigo común, Bruno. El problema que se plantea es el persistente recuerdo de Alejandra mientras viviesen seres que la habían conocido: «Una especie de inmortalidad del alma pensaba Bruno» (pág. 213). El retorno de Martín es un hecho real y evidente, el narrador nos dice: «más bien quedó (Bruno) reflexionando en ese *retorno de Martín, despus de quince años,* a los lugares que revivificaban el recuredo tenaz». [47] Este fragmento contiene uno de los encuentros de Martín con Alejandra, referido por aquél a Bruno; pasaje que bien pudiera pertenecer a *Sobre héroes,* pero que no hemos podido localizar con exactitud.

Lo consideramos carácter *significante* puesto que su presencia —más en el plano imaginario que en el real— es constante a lo largo del relato.

c) *Alejandra:* Coprotagonista de *Sobre héroes* es hija de Fernando Vidal Olmos. Su presencia se hace obsesiva para *Sábato* hasta tal punto de ocupar sus sueños. Ella es el personaje-símbolo que le recuerda continuamente al escritor su obligación de escribir, preocupación central de *Sábato.* Resulta muy significativo el siguiente pasaje:

«Se despertó gritando
acababa de verla avanzando en medio del fuego, con su largo pelo negro agitado por las furiosas llamaradas del Mirador, como una delirante antorcha viva. Parecía correr hacia él, en demanda de ayuda...

El agudo dolor y la ansiedad lo despertaron. *Volvía el vaticinio.* Pero no era la Alejandra que melancólicamente imaginaban algunos, ni tampoco la que Bruno creyó intuir a través de su espíritu abúlico y contemplativo, sino la del sueño y la del fuego, la víctima y victimaria de su padre. *Y Sábato volvía a preguntarse por qué la reaparición de Alejandra parecía recordarle su deber de escribir,* aun contra todas las potencias que se oponían» [48] (pág. 114).

---

47 El subrayado es nuestro.

Poco después Sábato la «ve» cerca del EPSILON y la llama, «Pero ella se limitó a mirarlo con sus ojos gris-verdosos, con la boca apretada. Por el desdén, por el desprecio?» (pág. 271) Estamos, como en el caso de Quique, ante la rebelión del personaje contra el autor por medio del sueño que se va a repetir en la página 379: «A la noche, Alejandra en llamas se dirigió hacia él con los ojos alucinados, con los brazos abiertos dispuestos a apretarlo para obligarlo a morir quemado con ella».

Es un personaje presente, con mayor insistencia, en los pensamientos de *Sábato* que en los de Bruno.

d) *Fernando Vidal Olmos o R.*: Protagonista del «Informe sobre Ciegos», tercera parte de *Sobre héroes*. Es el personaje que más comentarios ha merecido por parte de la crítica de la novela de Sábato. Aquí nos limitaremos a ver su papel en *Abaddón*... Es el sujeto que más obsesiona a *Sábato;* pero antes, veamos las claves de dicho personaje, para cuya comprensión transcribo este pasaje revelador:

«R., siempre detrás, en la oscuridad. Y él siempre obsesionado con la idea de exorcizarlo, escribiendo una novela en que ese sujeto fuese el personaje principal... Nunca había tenido el coraje de hablarle de él a M., siempre le habló de un personaje así y así, una especie de anarquista reaccionario, alguien al que llamaría Patricio Duggan... Años después, siempre bajo el acosamiento de R., escribió *HEROES Y TUMBAS*, donde Patricio se convertía en Fernando Vidal Olmos... (pág. 42).

R = Patricio Duggan = Fernando Vidal Olmos

Es decir R. tomará cuerpo en una novela bajo el nombre de Fernando Vidal Olmos. Pues bien, concretamente en *Abaddón* es R. el personaje que surge una y otra vez, como de entre las sombras, para martillear el cerebro de *Sábato*. Es curioso el hecho de que sólo tengamos de su nombre una inicial: R., procedimiento que nos recuerda a Kafka y su famoso K. de *El proceso*. Su presencia es insistente desde el comienzo de la ficción, pero como ser de carne y hueso no se materializa hasta 1938, en París, encuentro

48   El subrayado es nuestro.

que trae a la memoria de Sábato, hechos de infancia-adolescencia vinculados a R.

Su presentación es a través de otro personaje —*Sábato*— y por sí mismo —a través de sus palabras—. El encuentro de París se produjo un día de invierno en un «bistrot», el hilo conector es típico ya en la novela: *Sábato* se siente observado: «me miraba de manera sostenida, penetrante y... un poco irónica lo que me exasperó» (pág. 277).

Su aspecto físico le recuerda un animal: «Todo en él (R.) sugería un gran ave de rapiña, un gran halcón nocturno (y, en efecto, nunca lo veía sino en la soledad y las tinieblas)» (pág. 277). Sigue a continuación la descripción física hecha (por *Sábato*) a grandes pinceladas, pero con firmeza:

«Sus manos eran descarnadas, ávidas, depredatorias, despiadadas. Sus ojos me parecieron gris-verdosos, que contrastaban con una piel oscura. Su nariz era fina pero poderosa y aguileña. A pesar de estar sentado, calculé que debía de ser bastante alto y levemente encorvado. Vestía con ropa gastada pero a través de lo raído se veía su aristocracia» (pág. 277). Pronto se entabla el diálogo entre ambos y sabremos por boca de R. que lo persigue: «Conozco muy bien tu trayectoria, te sigo de cerca» (pág. 278). Sábato al principio disimula no reconocerlo, pero R. se empeña en no aceptar sus explicaciones: «Nunca me quisiste. Más bien creo que siempre me detestaste. Recordás lo del gorrión?». Esta última frase pone en marcha el motor de sus pensamientos centrados en los recuerdos de adolescente.

Sábato tachará a R. de haber sido «quien me forzó a abandonar la ciencia... fue también el que me forzó a escribir ficciones, y bajo su maléfica influencia empecé a redactar en aquel período de 1938, en París, LA FUENTE MUDA» (pág. 287).

Por el texto, notamos que es un personaje de tremenda influencia en Sábato e incluso en Matilde, su mujer, hasta el punto de aparecérsele en sueños.

El segundo encuentro, en París también, se produce poco después. La entrevista es violenta: «No tengo ningún interés en verte! —le grité—. Creo que es evidente» (pág. 288). Sin embargo, se entabla un diálogo entre ambos, «quasi monólogo» porque a las preguntas-afirmaciones de R., *Sábato* contesta con el monosílabo

«Sí» repetidas veces. Desde el comienzo se nota claramente el dominio que R. ejerce sobre él, hasta el punto de dejarlo acobardado.

Sin embargo, debido al trastrueque cronológico de la historia, la primera vez que el lector conoce la existencia de R. es en la página 42 —momento que ya hemos comentado—, un poco más adelante y en relación con el espectáculo que le ofrece el interior de una casa de vecinos, piensa:

> «Muy típico de R. vivir en un cuartucho de esos, allá arriba» (pág. 62).

Anteriormente dijimos que este ser llegó incluso a obsesionar a Matilde, la prueba de ello la tenemos en los sueños que ella relata en las págs. 62 a 63, hasta el extremo que *Sábato* piensa: «Tendría que liberarlo, aunque saltara sobre su cara como un bicho negro y enloquecido, desde el vientre de aquella momia. Pero liberarlo para qué? No lo sabía. Quería calmar a R.? Era como una divinidad terrible, a quien debía hacerse sacrificios. Era insaciable, siempre acechándolos desde las tinieblas. Trataba de olvidarlo, pero sabía que allí estaba» (pág. 255).

Pero R. va a aparecer físicamente en el momento actual, ya no van a ser ni los pensamientos de hoy ni los recuerdos de su conversación en París en el año 1938. En 1972, tiempo cronológico en que se desarrolla la ficción, *Sábato* al entrar en el café BOSTON se fija en unas manchas de la pared que le traen a la memoria el rostro de R. Y en ese preciso instante entra R. en el café: «como si hubiese estado espiándolo y esperando el instante en que terminara de descifrar el hierograma. *No lo veía desde 1938* (página 421). [49] Curiosamente, no entabla diálogo con él y se marcha. La sorpresa de *Sábato* es grande: «Reflexionó que aquel hombre manejaba innumerables técnicas de acoso, y que su presencia silenciosa y significativa era una de las formas que tenía para sus advertencias» (pág. 422). Y de nuevo la relación con el mundo de su juventud: el callejón de la calle Arcos, Soledad, el descenso a los «infiernos», y según el protagonista «estaba en juego algo infinitamente más profundo. Y más temible» (pág. 422). Cuando se acerca a la casa de la calle Arcos, ve alejarse rápidamente una figura

---

[49] El subrayado es nuestro.

que conocía muy bien, y con las palabras que a continuación transcribiremos, llegamos definitivamente a la clave sobre R.:

«Si aquella sombra fugitiva era efectivamente la del doctor Schneider, qué vínculo existía entre él y R.? Más de una vez había pensado que R. trataba de forzarlo a entrar en el universo de las tinieblas, a investigarlo, como en otro tiempo con Vidal Olmos; y que Schneider trataba de impedirlo, o, en caso de permitirlo, de modo que resultase el castigo largamente preparado» (pág. 423).

El descenso a los subsuelos de Buenos Aires, de la mano de Soledad, le llevan al encuentro con R., anterior al encuentro de París, pues se trata del año 1927. Como lectores, entraremos en conocimiento de un episodio de la vida del protagonista *Sábato* que no ha tenido valor de contarlo ni a su íntimo amigo Bruno. Esta ceremonia dantesca se celebra bajo la cripta de la iglesia de Belgrano, uno de los nudos del universo de los ciegos. De esta forma, R. queda encasillado como un enlace de la Secta en el mundo y vinculado, por supuesto, al mundo de las tinieblas y del más allá. Pero aún hay algo más povoroso: *Sábato* que llega hasta allí como por influjo hipnótico, no podrá en adelante liberarse del dominio de la Secta y se convertirá en su esclavo: «Este será el centro de tu realidad, desde ahora en adelante. Todo lo que hagas o deshagas te volverá a conducir hasta aquí. Y cuando no vuelvas por tu propia voluntad, nosotros nos encargaremos de recordarte tu deber» (pág. 429). Por eso, en 1973, vuelve a efectuar el descenso.

Así se explica esa persecución «física» insistente de R. a *Sábato* (en el 38 en París, en el 72 en Buenos Aires) y «mental», pues ha llegado a convertirse para él en una obsesión constante. Podemos afirmar que nuestro personaje padece «manía persecutoria» hasta el punto de que en 1973 vuelve de nuevo al caserón de la calle Arcos y desciende a los subsuelos, a sabiendas de que allí se encontraba su final: es a partir de este hecho cuando se producirá el enrarecimiento de carácter de Sábato que le conduce a su transformación en monstruo.

A continuación —y con fines esclarecedores— vamos a establecer un cuadro cronológico de la aparición de R. a lo largo del discurso y de la historia:

PAG.	CRONOLOGIA FICCIONAL (orden en el discurso)	TIPO DE APARICION	CRONOLOGIA REAL (orden en la historia)
42	En relación con los personajes de una novela que está escribiendo.	Mental	1) Episodio del gorrión enceguecido (1923 (?).
62	R. en los sueños de M.	Mental	2) 1927: monstruosa ceremonia de Sábato y Soledad en el subsuelo con la presencia de R. (NUDO de la obra).
255	Sábato piensa que debería «liberarlo»	Mental	3) 1938: Encuentro en París de R. con Sábato. R. le recuerda los hechos del 27, Soledad, etc.
276 a 280	Encuentro en París del 38: «Surgimiento de R. entre las *sombras*»:	Física	4) 1972: Encuentro de R. con Sábato en un café de Buenos Aires: El Bostón. No se entabla el diálogo, pero Sábato recuerda el aviso → DESCENSO.
	a) Conocimiento del episodio del gorrión enceguecido (1932).		
	b) Soledad, palabra «mágica».		

PAG.	CRONOLOGIA FICCIONAL (orden en el discurso)	TIPO DE APARICION	CRONOLOGIA REAL (orden en la historia)
421 a 430	Encuentro en un café de Buenos Aires: El Bostón (1972). No hay diálogo. Sábato recuerda: a) Episodio del gorrión (1923?). b) Monstruoso rito con Soledad. Presencia de R. (1927). Se cierra el CIRCULO con el descenso de Sábato en el momento presente al mundo de las tinieblas.	Física	Final de Sábato: desdoblamiento.

La *funcionalidad* de este personaje hay que verla en relación con otros personajes de la novela que cumplen el mismo papel: el de ser *adyuvantes* de la Secta de los Ciegos. Es decir, tenemos una entidad superior, la Secta, que se sirve de unos colaboradores (adyuvantes) para perseguir su objetivo: *Sábato*. Uno de estos adyuvantes es R. junto con Soledad —cebo puesto por R. para atraer a *Sábato*—. Los otros colaboradores son: Schneider y Schnitzler. Y todos son personajes -obsesiones de Sábato, como tendremos ocasión de comprobar más adelante.

SUJETO   vs.   OBJETO
La secta   Sábato
ADYUVANTES: R. (+ Soledad), Schneider, Schnitzler...
   del sujeto

e) *Carlos:* En *Sobre héroes* es un joven obrero que lucha contra la sociedad indiferente. Militó primero en el anarquismo y luego en el comunismo —nótese en este detalle su parecido con el autor de la novela—. Es un idealista. En esa novela aparece siempre ligado a Bruno o Fernando. [50]

En *Abaddón,* Carlos representa el anuncio de la tragedia de Marcelo Carranza. Su presencia es imaginaria y gracias a Bruno es traído a colación, ya que el amigo de Marcelo, Palito, le recuerda vivamente a su antiguo amigo Carlos. Dice así el narrador a propósito de Bruno: «Y entonces volvía a pensar en Carlos con alivio. Aunque era un alivio doloroso, porque sabía cuánto costaba a seres como Carlos la existencia de seres como Puch. Carlos. No estaba de nuevo al lado de Marcelo? Porque los espíritus se repiten, casi encarnados en la misma cara ardiente y concentrada de aquel Carlos de 1932. La cara de un muchacho que sufre algo profundísimo que no puede ser revelado a nadie, ni siquiera a ese Marcelo que es quizá su íntimo compañero, pero seguramente con una amistad hecha de silencios y de actos...» (págs. 184 y ss.).

También *Sábato* va a notar su presencia: «Pero no fueron las palabras de Araújo ni el silencio de la chica lo que desasosegó a Sábato sino la mirada del compañero de Marcelo, que de pronto

---

50 Cfr. *Sobre héroes,* Parte IV: «Un dios desconocido», O.F., págs. 634 a 665.

advirtió fija en él. Todo el tiempo se había sentido inquieto por aquella presencia poderosa, poderosa por su simple pureza, o porque le recordaba la expresión de aquel Carlos de 1932... Sí, recordaba el suplicio de Carlos y el que tarde o temprano sufriría este otro muchacho, o tal vez habría ya sufrido» (pág. 192).

Su presencia, al igual que en la novela anterior, no se materializa en el relato.

El autor como personaje dentro de la ficción.

Anteriormente analizamos la confluencia de la autobiografía en la obra y señalamos su juego combinatorio. En este momento sólo nos interesa la forma y función que desempeña el personaje central de la novela, *Ernesto Sábato.*

Transcribo unas palabras tomadas del relato en las que *Sábato* explica este recurso a Silvia, uno de los personajes de la novela:

> «Pero no hablo de eso, no hablo de un escritor dentro de la ficción. Hablo de la posibilidad extrema: *que sea el propio escritor de la novela el que esté dentro.* Pero no como un observador, como un cronista, como un testigo.
>
> —¿Cómo, entonces?
>
> —Como un personaje más en la misma calidad que los otros, que sin embargo salen de su propia alma. *Como un sujeto enloquecido que conviviera con sus propios desdoblamientos.* Pero no por espíritu acrobático, Dios me libre, sino para ver si así podemos penetrar más en ese gran misterio» (pág. 258). [51]

Este personaje se nos presenta, en la mayoría de los casos, por sí mismo; aunque en otros momentos, gracias a Bruno, sabremos algunas de sus cualidades. Y desde la página 25 entramos en conocimiento de una de las claves que mueven la novela: Ernesto *Sábato* se confiesa como un ser *atormentado:* «Durante años debí sufrir el maleficio». Al parecer, fantasmas ocultos convirtieron su existencia en un infierno, ¿de dónde provienen esos fantasmas?:

---

51 El subrayado es nuestro.

«... no se lo puedo explicar con exactitud; pero sin duda provenientes de ese territorio que gobiernan *los Ciegos*». De esta forma hemos llegado al conocimiento de una de las claves de la novela: La Secta de los Ciegos. Magnífica pieza que nos sirve de conexión con las dos novelas anteriores del mismo autor: *El Túnel* y *Sobre héroes*.

En *Abaddón* encontramos proyectada la misma situación anterior; así como Fernando ha sido considerado un «doble» de Castel; aquí *Sábato*-personaje es el doble de Fernando y Castel. El modelo actancial primitivo sería:

SUJETO	vs.	OBJETO
La Secta		Sábato

Pero dejemos para más adelante su funcionalidad, y sigamos viendo los rasgos que configuran el carácter de este personaje. Como primer dato tenemos su angustia mental ante el tenebroso mundo de los Ciegos. Este síntoma servirá para anunciarnos que *Sábato* es un ser *supersticioso,* confirmado por lo que a continuación cuenta sobre su nacimiento —un 24 de junio, día infausto, porque según sus propias palabras «es uno de los días del año en que se reúnen las brujas»— y por el nombre que le pusieron al nacer —el mismo que tenía un hermano suyo, muerto antes que él; en circunstancias misteriosas—. A estos dos datos se une el de su apellido, según él: «derivado de Saturno, Angel de la Soledad en la cábala, Espíritu del Mal para ciertos ocultistas, el Sabath de los los hechiceros» (pág. 27).

Ernesto *Sábato,* personaje central de la novela, es amigo de Bruno —y en cierto modo, su doble—, y de profesión, escritor. Su existencia se encuentra enturbiada por una serie de «fuerzas inexplicables» que le impiden escribir con normalidad. Esa es la *clave dialéctica* de la novela. El relato va a desarrollarse gracias a esa relación dialéctica entre los deseos del escritor, *Sábato,* y la oposición que encuentra para que sus aspiraciones se vean realizadas. En esta lucha que *Sábato* mantiene con las «fuerzas ocultas» va a contar con unos *adyuvantes:* un grupo de videntes, entre los que conoceremos dos nombres, fundamentalmente, Gilberto y Aronoff (cfr. la sesión de espiritismo en el sótano del escritor, págs. 34 a 37).

Los adyuvantes —según Greimas en su *Semántica estructural*— son «los que aportan la ayuda operando en el sentido del deseo, o facilitando la comunicación».[52] En este caso, los videntes ayudan a *Sábato* en su lucha contra las potencias que le impiden cumplir su deseo: escribir. Si, como lectores, cambiamos nuestro ángulo de perspectiva y consideramos la situación en su forma reversible: los Ciegos luchan contra Sábato, poniéndole cortapisas a sus aspiraciones; el modelo quedaría establecido de la siguiente manera:

OPONENTES	SUJETO		OBJETO
del sujeto:		vs.	
Los videntes	La Secta		Sábato

Estamos, pues, plenamente situados en la mecánica funcional del relato, que gira en torno a una dinámica de grupos establecidos por el autor.

La trama novelesca, como vimos, está conseguida gracias a tres historias simultáneas que se desenvuelven a lo largo de sus cuatrocientas y pico páginas: a) la problemática de Sábato, expuesta más arriba; b) la aventura de Nacho Izaguirre, y c) la historia de Marcelo Carranza. Estos tres personajes: Sábato, Nacho y Marcelo son —junto con Bruno que coordina a los tres— los *caracteres significantes* dentro de la estructura del relato. Y son significantes[53] porque las funciones que desempeñan son gradualmente significativas. Gracias al desarrollo de estas tres historias, que continuamente se cruzan y entrecruzan, y a que los personajes que intervienen en una son a la vez nudos de relaciones con las otras, se impulsará dinámicamente la acción.

Alrededor de estos tres protagonistas van a concurrir un juego de fuerzas en sentido positivo o negativo —ya sea porque ayuden o entorpezcan el desarrollo—, que son los *caracteres secundarios,* aunque necesarios e imprescindibles para el desarrollo del relato.

Pues bien, éste será nuestro punto de partida: tomar como eje los personajes centrales Sábato, Nacho y Marcelo. El resto de los personajes los estudiaremos en su relación con los anteriores.

---

52 Ob. cit., pág. 273. Al parecer E. Sábato, escritor, es aficionado a las sesiones de espiritismo. Cfr. *Apologías y rechazos,* ob. cit., págs. 53 y ss.

53 Cfr. Baquero Goyanes, *Estructuras...,* ob. cit., págs. 121 a 124.

Dinámica del grupo en torno a Ernesto Sábato

En la línea de adyuvantes del sujeto *Sábato* hemos citado a los videntes (Gilberto, Aronoff...) convendría también citar a Bruno, personaje del que ya hemos hablado; su mujer, M. (Matilde)[54] que jamás se manifestará con voz propia en el relato, sino a través de las palabras de su marido o del narrador. Matilde actúa siempre como ayuda de *Sábato,* dotada de su «invencible optimismo» —según palabras textuales, pág. 32—, su misión consiste en calmar las inquietudes y preocupaciones de él. Lo más destacable con respecto a este personaje son sus sueños, especie de prefiguración de lo que le ocurrirá a *Sábato* y a su vez, por la aparición de personajes de sus novelas en los sueños, le recuerda a *Sábato* su deber de escribir. En todo momento actúa como adyuvante, ya sea alentándolo con sus palabras, ya sea sirviéndole de acicate con sus sueños, puesto que, según él, Matilde poseía poderes de vidente. En un nivel intermedio entre los que intentan ayudarle y comprenderle y los que van a obstaculizarle están Silvia, Marcelo y Agustina Izaguirre. Los tres desean, a su modo, comprenderlo pero sin conseguirlo. Como prueba de lo que decimos citaremos las conversaciones mantenidas en las páginas 256 a 260 —con Silvia—, en las páginas 264 a 270 —con Marcelo—, y las relaciones Sábato-Agustina que terminan desdichadamente. Reflejamos a continuación unas palabras del texto en este sentido:

> «Salió y empezó a caminar hasta la hora en
> que debía econtrarse con Agustina.
> Y cuando estuvieron juntos *sintió el abis-*
> *mo que se había abierto entre los dos.*[55]
> *Ella se convirtió en una llameante furia*
> y él sintió que el universo se requebrajaba.
> Sacudido por su furor y sus insultos
> y no era sólo su carne que era desgarrada por sus garras
> sino su conciencia
> y allí quedó como un deshecho de su propio espíritu

---

54 Su mujer, en la realidad, se llama así.
55 El subrayado es nuestro.

las torres derrumbadas
por el cataclismo
y calcinadas por las llamas» (pág. 416).

En el ángulo opuesto habría que situar la categoría *Oponentes* que es la de mayor relevancia con respecto al sujeto *Sábato*. Los oponentes principales son: R., Schneider y Schnitzler. Al personaje R. tuvimos ocasión de estudiarlo anteriormente, puesto que está en íntima relación con Fernando Vidal Olmos, personaje de su novela, anterior, *Sobre héroes* (Cfr. apartado «Fernando Vidal Olmos o R.» de este capítulo). Trataremos, pues, de Schneider y Schnitzler.

a) *El doctor Ludwig Schneider*

A partir de la pág. 37 hace su aparición un nuevo personaje en relación con *Sábato:* Schneider, [56] cuya presentación corre a cargo de un narrador en tercera persona que habla por boca de Sábato-personaje.

Schneider va a romper el equilibrio que por unos momentos sintió *Sábato* tras la ayuda de los videntes. Desde el momento de su aparición va a desempeñar la función de *oponente* a los deseos de *Sábato*. Es visto como una especie de delegado de las potencias tenebrosas: «Ese individuo *me buscaba*» [57] (pág. 71). Desde las páginas 71 a la 83 conoceremos por boca del narrador-personaje Sábato quién es Schneider y qué tipo de contacto mantuvo anteriormente con él.

Schneider es descrito como un tipo enigmático en grado sumo, desaprensivo e intrigante —que suele ir acompañado de una condesa igualmente enigmática Hedwig con Rosenberg—. En suma, un personaje que en absoluto satisfacía a nuestro protagonista: «Todo en Schneider era ambiguo, empezando porque nunca pude saber dónde vivía» (pág. 79). Es, gracias a una pregunta que Sábato le hace sobre si conoce a un tal Haushofer, que sabremos su relación con la Secta: «Bien puede ser, pues, que Schneider

---

56 Anteriormente —en la pág. 16—, Bruno hizo referencia de pasada a un «tal Schneider».
57 El subrayado es nuestro.

sea uno de *éstos* —se refiere a la Secta de la Mano Izquierda, a la que pertenecía Haushofer—, [58] en cuyo caso la condesa podría ser médium» (pág. 83).

Es decir, tomamos como punto de partida que la Secta (sujeto) persigue a *Sábato* (objeto). El sujeto, para conseguir sus propósitos, se tendrá que valer de unos emisarios que favorezcan el objetivo perseguido por el sujeto. Estos van a ser Schneider y Hedwig. La relación dentro de la dinámica del grupo sería la siguiente:

La Secta
ADYUVANTES   →   SUJETO   ←   OPONENTES
(R. (+ Soledad),   ↓   (Los videntes: Gilberto,
Schneider, Hedwig,   Aronoff, etc.; Matilde,
Schnitzler)   OBJETO   Bruno).
                     Sábato

En la página 350, Sábato que no ha podido desprenderse de esta obsesión persecutoria de Schneider, decide buscarlo: «buscaría a Schneider donde estuviese. Por de pronto tenía una pista: la quinta del Nené Costa». Amigo de Schneider, no goza de simpatía por parte de *Sábato,* y es más, está considerado con las mismas cualidades morales que Schneider e incluso sus características físicas son similares. Entraría, pues, dentro de este grupo que hemos llamado «oponentes» al deseo de *Sábato.* Nené Costa es, por así decirlo, el «lazo de unión» entre *Sábato* y Schneider. Fácilmente localizable, puesto que vive en Buenos Aires, es a quien se dirige *Sábato* para preguntar sobre Schneider: «No, Schneider seguramente seguía en el Brasil, hacía años que no lo veía. Y en cuanto a Hedwig, la menor idea. Pero sin duda seguiría a su lado, es decir, en alguna parte del Brasil» (pág. 352). *Sábato* no queda, sin embargo, convencido y decide vigilar el café *La Tenaza,* lugar donde al principio del relato dijo que le parecía haber visto a Schneider.

Pero donde más claramente Schneider adquiere la funcionalidad que antes le dimos es en el fragmento en que *Sábato* cuenta a su amigo Bruno un encuentro con Schneider y su relación con

_____

[58] Según Sábato los altos jerarcas de esta Secta pertenecían al dominio de las tinieblas y eran con toda probabilidad, ciegos.

el ciego de las ballenitas: [59] «el ciego no pasó delante de Schneider como de una persona cualquiera; su olfato, su oído, acaso algún signo secreto sólo entre ellos conocido, lo hizo detener para venderle ballenitas. Schneider se las compró, pero con otro estremecimiento recordé los desaliñados cuellos que invariablemente llevaba. Después, el ciego siguió su marcha. Y cuando el tren se detuvo, Schneider bajó, y yo detrás de él. Pero su rostro se me perdió en la multitud» (pág. 324).

Este encuentro disipa cualquier posible duda sobre su papel de agente de las potencias tenebrosas.

b) *El doctor Schnitzler*

En relación con el grupo de *Sábato,* tenemos otro personaje con características en cierto modo parecidas al anterior. Como curiosidad digamos que son apellidos alemanes, frecuentes en judíos.

Es Bruno, [60] como siempre, el primero en conocer por boca de *Sábato* la existencia de este personaje que le preocupa. Rápidamente, *Sábato* vincula al doctor Schnitzler y lo considera un «bicho raro, demasiado raro» (pág. 329). La primera conexión de este personaje con nuestro escritor se establece por medio de unas *cartas* que Schnitzler le envía y que le llenarán de inquietud: «Hay algo en esas cartas, una cierta insistencia en verme, algo vinculado con el mundo de la ciencia, es decir de la luz, que, en fin... Es cuestión de olfato, sabe? Sus cartas son cada vez más decididas, respiran algo debajo de su amabilidad formal» (pág. 330).

De la entrevista personal que mantiene *Sábato* con él, sabremos que es alemán y amigo de Rudolf Hesse —de nuevo la vinculación con Schneider—. A lo largo de la conversación que mantienen, pronto sale a colación el tema-obsesión: los Ciegos, y *Sábato* llega a la conclusión de que «ese hombrecillo quería salvarlo o era un agente de la Secta que buscaba la forma de impedir que siguiera investigando» (pág. 334).

Termina de este modo el primer encuentro con este misterioso

---

59. Recuérdese el episodio de *Sobre héroes* al respecto, O.F., págs. 430 a 435.
60 Anteriormente es a Bruno a quien Sábato le cuenta cómo conoció a Schneider (Cfr. págs. 71 a 83).

personaje del que nadie ha oído hablar como manifiestan las pesquisas que realizó poco después *Sábato*.

El segundo encuentro se produce gracias a una llamada telefónica que Schnitzler hace a *Sábato* (pág. 410), la cual ocasiona probablemente el encuentro en *La Biela*. Su presencia coge desprevenido a *Sábato* que se dice: «Era evidente que lo seguía, puesto que jamás antes lo había visto en La Biela. Pero lo seguía en persona o tenía agentes a su servicio? (pág. 413). Los mensajes que le envía a *Sábato* lo dejan cada vez más perplejo sobre la identidad del personaje y sus pretensiones, hasta que se da cuenta del parecido léxico entre SCHNEIDER y SCHNITZLER: «Los dos empezaban y terminaban con el mismo fonema, y tenían el mismo número de sílabas… Había entonces alguna relación entre los dos hombres?… los dos resultaban un poco grotescos y menospreciaban igualmente a las mujeres. Pero sientras Schneider era evidentemente un *agente de las tinieblas*, [61] Schnitzler *defendía la ciencia racional*. Luego quedó ravilando largamente ese «pero». No sería una simple repartición del trabajo?» (pág. 416).

Aquí terminan los datos que tenemos sobre el doctor Schnitzler: intrigante, misterioso, de aspecto físico tan desagradable como Schneider, ocasiona a *Sábato* un gran recelo, y no le ofrece ninguna confianza. Por todas las referencias que tenemos, argüimos que se trata de un actante «adyuvante» de la Secta de los Ciegos. Habría, pues, que encasillarlo en el mismo lugar que Schneider. Ambos han sido presentados por el personaje *Sábato*.

c)   *Personajes en grupo*

Titulamos este apartado: «personajes en grupo», con la intención de designar a un conjunto de «voces sin rostro» que se mueven en torno al personaje-eje *Sábato,* o al revés, y cuya incidencia en el proceso de este personaje es menor que la de los ya vistos. Sus funciones son más decorativas que actanciales. Son los siguientes:

---

61   El subrayado es nuestro.

1) El círculo Carranza: el matrimonio formado por Juan Bautista y su mujer, Maruja; los hijos: Beba y Mabel; y los amigos que se reúnen periódicamente en su casa en torno a los cócteles: Quique, Arrambide, Silvina, Gandulfo, Coco Bemberg, etc.

Este círculo por el que Sábato siente al mismo tiempo atracción y repulsión, representa en la novela el portavoz de los ideales y aspiraciones de la alta sociedad argentina. Su función actancial es pequeña, es más bien de complemento informativo, aunque en conjunto actúan de *fuerzas paralizantes* al deseo de *Sábato*.

2) Conocidos del escritor:

    a) Etapa de París: Bonasso, Alejandro Sux, Molinelli,[62] Citronenbaum, Domínguez, Victor Brauner.

    b) Etapa argentina: Jorge Ledesma, escritor sin éxito; Memé Varela, espiritista; Astor Piazzola.

Son personajes que en determinados momentos han entrado en contacto con *Sábato,* de forma más o menos fugaz; pero que no tienen incidencia directa en el engranaje central que mueve la acción del relato.

Nacho Izaguirre y su entorno

Los personajes que integran este grupo forman un círculo más reducido que el anterior. Son: Nacho, su hermana Agustina, la madre de ambos a la que conocemos *sólo* a través de las palabras de Nacho; Rubén Pérez Nassif, potentado que le consigue un trabajo a Agustina y que posteriormente llegará a ser su amante, y *Sábato*.

La relación sujeto-objeto, en este caso, viene dada por el *eje del deseo* que se manifiesta bajo la forma del amor. Tanto Nacho (sujeto) como Agustina (objeto) son actantes mayores porque hacen avanzar la acción. Ambos mantienen una *relación,* que puede ser

---

62 Vocero de catástrofes que sobrevendrán a la Humanidad.

calificada como de *deseo*. Esta relación va a sufrir una transformación: el amor va a derivar —gracias a la regla de derivación conocida con el nombre de *regla de oposición*—, en *odio*. [63] Veamos a continuación el proceso.

Nacho es presentado a través del narrador, de otro personaje (*Sábato*) y por sí mismo (sus propias palabras en diálogos con *Sábato* y Agustina, su hermana). La primera noticia que tenemos de él es gracias al narrador que nos relata cómo espía a su hermana que, a altas horas de la madrugada, entraba en una casa de apartamentos con un rico industrial de la capital bonaerense, Rubén Pérez Nassif. De esta forma, el círculo de sus conocidos queda cerrado desde el primer instante. Ni Nacho ni Agustina van a establecer contacto con otros personajes de la novela, a excepción de Rubén Pérez Nassif y *Sábato*.

De Nacho sabemos que es *joven* (posteriormente se nos dirá que tendría dieciocho años) y se nos habla de su «trágica desventura» ¿qué significa este misterio? Más adelante lo sabremos (téngase en cuenta el comienzo «in medias res» de la novela). Además el narrador añade un «factor recurrente» muy importante: es *violento* (pág. 21) y su violencia será el signo que marcará la relación con su hermana y con el propio *Sábato*.

En cuanto a su funcionalidad dentro del relato, es un agente de la acción, en su papel de SUJETO, en la historia de la relación Nacho-Agustina, uno de los hilos conectores de nuestra obra.

Tras este inicio «in medias res» que presenta un estadio casi final de la transformación de sus relaciones, volveremos con el narrador al comienzo y conoceremos algunos detalles de su infancia. Gracias al narrador-protagonista, *Sábato,* nos ubicamos en un tiempo anterior (1961), en que un chico de ocho o nueve años se encuentra en el quiosco de un tal Carlos Salerno. *Sábato* que iba paseando, le sorprendió la lluvia y se refugió en dicho lugar. El escritor recuerda aquel encuentro con Nacho sin imaginar entonces que años después se vería, en cierto modo, ligado a su existencia. Dicho encuentro viene acompañado de una descripción hecha por *Sábato* y que sorprende por su plasticidad: «El niño

---

63 Cfr. «Las categorías del relato literario» de T. Todorov, en *Análisis estructural del relato*, ob. cit., pág. 167.

parecía ser hijo de Van Gogh de la oreja cortada y me miraba con los mismos ojos enigmáticos y verdosos. Un niño que en cierto modo me recordaba a Martín, pero a un Martín *rebelde y violento,* alguien que un día podía volar un banco o un prostíbulo. La *sombría gravedad de su expresión* impresionaba aún más por tratarse de una criatura» (pág. 29).[64]

La aparición de Carlos Salerno estará ligada indefectiblemente al mundo de la infancia de Nacho que volverá a surgir repetidas veces a lo largo del relato, gracias a la analepsis.

El segundo encuentro se produce en la época en que transcurre la novela. *Sábato* sentado en un bar, observa a dos ocupantes de una mesa, que resultarán ser Agustina y Nacho. La primera impresión es la de parecerle conocidos, hechos que le producían una gran desazón por la certeza de que hablaban de él. A continuación los describe físicamente. El comentario de *Sábato* sobre la actitud de Nacho es significativo por lo que seguirá después: «Era áspero y violento, en toda su actitud se adivinaba el rencor. No sólo contra Sábato: contra la realidad entera» (pág. 66). Se entabla un diálogo entre Nacho (por su parte, insultante) y *Sábato*. El encuentro responde a la violencia ya marcada en el personaje y termina con una bofetada de *Sábato* a Nacho y la intervención de la gente para separarlos. Su hermana media para reprocharle en voz baja y ya en la mesa. El desafortunado encuentro deja a nuestro protagonista deprimido y avergonzado. Este momento tiene su correspondiente en otro siguiente en que Agustina va al encuentro de *Sábato* para intentar justificar a su hermano. Sus palabras son inconexas y enigmáticas. Con el grito de «Es horrible!», salió corriendo. «Sábato quedó paralizado por su actitud, por sus palabras, por su sombría y áspera belleza» (pág. 69). Estos fragmentos («funcionalmente» muy significativos) tienen gran importancia en la evolución de las relaciones entre los hermanos porque es a partir de este momento, y con la intervención de un tercer elemento en juego, *Sábato;* que el amor físico mutuamente compartido va a comenzar a «deteriorarse» por parte de Agustina. Es decir, la relación de convivencia mantenida acordemente por los hermanos va a ser alterada.

Al avanzar la acción del relato llegaremos al conocimiento

---

64 El subrayado es nuestro.

—gracias a la conversación que ocupa las páginas 69 a 71— de la extraña relación que los une. El narrador, siguiendo los pensamientos de Nacho, nos dice: «Nacho acercó su mano a la cara y con la punta de sus dedos acarició sus grandes labios carnosos... Quería besarla. Pero a quién besaría? Su cuerpo estaba en esos momentos abandonado por su alma. Hacia qué remotos territorios?

> Oh Electra! —dijo— No te olvida ni Apolo,
> rey de Crisia, fértil en rebaños,
> ni el negro monarca del oscuro Aqueronte! » (pág. 71).

Con los indicios anteriores (caricia e intento de besarla) y la repetición de estos versos que bien podrían pertenecer a una de las tragedias griegas que se ocupan del tema, sospechamos cuál es la relación que une a estos dos muchachos: el incesto. [65] Este fragmento tiene su correlato en otro —de valor informativo— (páginas 108 a 111), en que aprehendemos las circunstancias de esta desviación. En esta ocasión Nacho dice a su hermana: «Olvidas, Electra, que *yo era el más querido de los hombres para ti*. Lo dijiste a nuestro padre en el túmulo que cubre su tumba...» (pág. 108).

Es aquí donde vamos a obtener algunas referencias sobre la madre de ambos. Nacho será quien nos ponga en antecedentes sobre la conducta moral de ella: era la amante de Rubén Pérez Nassif —el mismo que posteriormente mantendría idénticas relaciones con Agustina—. Las palabras usadas como calificativo para con su madre son durísimas: «Esa reputísima! », exclama Nacho (pág. 109). ambos conocen la actitud de su madre y la odian. No quieren oir hablar de ella: «No me vuelvas a hablar de esa mujer», exclama Agustina.

Ninguna otra circunstancia más nos es ofrecida a los lectores. El porqué abandonó a sus hijos y el porqué lleva esa vida no nos es desvelado. Ni siquiera llegará a hablar con voz propia. Aquí terminan todas sus referencias, que como ya decía, se deben exclusivamente a sus hijos.

---

65 En las epopeyas homéricas, Orestes aparece como el vengador de su padre Agamenón. En los poetas posteriores, especialmente en los trágicos (Esquilo y Eurípides) se completa, complica y engrandece su leyenda. Gracias a su hermana, Electra, a la que estaba muy unido, logra escapar de la matanza, por haber dado muerte a su madre para vengar a su padre.

Este capítulo va a ser significativo, también, porque representa un avance más en el sentido de la ruptura de relaciones entre los hermanos. Nacho nota cómo algo se está rompiendo, y piensa: «... con una voz que parecía atravesar en la oscuridad secretos caminos antes conocidos por ellos pero ahora con obstáculos y trampas ocultas puestos por un perverso invasor, tuvo apenas fuerza para decir:

—Algo pasa, Agustina» (pág. 110).

La captación de que algo se interpone en sus relaciones es confirmada por el rechazo por parte de Agustina a unirse físicamente. Evidentemente el lazo de unión está roto.

La infancia de Nacho la vamos a conocer gracias a sus conversaciones con Carlucho; en la novela, cada vez que con ayuda de la analepsis volvemos al mundo de la infancia de Nacho, encontraremos el binomio Nacho-Carlos Salerno, hecho que pone de manifiesto la *soledad* en que vivía el joven, desde el momento en que su único amigo era un hombre ya mayor.

Dos grandes analepsis marcarán este retorno al pasado ligado al dueño del quiosco: la de las páginas 157 a 170, y la de las páginas 399 a 409: «Mientras Nacho tenía como tantas otras veces siete años...» (pág. 399) y «No quiere tener diecisiete años. Tiene siete y mira el cielo de Parque Patricios» (pág. 157), son sus comienzos. Este empeño por refugiarse en el pasado responde a su deseo de no ver la realidad actual, de huir de este mundo que él considera corrompido —de ahí su rencor contra Jonh Lenon y Yoko Ono, contra *Sábato,* y contra todos aquellos seres que en su opinión llevan una doble vida, en el sentido de actuar inconsecuentemente con lo que dicen—.

Pero retomemos el hilo del asunto y volvamos al mundo presente: Nacho espía a su hermana y observa los encuentros de ésta con *Sábato,* hechos que le hacen caer en una auténtica depresión que desembocará en la disputa entre ambos y la ruptura definitiva de la conexión existente. [66] Dicha pelea coincide con la separación

---

[66] Si considerásemos las teorías psicológicas de Freud y sus discípulos, argüiríamos que esta inclinación incestuosa de Nacho hacia su hermana se explica por el odio a su madre, producto del anterior abandono de ésta, que lo conduce indefectiblemente a volcar su cariño maternal en otra mujer a la que le une un vínculo de sangre, su hermana. Sería un caso de amor maternal desviado por la actitud y conducta de la madre.

entre *Sábato* y Agustina, quien albergará la idea de «unirse» a Rubén Pérez Nassif: «Pérez Nassif —murmuró Agustina, cavilando—. Habría que pensarlo» (pág. 420). De esta forma, Agustina se inclina a la prostitución. La reacción de su hermano, después de seguirle los pasos —vuelta al inicio de la novela— es la de suicidarse. Idea que descarta para volver a su casa e insultar a su hermana violentamente, acompañando sus palabras con vejaciones físicas: «Y finalmente como ella seguía sin hacer la menor resistencia y lo miraba con ojos muy abiertos llenos de lágrimas, sus manos cayeron y se derrumbó sobre el cuerpo de la hermana, llorando. Así estuvo un tiempo muy grande. Hasta que pudo levantarse y salir. Puso en marcha el motor y tomó por la avenida Monroe. Su objetivo era todavía muy confuso» (pág. 453).

El modelo actancial en este caso, según el eje del DESEO, sería el siguiente:

Destinador —— OBJETO → Destinatario
Complejo freudiano: Agustina   Agustina
      la madre

                              ↑

Adyuvantes → SUJETO ← Oponentes
                    Nacho   Sábato
                                         R. Pérez Nassif

Esta relación está presentada, en principio, bajo la forma del *amor* que, posteriormente, se convertirá en *odio,* una vez que Nacho descubre la «traición» —primero con *Sábato* y luego con Pérez Nassif— de su hermana.

Significación simbólica de los hermanos Izaguirre

Nacho y su hermana son los prototipos de la *soledad* humana —problema que preocupa a Sábato desde sus primeros escritos—. Son seres que se encuentran «dramáticamente solos» hasta tal punto que no tienen ni siquiera el apoyo de una familia. Ambos son incapaces de comunicarse con otros seres, y de nuevo uno de los temas que más se repiten en la novelística sabatiana; su incomunicación es producto de la soledad o viceversa, el problema es el mismo. Este estado en que se encuentran les empuja, lógicamente, a una salida prácticamente «única»: la comunicación entre ambos, que se dará bajo los visos del amor carnal, que no es sino un intento desesperado de trascendencia.

Esta válvula de escape funciona bien mientras no intervengan las fuerzas exteriores como anzuelo. Sábato y Pérez Nassif no son sino los anzuelos que la realidad les pone —en este caso, a ella— para romper ese «status» armónico que ambos, con esfuerzo, habían conseguido. Agustina se sale del pacto acordado, pero no encuentra lo que esperaba. Estas relaciones externas no funcionan, pero ya no se puede volver al principio. Algo se ha roto. Los caminos que ambos tomarán serán bien distintos —prostitución, ella; suicidio, él—; pero al fin y al cabo coincidentes: la *autodestrucción*.

Agustina ha caído en la trampa en aras de una búsqueda de libertad e independencia que ha resultado ser engañosa. Tanto Nacho como Agustina son «personajes-redondos» que se definen por su complejidad y capacidad de sorprendernos de modo convincente. [67]

Marcelo Carranza y su entorno

Sábato en una entrevista reciente dijo: «El problema del mal aparece encarnado en varios personajes de *Abaddón*, pero especialmente en Marcelo Carranza, un chico que muere bajo la tortura en manos de la policía política. Pero cuando Marcelo sufre el suplicio, a través de su tragedia personal, es el problema universal y permanente del mártir el que está en juego, que rige para todo tiempo y lugar, ahora o en un circo romano...». [68]

Efectivamente, Marcelo Carranza será la víctima expiatoria de la sociedad. El va a pagar por todos los «males» (entre comillas) que, los jóvenes como él, con sus ideas revolucionarias, han ocasionado. La historia de Marcelo es la historia de la destrucción de los ideales, de la pureza, en definitiva de lo únicamente válido en una

---

67   Cfr. Bourneuf: ob. cit., pág. 193.
68   *Cuadernos para el diálogo*, marzo de 1977, pág. 53 .

sociedad como ésta: la defensa de la libertad y la justicia. Pero con el agravante de que Marcelo, al menos en el relato visible, no interviene directamente en ningún acto «delictivo» (de nuevo, las comillas) que le pueda acarrear un castigo. Su culpa consiste únicamente en haber ocultado a un guerrillero de Guevara, Palito, y ser amigo de conocidos jóvenes de izquierda. Y, sin embargo y a pesar de todo, va a ser el elegido como mártir de un grupo determinado.

Al principio del relato, y gracias al narrador, tenemos por primera vez conocimiento del resultado final de esta historia: «Mientras tanto, en los sórdidos sótanos de una comisaría de suburbio, después de sufrir tortura durante varios días, reventado finalmente a golpes dentro de una bolsa, entre charcos de sangre y salivazos, moría Marcelo Carranza, de veintitrés años, acusado de formar parte de un grupo de guerrilleros» (pág. 18).

De este modo sabremos la causa y fin de este joven de veintitrés años. A partir de este momento y después de varias pequeñas informaciones del narrador-Bruno sobre el acto de Marcelo, conoceremos la historia de Marcelo desde el principio —recuérdese el comienzo «in medias res» de la novela—.

Es el narrador quien nos lo va a presentar en las páginas 83 a 85, y es justo el momento en que Marcelo se entera, por el periódico, de que su padre está complicado en un turbio asunto de las multinacionales. Su reacción es de un profundo asco: «Se encaminó hacia la casa, pero le era dificultoso; tenía que avanzar sobre una ciénaga, con una desproporcionada carga de plomo y estiércol...» (pág. 84).

Como contraste de este hecho que conmueve profundamente a Marcelo, el narrador nos hace referencia a una reunión que en ese momento se está celebrando en casa de los Carranza. El contraste no puede ser más manifiesto al ponernos de relieve cómo en las esferas de la alta sociedad, estos sucesos no alteran los convencionalismos sociales o cómo esas personas no quieren darse por enteradas de asuntos que puedan proporcionarles dolor de cabeza. La frivolidad de la conversación mantenida en el cóctel no puede ser más evidente, sólo Marcelo no tiene ganas de participar en esta «grotesca comedia» y se encierra en su habitación.

De este modo, se obtiene un retrato preciso de la catadura de

Marcelo: es un muchacho fiel a sus convicciones, que no encaja dentro de una sociedad falsa e inconsciente. El momento en que se relata la visita que Marcelo hace a su tío-abuelo Amancio (págs. 96 a 100) es significativa en el sentido de traslucir la sensibilidad de Marcelo quien es incapaz de entristecerlo. Después de una larga conversación, Marcelo no se atreve a hablarle de que le preste un cuartito deshabitado que él posee. Charlan de mil cosas y se va. Este capítulo posee además un valor complementario, muy significativo en este caso: su carácter informativo al proporcionar unos «factores recurrentes» interesantes, la timidez de Marcelo y la bondad de su carácter.

Hasta la página 177 no tendremos ocasión de estar de nuevo con Marcelo. Es en un largo fragmento que llega hasta la pág. 193. Entonces conoceremos la relación con sus amigos y con otros de los personajes claves de la novela, Bruno y *Sábato*. Es quizá uno de los momentos más importantes porque salimos de su yo-interior para conocer su yo-exterior, es decir su relación con el grupo al que pertenece. Veamos qué nos aporta.

Tenemos a Marcelo en compañía de su amigo Palito, el cual pondrá de manifiesto el parecido de Marcelo con su padre. Tras su lectura, nos sorprende el hecho de que Marcelo *no intervenga en la conversación* que alcanza en algunos momentos puntos verdaderamente álgidos. Es decir, se produce aquí la confrontación de lo que decíamos más arriba: la timidez de Marcelo. Son Araújo y Silvia, amigos suyos, los que llevan el peso de la conversación con *Sábato*. Bruno, por un lado; y Marcelo y Palito, por otro, permanecen en la sombra, como mudos espectadores de lo que allí ocurre. Pero además, esta actitud nos va a revelar otro hecho que será más tarde refrendado: Marcelo idea algo, está ausente porque su mente está en otro sitio: y más tarde, en la página 222 queda aclarado el porqué: Beba le cuenta a *Sábato* que Marcelo se ha ido de casa. Se ha alcanzado de este modo el «clímax» en la historia de Marcelo: en el momento que toma esta resolución es porque va a dar a su vida un sentido distinto.

Este instante es clave para el desarrollo de la historia porque, gracias al diálogo Beba-Sábato, conoceremos el *papel* que se ha encomendado Marcelo en la «revolución»:

«Pero Marcelo no era alguien para estar en una organización de guerrilleros, le explicó Sábato. Se lo imaginaba matando a alguien, llevando una pistola?

No, claro que no. Pero podía hacer otras cosas.

Qué cosas.

Ayudar a alguien en peligro, por ejemplo. Ocultarlo.

Esa clase de cosas» (pág. 223).

Entre el primer encuentro —refiriéndonos a la historia de Marcelo— en que se entera del asunto en el que está implicado su padre, y se forma una idea —aún no manifestada en alta voz—; hasta este momento, en que por boca de Beba conocemos su resolución (función núcleo), han sido señaladas dos «funciones» informativas referentes a la consolidación de su primitivo proyecto. Un poco más adelante nos encontramos con una «función» a su vez indicio e informante, gracias a la cual sabremos la historia de Palito, el joven revolucionario tucumano, que va a ser ocultado por Marcelo y que será el causante involuntario de su encarcelamiento y posterior muerte. Como podemos comprobar, los datos de esta historia van apareciendo en el relato, perfectamente dosificados. Esta «función» se inserta (páginas 235 a 251) en uno de los pasajes más bellos de la novela. Se mezclan varios relatos intercaladamente: la historia de la vida de Palito como guerrillero junto al Che Guevara, fragmentos del *diario* del Che y fragmentos de informes periodísticos, del parte militar y de corresponsales de guerra que hacen referencia como es lógico a los últimos momentos de la vida de Guevara y a su muerte. Marcelo es, prácticamente, mudo oyente de las palabras, que hacen historia, de Nepomuceno o «Palito». La sinceridad, nobleza y arrojo de este joven admiran sobremanera a Marcelo.

En las páginas 264 a 270 asistimos por primera vez a la exposición abierta de las ideas de Marcelo. En una conversación con *Sábato*, Marcelo declara no estar de cuerdo con la opinión de Araújo sobre el deber de *Sábato* como escritor —de ahí, quizá también su no intervención en aquel momento de las páginas 177 a 193—: «Marcelo levantó los ojos con timidez y con voz muy baja le respondió que él no lo acusaba por nada, que no compartía los puntos de vista de Araújo, que consideraba que tenía todo el derecho del mundo a escribir lo que escribía.

—Pero vos también sos revolucionario, ? Marcelo lo miró un instante, luego volvió a bajar los ojos, avergonzado por la grandiosa denominación. Sábato comprendió y corrigió: que apoyaba la revolución. Bien, creía que sí... no sabía... en cierto modo...» (pág. 265).

Marcelo titubea a la hora de definirse. Es un ser, en cierto modo, escindido como pone de relieve a continuación *Sábato:* admira a Miguel Hernández, pero también a Rilke. Sin embargo, el diálogo es casi imposible. Marcelo habla poco y con frases entrecortadas, actitud que irrita en parte a *Sábato:* «Marcelo no comentaba nada y él se sentía cada vez peor» (pág. 269). Se nos revela aquí como un personaje *indeciso,* que en cierto modo comparte las ideas de *Sábato,* pero por otro lado no se atreve tácitamente a refrendarlas.

Otra parcela de su vida la conoceremos en la páginas 435 a 449. En ellas asistimos a la relación con su pareja Ulrike, su prendimiento por la policía, tortura y muerte. El final de su vida quedó plasmado con estas palabras:

«Llevaron el bulto hasta la orilla, le ataron grandes trozos de plomo y luego, haciendo un repentino movimiento de vaivén... lo arrojaron al agua. Quedaron un momento mirando, mientras el Correntino dijo: «Mirá que dio trabajo» (pág. 450).

Una acusación tan banal, como la de formar parte de un grupo de guerrilleros, le ha costado la vida.

Si la relación sujeto-objeto en el caso de los Izaguirre venía dada por el eje del deseo; en esta ocasión, la relación sujeto-objeto en Marcelo Carranza viene dada por el *eje de la participación.*

La causa revolucionaria

Destinador ——	OBJETO	→ Destinatario:
La conducta de Palito,	↑	La Humanidad
La conducta del Che		
Adyuvantes →	SUJETO ←	Oponentes
Palito, Ulrike,	Marcelo	La sociedad dele-
Sábato, Araújo,		gada en la policía
Silvia (?)		política.

Fuerza motriz de los tres personajes centrales

En estas tres historias: la de *Sábato,* la de Nacho y la de Marcelo, se encuentra una relación dialéctica hegeliana que podría ser esbozada de la siguiente forma:

Por un lado:

a)   La «lucha» de Sábato como escritor, en ese querer y no poder expresar e investigar lo que íntimamente le preocupa.

b)   La «lucha» de Nacho por la búsqueda de un absoluto inalcanzable, simbolizada en la novela por ese deseo de poseer a su hermana, única y exclusivamente para sí mismo.

c)   La «lucha» de Marcelo por ayudar al desvalido, al que persigue una sociedad más justa y mejor, simbolizada en la novela por la ayuda que presta al guerrillero del Che, Palito.

Por otro:

a)   Las fuerzas del mal, *los Ciegos* en este caso, que no es sino el fantasma de la sociedad, por un lado, y las oscuras fuerzas del inconsciente, por otro.

b)   Los seres que como su madre, *Sábato,* Pérez Nassif e incluso su hermana están «corrompidos» y simbolizan lo relativo.

c)   La sociedad, en este caso representada por la policía política.

Y como resultados:

a)   El desdoblamiento de Sábato y su posterior transformación.

b)   El «rencoroso vómito» de Nacho sobre su hermana.

c)   La muerte por tortura de Marcelo.

Su significación en la trama novelesca

A pesar de la individualidad característica de cada uno de los personajes centrales de estas tres historias, y de que en apariencia sean tres historias distintas, podemos rastrear un *vínculo* claro entre las tres.

Existe una fuerza temática común que mueve la acción en todos los casos: *la búsqueda de lo absoluto*. Sábato, Nacho y Marcelo se encuentran unidos por ese vínculo espiritual, aunque el desarrollo y desenlace sea distinto en cada caso.

Los tres son *protagonistas*-actantes en el sentido de conducir el juego, comunicando a la acción «su propio impulso dinámico». Sus acciones provienen de una necesidad u objeto deseado que es la búsqueda de lo absoluto. En el desarrollo de esa necesidad, cada uno —como hemos tenido ocasión de ver— ha tenido unas *fuerzas oponentes* distintas que han dificultado la realización o logro de esa necesidad o deseo. Y a pesar de que, en cada caso también, han contado con unas *fuerzas adyuvantes;* al final han sido derrotados claramente *Sábato* y Marcelo, y un poco menos claro es el caso de Nacho cuyo final queda indeciso (tras un intento de suicidio, se marcha de casa sin rumbo fijo).

Cómo se manifiesta en cada uno de estos personajes esa búsqueda de lo absoluto?

En Sábato bajo el eje de la comunicación: esa necesidad de escribir —que no es sino la necesidad de comunicarse con los de más—, que se ve una y otra vez paralizada. Es decir, su búsqueda de la comunicación («escribir») desemboca en la incomunicabilidad, y de ahí la *deformación* de Sábato.

En Nacho bajo el eje del amor (forma de erotismo), que al no poderlo conseguir, origina como resultado la incomunicabilidad, y de ahí el intento de *suicidio* de Nacho.

En Marcelo bajo el eje de la participación: su ayuda a la causa revolucionaria que no es sino su actitud de compromiso con una sociedad más justa, y que le llevará a la *muerte* ante la imposibilidad de «comunicarse» con la sociedad, puesto que por no ser comprendido, fallo de la comunicación, la sociedad lo «mata».

Gráficamente podría ser representado así:

$$
\text{Búsqueda de lo absoluto}
\begin{cases}
\text{escribir} - \text{comunicación} \\
\text{amar} \quad - \text{erotismo} \\
\text{actuar} \quad - \text{participación}
\end{cases}
\text{incomunicabilidad}
\begin{cases}
\text{desdoblamiento} \\
\text{o deformación,} \\
\text{intento de} \\
\text{suicidio,} \\
\text{asesinato.}
\end{cases}
$$

Anteriormente, hemos dicho cómo el final de la historia de Nacho queda en cierto modo ambiguo. Aunque algún crítico haya opinado que se suicida, lo cierto es que la novela concluye con su partida sin rumbo concreto, al igual que en *Sobre héroes* ocurría con Martín. No en balde nos viene a la mente esta comparación con uno de los protagonistas de su novela anterior, ya que en *Abaddón* el narrador-protagonista Sábato nos dice respecto a su primer conocimiento de Nacho: «Un niño que en cierto modo me recordaba a Martín, pero a un Martín rebelde y violento, alguien que un día podía volar un banco o un prostíbulo» (pág. 29).

El final de Nacho es por consiguiente muy parecido al de Martín, es decir, su autor ha dado cabida a la *esperanza.* Sin embargo, los finales de Sábato y de Marcelo no pueden ser más desesperanzadores.

Como consecuencia podemos afirmar que si *El Túnel* es desesperanzadora y «nihilista», como acertadamente ha apuntado la crítica; y *Sobre héroes* da cabida a lo que Sábato llama la «metafísica de la esperanza»; *Abaddón* engloba a las dos anteriores, es decir, es la síntesis resultante de la tesis (*El Túnel*) y la antítesis (*Sobre héroes),* puesto que es desesperanzadora por un lado (caída de Sábato y muerte de Marcelo) y esperanzadora por otro (Nacho renuncia al suicidio).

Puntualizaciones finales

Hemos visto la dinámica de los personajes de esta novela partiendo de su *funcionalidad estructural.* Las categorías que nos han servido de base son dos, que se presuponen la una a la otra: los *actantes* o entes dinámicos que engendran actos, conductas o comportamientos y las *actancias:* lo realizado en dichos actos, conductas y comportamientos. Según el *sentido* de los actantes, los hemos clasificado en sujeto, objeto, adyuvante, oponente, destinador y destinatario —de acuerdo con la ordenación de Greimas—; y según su *jerarquía* en significantes: Bruno/Sábato, Nacho/Agustina y Marcelo principalmente; y secundarios: el resto de los personajes que mantienen una relación con los ya citados, pero no en un sentido decisivo.

Es la *esencia dinámica del relato* la que crea la necesidad de componentes actantes, su papel consiste en «fingir lingüísticamente» que llevan a cabo acciones y en alcanzar el cumplimiento de las funciones correspondientes a las mismas». [69] Pero para ello se necesitan otras funciones complementarias: un *tiempo* que consumir con sus correspondientes direcciones temporales; y una instalación en el *espacio*. Funciones éstas: tiempo y espacio que serán objeto de estudio en capítulos siguientes.

Ernesto Sábato y los personajes de «Abaddón»

Al principio de este capítulo hablábamos de que todos los personajes del novelista llevaban o representaban algo de sí mismo. Esa es una constante que hay que tener siempre presente en el estudio de la obra del escritor argentino.

Y efectivamente, en una reciente entrevista hecha por *Camp de L'Arpa,* Ernesto Sábato se expresaba así refiriéndose a su última novela: «Nacho no existe, porque es un ser inventado. Es más bien el muchacho que yo mismo era a los dieciocho años. Es decir, es algo vertiginosamente más que una escena naturalista: es, pretende ser, el enfrentamiento horrible entre dos momentos de la existencia de un hombre, de un escritor, con toda la rabia y el desprecio que esas dos hipóstasis puedan llegar a profesarse, con todo el odio y el resentimiento que uno puede sentir hacia uno mismo... *Nacho representa una parte decisiva de mi vida.* [70]

Con respecto a Marcelo, aunque él no lo haya confesado explí-

---

69 Castagnino: ob. cit., pág. 78.
70 *Camp de L'Arpa*, junio de 1976, núm. 33, pág. 13 en «Conversación con Ernesto Sábato» de Alex Zisman. El subrayado es nuestro .

citamente, podríamos decir que representa el joven Ernesto Sábato en sus años universitarios vinculado a la causa primero del anarquismo y más tarde del comunismo. Representa el idealismo juvenil de los años 30, trasladado a hechos y circunstancias de los años 70.

Si Nacho era una hispóstasis de Ernesto Sábato novelista, Marcelo puede ser el fiel reflejo de una etapa de la vida de Ernesto Sábato, su época de estudiante, ligado a la causa revolucionaria.

En cuanto al tercer protagonista en juego: Ernesto Sábato, huelgan las palabras, por su carácter autobiográfico ya señalado.

De todos los personajes que integran el mundo novelístico de *Abaddón* son Bruno y Sábato los que con mayor propiedad podemos considerar *portavoces* de las ideas del autor. Pero no son los exclusivos portavoces: Quique, Nacho, Marcelo... con sus palabras reflejan también muchas de sus ideas; en cierto modo todos los caracteres significativos son proyecciones hipostáticas del autor porque en cada uno ha dosificado vivencias, ilusiones, proyectos y preocupaciones del escritor Ernesto Sábato. [71]

Todo esto responde a un *compromiso* fijado de antemano por el autor llevado a un extremo máximo cuando hace entrar en juego dentro de la novela al propio novelista. *Abaddón* representa a este respecto un paso más en su producción que completa lo escrito anteriormente, puesto que por un lado, amplía conceptos ya esbozados, y por otro, reactiva sus propios planteamientos no dejándose encerrar en la cárcel de sus destrezas narrativas. [72]

---

71 Para algún sector de la crítica todos los personajes de *Abaddón* son desdoblamientos del propio Sábato. Marina Gálvez dice al respecto: «creemos que casi todos los que no vamos a nombrar a continuación —Bruno, Schneider, el doctor Schnitzler, etc.— son distintas facetas del propio Sábato», pág. 288, en «*Abaddón, el exterminador* o la más alta función paradigmática en la narrativa de Ernesto Sábato», *Anales de Literatura Hispanoamericana*, núm. 5, Madrid, 1976.

72 Una vez redactado este estudio llegó a nuestras manos el libro de James R. Predmore: *Un estudio crítico de las novelas de Ernesto Sábato*, Madrid, Porrúa, 1981, cuyo juicio global acerca de esta novela es totalmente negativo, llegando a decir frases como: «Las obras de esta índole difícilmente pueden interesar al lector ni expresar sus preocupaciones espirituales, morales, sociales o de cualquier clase... El expresar quejas y angustias sin indicación de causa no suele producir literatura superior El hacerlo representa o falta de aptitud o fraude de parte del artista... lo conseguido como obra artística es muy limitado» (pág. 146). Nos parecen bastante exagerados comentarios de esta índole, entre otras cosas porque Sábato nunca negó cuáles eran sus preocupaciones-obsesiones ni su interés por escribir una vez más sobre ellas (luego no puede haber fraude) que son comunes a un grueso de lectores mucho más amplio del que cree Predmore; además, una novela no tiene por qué ser ni el dictamen ni la receta-solucionadora de los males que aqueja a la humanidad, y, Sábato es dolorosamente consciente de que no tiene la solución. (En un futuro comentaré más detenidamente las acusaciones de Predmore a nuestro novelista).

Capítulo IV

ESTRUCTURA DEL DISCURSO

Abordamos ahora el estudio de la obra literaria desde un nivel diferente: el nivel del «discurso», de acuerdo con la nomenclatura ya fijada. Este nivel adquiere para Barthes una denominación distinta: nivel de la «narración».[1] En este estadio lo que nos interesa es, no lo que se cuenta, sino «cómo» se cuenta, el análisis del discurso —para algunos «estructura superficial»— va a suponer el estudio de la obra literaria como «producto acabado, como sistema organizado de signos, que un autor ofrece a un público lector».[2] Para Roland Barthes el problema que se plantea a este nivel es el de «describir el código a través del cual se otorga significado al narrador y al lector a lo largo del relato mismo».[3]

En definitiva de lo que se trata aquí es de analizar las técnicas de la narración, ya que en el nivel de la «historia» vimos las leyes que rigen el universo narrado.

Los aspectos que estudiamos se reducen a seis: por un lado el ritmo narrativo y los capítulos; por otro, el *tiempo* del relato, con la confrontación entre tiempo de la historia y tiempo del discurso, las *visiones*, el *modo* y la *voz*, cuatro componentes que integran uno de los tres aspectos considerados por Todorov en el análisis de la obra literaria: el aspecto *verbal*.[4]

---

1 Cfr. «Introducción al análisis estructural del relato...», en ob. cit., pág. 15.

2 Alvarez Sanagustín, Alberto: «Inmanencia y manifestación en la *Historia Universal de la Infancia*» en *Crítica Semiológica*, ob. cit., pág. 119.

3 Ob. cit., pág. 32.

4 Cfr. Todorov, T.: *¿Qué es el estructuralismo? Poética*, ob. cit., págs. 56 a 78.

Ahora bien, todo relato —como apunta Genette— «comporta... representaciones de acciones y de acontecimientos que constituyen la narración propiamente dicha y por otra parte representaciones de objetos o de personajes que constituyen lo que hoy se llama la descripción».[5] Es decir, todo relato es la combinación de *narración* y *descripción,* simplificando diríamos, de *tiempo* y *espacio,* categoría ésta que la estudiaremos también en este nivel.

El ritmo narrativo y los capítulos

De todos es conocido el papel decisivo que juegan los capítulos en la organización de cualquier novela. Esta novela presenta una disposición en capítulos bastante peculiar como tendremos ocasión de ver.

Aparentemente, la novela consta de dos partes claramente delimitadas por un epígrafe inicial:

«Algunos acontecimientos producidos en la ciudad de Buenos Aires en los comienzos del año 1973», que encabeza los tres cortos capítulos, con los que termina la primera parte. A continuación tenemos otro largo epígrafe que abre la segunda parte, cuerpo central de la novela: «Confesiones, diálogos y algunos sueños anteriores a los hechos referidos, pero que pueden ser sus antecedentes, aunque no siempre claros y unívocos. La parte principal transcurre a comienzos y fines de 1972. No obstante, también figuran episodios más antiguos, ocurridos en La Plata, en París de preguerra, en Rojas y en Capitán Olmos (pueblos estos dos de la provincia de Buenos Aires)», seguido de ciento catorce capítulos de extensión variable.

La estructura externa es, como se puede comprobar, bastante desigual. Ante esta heterogeneidad y a pesar de la separación que el autor ha establecido de una forma clara, creo más conveniente considerar la primera parte como un cuerpo introductorio del conjunto novelístico. Y efectivamente, tras su lectura, comprobaremos cómo estos tres capítulos primeros nos ponen en antecedentes de lo que posteriormente se desarrollará.

---

5 «Fronteras del relato» en ob. cit., pág. 198.

El cuerpo de la novela es, por consiguiente, la llamada segunda parte, en la cual se puede distinguir tres grandes unidades narrativas:

1.ª UNIDAD NARRATIVA: págs. 25 a 276 y 319 a 459.

[2.ª UNIDAD NARRATIVA: págs. 276 a 319].

3.ª UNIDAD NARRATIVA: págs. 459 a 484

Visualmente advertimos cómo la segunda unidad está enclavada en el interior de la primera. Son dos cortes aparentes en el relato porque entre cada una de las unidades mayores aparecen distintos elementos-puentes o vinculadores. Entre la I.ª y la II.ª el elemento vinculador es *Sábato* y entre la I.ª y la III.ª lo es Bruno, transposición ficcional de *Sábato*.

Además, nótese que la apertura de la estructura narrativa de *Abaddón...* no tiene elementos introductorios: nada que afecte a «presentación» de escenarios o situación; sino que el lector o receptor queda inmediatamente colocado *in medias res:* «En la tarde del 5 de Enero... Bruno vio venir a Sábato...», nada sabremos hasta más tarde sobre los personajes Bruno y Sábato. Igualmente podemos argüir respecto al final del relato: la narración se corta sin cerrarse. Nos hemos dejado a Bruno meditando sobre Capitán Olmos, reflexiones que podrían haberse prolongado aún más o haberse suprimido sin que la estructura del relato se viese afectada.

Entre ambas instancias abiertas —la del principio y la del final— la voz narrativa a través de cuatro unidades mayores relaciona actantes y actancias; «en suma, el relato, la estructura narrativa, que permite al receptor del mismo —teniendo en cuenta el carácter de «proceso» de la narración— estar a la espera, luego de conocida una actancia, de la que sigue; secuencia que, lógicamente, podría presentarse con carácter consecuente o reactivo, en relación con la anterior o con la continuidad del proceso».[6] La división en secuencias corresponde a la «historia», es decir al resumen del relato (como ya vimos), mientras que las «partes de un texto» corresponden al «discurso».

Contamos, por consiguiente, con cuatro unidades narrativas

---

6 Castagnino, Raúl: *Sentido y estructura...,* ob. cit., pág. 30.

mayores (una prologal y tres pertenecientes al cuerpo de la obra) que a su vez van a estar constituidas por un número limitado de secuencias.

Ahora bien, la concepción del capítulo en Sábato responde a una visión muy particular y nada tiene que ver con los esquemas tradicionales de capítulos a que nos tenían acostumbrados las novelas hasta iniciar el siglo XX. La heterogeneidad es una de sus notas más llamativas, pues oscilan desde los que ocupan media página a los que ocupan cuarenta y tantas. Su configuración responde más bien a los presupuestos de la llamada «novela abierta», como veremos más adelante.

¿Cuál es la significación del capítulo dentro del conjunto novelesco?

Baquero Goyanes apunta al respecto: «De la extensión o brevedad de los capítulos dependen ciertos efectos estructurales».[7] La novela que nos ocupa se caracteriza por la desproporción evidente entre unos capítulos y otros. La diferencia oscila entre los que tienen una extensión de ocho líneas (un ejemplo se encuentra en la página 416) a los de cuarenta y cuatro páginas.

Esta heterogeneidad palpable es signo de que nos encontramos ante una novela del siglo XX y como tal su disposición capitular es muy distinta a la que presentaban las novelas decimonónicas. A este respecto alude también Baquero Goyanes, cuando dice: «El folletinismo del XIX gustó, asimismo, de las muy expresivas y tremebundas titulaciones de capítulos. A veces se amontonaban los epígrafes, se alargaban las cabeceras, en el deseo de abarcar con unos cuantos rotundos títulos, la crepitante materia argumental por ellos anunciada».[8]

Este hábito fue desterrado casi por completo en la novela de nuestro siglo, que se caracterizará, como en este caso, por la desorganizada compartimentación interior. De este modo se exige al lector un cierto esfuerzo por su parte, carente con anterioridad puesto que de antemano se le marcaba el ritmo de lectura deseable.

Hoy día, la novela conoce, por un lado, una distribución en ca-

---

7 Baquero Goyanes, M.: *Estructuras...*, ob. cit., pág.109.
8 Id. ib., pág. 111.

pítulos sin títulos, sustituidos éstos por números, como es el caso de la primera novela de Ernesto Sábato, *El túnel*, cuya organización interna está seccionada en treinta y nueve capítulos, numerados del I al XXXIX; una variante de esta modalidad es la que presenta su segunda novela: una distribución en cuatro partes, claramente diferenciadas, que a su vez se componen de XX, XXVIII, XXXVIII y VII capítulos respectivamente. En el primer caso citado, nos encontramos con una novela «que comporta algo así como un único *élan*», [9] pues a pesar de esa distribución en treinta y nueve capítulos, de hecho, por su brevedad, requieren ser leídos de una sola vez y sin pausas. En el segundo caso, su extensión —cuatrocientas y pico páginas— exige cuatro fuertes pausas, que corresponderían a las partes señaladas por su autor.

En otro extremo, podríamos situar aquellas novelas «en que todo el cuerpo narrativo es presentado, diríamos, como a ráfagas, constelación estructural de fragmentos breves y hasta brevísimos... Estamos ante un incesante vibrar de corpúsculos narrativos, ante una textura novelesca hecha no de largas pinceladas o de sostenidas líneas melódicas, sino de toques tan leves como aparentemente aislados, y que, sin embargo, al relacionarse entre sí componen la imagen total...». [10]

Dentro de esta descripción, encajaría la novela, objeto de nuestro estudio, que se caracteriza por un excesivo troceamiento o atomización: ciento diecisiete capítulos en cuatrocientas y pico páginas.

Este hecho puede ponerse en relación con otros cambios producidos en la novela de hoy, que conectan a *Abaddón* con *Rayuela* o *Paradiso*.

Con respecto a los títulos de los capítulos de esta novela, quisiera poner de relieve un hecho curioso que incide en lo anteriormente dicho. Abundan sobremanera aquéllos cuyos títulos son el comienzo de frase o primera frase del capítulo, con respecto a aquellos otros en los que el título resume el contenido que se expondrá. A modo de ejemplo, cito del primer caso:

---

9 Id. ib., pág. 113.
10 Id. ib., págs. 113 a 114.

En la tarde del 5 de enero
de pie en el umbral del café... (cap. 1).

En la madrugada de esa misma noche
se producían, entre los innumerables hechos... (cap. 2).

Testigo, testigo impotente
se decía Bruno deteniéndose... (cap. 3).

Ejemplos del segundo caso:

Algunas confidencias hechas a Bruno
Publiqué la novela contra mi voluntad. Los hechos... (cap. 4).

Reaparece Scheneider?
Al otro día se levantó como si ... (cap. 6).

Cavilaciones, un diálogo
Volvió a su casa en un estado de honda... (cap. 7). [11]

EL FACTOR TEMPORAL EN LA OBRA

Consideraciones previas. Los tres tiempos

El problema del tiempo es básico y esencial para la comprensión de una obra, no en balde la novela recibe la consideración de arte temporal puesto que en ella reside la incapacidad de ser aprehendida globalmente, y la necesidad de un desarrollo previo para que pueda captarse totalmente. Es tal la importancia adquirida por el tiempo en la narrativa contemporánea que muchas novelas lo han elegido como tema central, ése es el caso del ciclo *A la búsqueda del tiempo perdido*, de Marcel Proust.

---

11 En total, pertenecen al primer grupo los capítulos 1, 2, 3, 5, 8, 9, 10, 12, 13, 15, 17, 18, 19, 21, 22, 23, 25, 27, 28, 30, 31, 33, 34, 39, 40, 41, 42, 43, 44, 45, 46, 47, 48, 50, 51, 52, 53, 56, 57, 58, 59, 60, 63, 64, 65, 70, 74, 75, 76, 77, 78, 79, 80, 81, 82, 83, 84, 85, 87, 88, 89, 90, 91, 92, 93, 94, 95, 96, 97, 99, 100, 101, 102, 103, 104, 105, 106, 107, 109, 110, 111, 113 y 115.

Al segundo grupo: 4, 6, 7, 11, 14, 16, 20, 24, 26, 29, 32, 35, 36, 37, 38, 49, 54, 55, 61, 62, 66, 67, 68, 69, 71, 72, 73, 86, 98, 108, 112, 114, 116 y 117.

Un total de 83 sobre 34. La deproporción es evidente.

Sin embargo, la palabra «tiempo» no goza de una significación unívoca. Para Michel Butor cabe la consideración de tres tiempos en relación con la novela: el de la aventura, el de la escritura y el de la lectura. [12] Distinción tripartita que comparte también Todorov, aunque utilizando una denominación distinta: tiempo del relato, tiempo de la enunciación y tiempo de la percepción, son los términos que maneja. «El tiempo de la enunciación se torna en elemento literario a partir del momento en que se lo introduce en la historia» mientras que «el tiempo de la lectura es un tiempo irreversible que determina nuestra percepción del conjunto; pero también puede tornarse un elemento literario a condición de que el autor lo tenga en cuenta en la historia». [13] Pero no nos detendremos ahora en detalles para configurar estos dos últimos tipos de tiempo que tendremos ocasión de ver en su momento. Por ahora nos interesa sólo delimitar sus respectivos campos. El primero correspondería al relato propiamente dicho mientras que los otros dos afectarían al escritor y al lector. En definitiva, creo que se trata de un reflejo en el campo temporal de las tres personas gramaticales que intervienen en el proceso comunicativo de emisor a receptor. Al emisor (YO) afectaría el tiempo de la escritura, principalmente, mientras que al receptor o lector (TU), el de la lectura, quedando relegado al héroe o persona ficticia, es decir, aquel de quien se cuenta la historia (EL), el tiempo de la aventura.

Realmente podemos simplificar esta cuestión diciendo que se trata de la confrontación de dos temporalidades distintas, la interna y la externa, la primera hace referencia al tiempo de la aventura y la segunda, al de la lectura y la escritura. Desde luego, podemos afirmar sin gratuidad, que es el primero el que ha sido objeto de mejor estudio y consideración por la crítica.

El tiempo de la «aventura»

El tiempo de la aventura presenta de antemano un problema porque en la obra literaria se hallan en juego dos tipos de temporalidades distintas: la del universo representado y la del discurso

---

12 Butor, M.: *Sobre literatura II*, Barcelona, Seix Barral, 1967, pág. 121.
13 Cfr. «Las categorías...», en ob. cit., pág. 177.

que lo representa. Esta distinción entre tiempo de la historia y tiempo del discurso fue puesta de relieve por los forrmalistas rusos para oponer la *fábula* al *tema* o *trama* y posteriormente fueron analizados a fondo por la escuela francesa, principalmente por Jean Ricardou y Gerard Genette. De la confrontación en la obra de estos dos tipos de temporalidad se plantearon tres tipos de relaciones a estudiar: las de *orden,* las de *duración* y las de *frecuencia.* [14]

Relaciones de orden

Es un hecho fácilmente constatable que el tiempo del discurso nunca puede ir perfectamente paralelo al tiempo de la historia, es por tanto tarea nuestra confrontar el orden de disposición de los acontecimientos o segmentos temporales en el discurso narrativo con el orden de sucesión de esos mismos hechos en la historia. Estas alteraciones tienen una explicación muy sencilla que radica en la diferente temporalidad del discurso y de la historia, la del primero es unidimensional, la del segundo, pluridimensional. Es decir, si dos hechos ocurren simultáneamente en la historia, al reflejarlos en el discurso, necesariamente tendremos que colocarlos uno tras otro, luego el paralelismo es a todas luces imposible. Esta imposibilidad nos lleva a hablar de *anacronías.* Por anacronía entendemos «les différentes formes de discordance entre l'ordre de l'histoire et celui du récit». [15] Dentro de ellas podemos distinguir dos especies. Según se trate de *retrospecciones* —vuelta atrás— o de *prospecciones* —anticipaciones—, tendremos lo que Genette conoce con los nombres de *analepsis* y *prolepsis.* Si se nos relata después lo que sucedió antes tendremos analepsis; en el caso contrario, prolepsis. Estas dos especies pueden combinarse entre sí repetidas veces, como tendremos ocasión de comprobar en el análisis de nuestra obra.

Genette clasifica distintos tipos de analepsis y prolepsis, según variados criterios. Así, tenemos analepsis y prolepsis «subjetivas»

---

14 Seguimos, en líneas generales, el método expuesto por Gerard Genette en *Figures III,* París, Seuil, 1972, a propósito de la obra de Marcel Proust.

15 Id. ib., pág. 79.

si son asumidas por el personaje mismo, en el caso contrario las llamamos «objetivas».

Los elementos fundamentales de la anacronía son dos: el *alcance* o «distancia temporal entre los dos momentos de la «ficción» y la *amplitud* o «duración englobada por el relato dado en carácter de digresión». [16] Para el crítico francés, las analepsis y las prolepsis pueden ser «internas», «externas» o «mixtas», según que la amplitud sea interior o exterior a la de la narración primera. Las «mixtas» son las que su punto de alcance es anterior y su amplitud posterior al comienzo del relato primero. Pueden ser también «heterodiegéticas» si van sobre un contenido diegético diferente al del relato primero, y «homodiegéticas» si van dentro del ámbito de la acción de la narración primera. Estas últimas pueden ser a su vez de dos clases: «completivas» si vienen a colmar posteriormente una laguna anterior del relato y «repetitivas» si remiten a una serie de acciones consideradas como equivalentes. Por último, se distingue entre analepsis y prolepsis «parciales» y «completas» según que sean retrospecciones o anticipaciones que acaben en elipsis sin encontrar el relato primero, o bien que se acomoden al relato primero sin saltos imprevistos.

Tras esta enumeración clasificatoria de las variantes anacrónicas, pasamos a la aplicación práctica en nuestra obra de lo expuesto. [17]

Comienza la novela con un efecto de anacronía evidente. El narrador tras evocar los sucesos que acaecieron en la tarde del 5 de enero de 1977 (págs. 15 a 22), vuelve a los hechos anteriores (1972 y aun a fechas anteriores) para exponer las posible causas de esos hechos de primeros del año 73. Estamos ante un comienzo «in medias res». En la página 453 («el día 6 de enero de 1973») volvemos de nuevo al punto inicial del relato, para terminar unas cuantas páginas después.

De este modo, podemos dividir el relato en tres segmentos de extensión desigual a los que llamaremos X, Y, y Z, [18] cuyo orden diegético (en la historia) sería: Y + X + Z, pero cuyo orden

---

16   Todorov, Tz.: *¿Qué es el estructuralismo?...*, ob. cit., pág. 62.
17   Queremos avisar que operaremos siempre con la macro-estructura de la obra y no con la micro-estructura.
18   X: págs. 15 a 22; Y: págs. 25 a 453; Z: págs. 453 a 484.

de disposición en el relato va a ser: X + Y + Z. Pero ¿cuáles son las *relaciones* que unen esos segmentos entre sí? Un segmento del presente nos va a llevar al pasado desde el punto de ese presente, se tratará pues de una retrospección que llamaremos analepsis. Esta analepsis tiene un alcance de un año (73 al 72), y aún más cuando se remonta a sucesos más antiguos, 1938 y 1923 por ejemplo, con un alcance entonces de treinta y cinco y cuarenta años.

La amplitud o duración de la historia que cubre es de varias horas. Es además una analepsis externa, completiva y completa.

Hasta aquí hemos operado a un nivel superior, puesto que sólo hemos visto las relaciones que mantienen estos tres segmentos narrativos, pero ocurre que una anacronía puede desempeñar el papel de relato primero en relación con otra que ella contenga. En ese caso estaríamos ante un *encadenamiento de anacronías*.

Veamos, por consiguiente, cuál es el juego de anacronías que la obra nos ofrece, teniendo en cuenta este principio.

El primer segmento narrativo (págs. 15 a 22) engloba en su seno dos cortas analepsis (págs. 18 y 19) de un alcance de 15 años y una amplitud de varios segundos. Son internas, repetitivas y completas.

AÑO   PAGS.   15   16   17   18   19   20   21   22
1973
1968
1963
1958

Analepsis del primer segmento (X).

El segundo segmento narrativo (págs. 25 a 453) contiene doce analepsis, alguna de las cuales poseen otras analepsis en su interior.

La primera de ellas hace su aparición nada más comenzar este segundo segmento. Instalados temporalmente en 1972 (pág. 25), Sábato habla con Bruno de los hechos que durante diez años convirtieron su existencia en un infierno, la analepsis comienza cuando dice: «En mayo de 1961 vino hasta mi casa…». Ahora bien, esta analepsis que se extiende hasta la página 33 alberga dos analepsis en su interior: R₁, página 27: «Pero cuando un día en que yo la acosaba...», de alcance indeterminado puesto que no cita la fecha y R₂, página 28: «No lo veía desde niño cuando en 1924 llegué por primera vez...», de un alcance de treinta y siete años. Tanto una como otra tienen una amplitud muy reducida.

La analepsis-madre de estas dos es externa y parcial. La R₁ es interna, completiva y parcial. La R₂ es, a su vez, interna, repetitiva y parcial.

La segunda analepsis aparece en la página 40. Tiene un alcance de quince años y una amplitud de segundos: «Recordó momentos similares, entre similares escrutinios y desalientos, quince años atrás, cuando sintió...». Es interna, repetitiva y completa.

La tercera pertenece a la página 71 y dura hasta la página 75 en que enlazamos con otra analepsis del mismo signo que la anterior pero con un alcance distinto. La R₁ es de un alcance de veinticuatro años y la R₂ de diez años. Ambas son externas y parciales: «Creo haberle contado cómo me encontré por primera vez... hacia 1948...» y «En muchos años más tarde, cuando en 1962 aquel hombre...».

De alcance indeterminado es la analepsis de la página 104: «Como en otros momentos parecidos de asco... volvió el recuerdo aquel... llevaba los apuntes de cálculo infinitesimal...». Su duración es de segundos. Es interna, repetitiva y parcial. Aunque sin precisar, argüimos que esta analepsis ocasiona otra que le sigue inmediatamente y que tiene el mismo lugar de acción: La Plata. Esta analepsis que se inicia en la página 105 y llega hasta la 106, tiene un alcance igualmente indeterminado y es externa y parcial: «Sintió la necesidad de volver a La Plata... Y volvió a recordar aquella tarde de verano...». En la página 131 nos encontramos con una nueva analepsis: «Y muchos años más tarde, cuando en Bruselas pensé que la tierra se abría...». Su alcance es de treinta y ocho años, la duración de algunos minutos. Es interna, completiva y completa.

La sexta analepsis corre a cargo de un personaje distinto, Nacho, cuando dice: «No quiere tener diecisiete años. Tiene siete y mira el cielo de Parque Patricios...». Su alcance es de diez años y su duración de la página 157 a 170. Es interna, repetitiva y parcial.

La página 184 inicia una nueva analepsis. Es Bruno a quien la presencia de un muchacho, Palito, le recuerda a otro que él conoció hacía cuarenta años: Carlos. Dice así: «Y entonces volvía a pensar en Carlos, con alivio… Carlos. No estaba de nuevo al lado de Marcelo?». El alcance es de cuarenta años, la duración escasa. Es interna, repetitiva y completa.

La octava analepsis presenta un aspecto peculiar. Se inicia en la página 235 y va alternando el pasado con el presente hasta la página 251. Su alcance es de cinco años [19] y su amplitud de unas horas. Es una analepsis externa, completiva y parcial.

La más interesante de todas las analepsis que contiene este segundo segmento es la que veremos a continuación, por el juego de analepsis tan rico que ofrece en su interior:

La analepsis-madre se inicia en la página 276 y llega a la 319. Su alcance es de cuarenta y cuatro años. Ahora bien, en su interior se hallan contenidas otras analepsis, que vamos a enumerar.

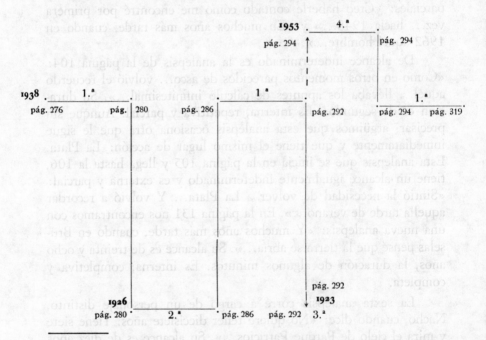

19   Aunque el texto no especifique la fecha, hemos tomado como punto de referencia 1967, fecha de la muerte de Ernesto Guevara, ya que los hechos referidos en el texto atañen a los últimos momentos de su vida.

La analepsis primera es externa, completiva y parcial. Y es a su vez el relato primero de la analepsis segunda, que con un alcance de doce años es mixta, completiva y completa, del mismo carácter que la analepsis tercera, pero ésta con un alcance de quince años. La analepsis cuarta es independiente de la analepsis primera, su alcance con respecto al relato primero (1972) es de diecinueve años. Es la analepsis décima de las doce que contiene el segmento.

La penúltima analepsis hace su aparición en la página 399 hasta la 408. Es muy parecida a la analepsis sexta. Su protagonista es el mismo, Nacho. El carácter es distinto: externa, completiva y parcial: «Mientras Nacho tenía como tantas otras veces siete años, lejos del territorio de la suciedad...».

La última de estas analepsis (págs. 421 a 430) mezcla continuamente el presente con el pasado. Tiene un alcance de cuarenta y cinco años, y es interna, repetitiva y completa.

El tercer segmento narrativo (Z) sólo dispone de una analepsis que se inicia en la página 460 y que con un alcance de veinte años hace referencia a los momentos que precedieron a la muerte del padre de Bruno. Dura hasta la página 474. Es interna, repetitiva y parcial.

Respecto a las prolepsis o anticipaciones estamos de acuerdo con Genette cuando afirma que son menos frecuentes que las analepsis. En nuestra obra sólo hemos podido entresacar siete prolepsis. Todas son repetitivas y parciales.

1973 (verano): «Sí, si su amigo muriera... (pág. 22) → otoño de ese mismo año: «E. Sábato quiso ser enterrado...» (pág. 481).

1961: «... algo inexplicable me empujaba a hablar con aquel chiquilín, sin saber que un día reaparecería en mi vida» (página 31) → 1972: encuentro con ese muchacho (págs. 64 a 67).

1961: «Después fueron produciéndose...» (pág. 32), hace referencia a unos hechos que efectivamente se cumplirán a lo largo de la novela, durante los años 1972 y 1973.

1972: «Los ojos. Víctor Brauner...» (pág. 44). → Relato de la historia de Brauner en las páginas 316 a 317.

1972: «Ahí iban los dos... Quizá a morir» (pág. 194). → Muerte de uno de ellos, Marcelo, en las págs. 449 a 450.

1972: «No me siento con fuerzas para relatarle ahora (alguna otra vez quizá lo haga) lo que me sucedió aquel día» (pág. 286). Más tarde referirá la monstruosa ceremonia con Soledad (págs. 426 a 430).

1972: «Jamás relató a nadie los hechos vinculados con Soledad, si exceptuaba a Bruno. Aunque, naturalmente, nada le dijo del monstruoso rito» (pág. 425). → En las págs. 425 a 430 es por fin relatado este rito doblemente anunciado.

Con la señalización de las anacronías existentes en nuestra obra concluimos el primero de los aspectos a tener en cuenta en el estudio de la temporalidad, el *orden*. Hemos comprobado con su análisis las afirmaciones que hicimos al comienzo: el orden de disposición de los acontecimientos en el discurso narrativo no coincide con el orden de sucesión de esos mismos sucesos en la historia. Hemos actuado en todo momento a un nivel macro-narrativo, es decir, analizando sólo la relación que mantienen las grandes articulaciones. Cierto es que de este modo olvidamos algunos detalles, pero el análisis de la micro-estructura —desglose de los segmentos que componen una anacronía, indicando la posición respectiva de uno para con otro— pertenecería con mayor propiedad al análisis lingüístico-sintáctico; para el análisis literario —nuestro objetivo— es suficiente con el estudio de las relaciones que mantienen las grandes articulaciones entre sí.

Otro hecho que quisiera destacar aquí es que a veces no está tan claro cuándo una anacronía es analepsis o prolepsis porque ambas formas pueden ser objeto de combinación entre sí, como es el caso de la página 42 en que nos encontramos con un fragmento «analéptico», en cuanto que refiere hechos anteriores al presente, concretamente a 1938 —alcance de treinta y cuatro años—; y a su vez «proléptico», en cuanto que anuncia hechos que posteriormente —en el discurso narrativo— ampliará y comentará con extensión (págs. 276 a 319). Dice así el fragmento: «R., siempre detrás, en la oscuridad. Y él siempre obsesionado con la idea de exorcizarlo, escribiendo una novela en que ese sujeto fuese el personaje principal. Ya en aquel París de 1938, cuando se le reapareció, cuando trastornó su vida. Con aquel abortado proyecto: MEMORIAS DE UN DESCONOCIDO».

De todos modos opinamos como Genette sobre la inutilidad de pretender obtener conclusiones definitivas del análisis de las anacronías sólo, ya que las transgresiones del orden cronológico son sólo un aspecto de los rasgos constitutivos de la temporalidad narrativa. Habría que ver los efectos de duración y frecuencia para intentar arriesgar algunas conclusiones del manejo que nuestro autor hace del tiempo.

Relaciones de duración

De las tres operaciones que afectan a la temporalidad narrativa es la duración la más difícil de precisar con exactitud. Confrontar la duración de la historia con la del relato es realmente penoso. En el relato sería el *diálogo* el que nos daría la impresión de igualdad entre un tiempo y otro. Pero sólo es una impresión puesto que, como apunta Genette, «il ne restitue pas la vitesse à laquelle ces paroles ont été prononcées, ni les éventuels temps morts de la conversation. Il n'y a donc —continúa más adelante— dans la scène dialoguée qu'une sorte d'egalité *conventionelle* entre temps du récit et temps de l'histoire». [20] La «isocronía» rigurosa entre relato e historia es, de este modo, inalcanzable.

El enfoque de este aspecto no debe, pues, hacerse tomando como punto de partida un imposible —perfecta igualdad entre relato e historia—, sino como «constancia de rapidez», entendiendo por rapidez «la relación entre una medida temporal y una medida esparcial». El relato «isócrono» sería aquel en que la duración de la historia fuese igual a la de la longitud del relato. Al igual que apuntábamos antes, un relato así no existe.

Nuestro sistema de análisis para ver los efectos de duración de la obra será el siguiente: operar igual que con el orden— a nivel de la macro-estructura, es decir con las grandes unidades narrativas. El movimiento narrativo se reduce a cuatro tipos de relaciones, dos movimientos extremos: *elipsis* y *pausa descriptiva*, máxima rapidez

---

20 Genette, G.: *Figures III*, ob. cit., pág. 123.

y máxima lentitud; y dos movimientos intermedios: la *escena*
—normalmente dialogada— y el *sumario* o resumen. A este respecto apunta también Baquero Goyanes cuando trata la estructura
dramática: «Hay quienes reducen esos elementos fundamentales a
escena, sumario y *descripción,* y consideran que cada uno de ellos
supone un distinto *tiempo:* el *resumen* (summary) implica rapidez;
la *escena,* un tiempo normal; la *descripción,* cese del movimiento». [21]
No considera la elipsis porque no corresponde a un tiempo del relato, sino al tiempo de la historia. Y es precisamente la *elipsis* la
relación más abundante y significativa de nuestra obra.

La novela, objeto de nuestro estudio, se caracteriza —como
hemos apuntado repetidas veces— por una estructura «atomística»
y es este tipo de estructura la que favorece la propagación de la
elipsis. Las elipsis pueden ser de dos tipos: «explícitas» —si está
indicado el tiempo de la historia que eliden— e «implícita» —si no
lo está—. A estas dos habría que añadir la elipsis «hipotética»
—si es imposible de localizar—.

Si para Genette son cuatro los movimientos fundamentales del
«tempo» novelesco, para Todorov son cinco. Entre la *pausa* o suspensión del tiempo y la *elipsis* —ninguna porción de tiempo—,
sitúa a la *escena* como «coincidencia perfecta entre ambos tiempos».
Por último —dice Todorov— «cabe concebir dos casos intermedios:
aquel en el que el tiempo del discurso es «más largo» que el de la
ficción y aquel en el que es «más corto». Parece que la primera
variante nos remite ineludiblemente a otras dos posibilidades que
ya encontramos: la descripción o la anacronía... La segunda de
aquellas posibilidades está ampliamente documentada, es el *resumen,* que condensa en una frase años enteros». [22]

Prefiero operar basándome en la distinción cuatripartita del
francés Genette, por considerarla más clara y explícita.

Nuestra obra, aparte de la gran abundancia de *elipsis* que la
caracteriza por las circunstancias arriba aducidas, presenta un ritmo
de alternancia de *sumarios* con función de espera y enlace, y de
escenas dramáticas. Ahora bien, el relato es pródigo en reflexiones,
meditaciones y monólogos interiores de los personajes ¿cómo con-

---

21 Baquero Goyanes, M.: *Estructuras de la nocela actual,* ob. cit., pág. 64.
22 Todorov, Tv.: *¿Qué es el estructuralismo?...,* ob. cit., págs. 63 a 64.

siderarlos? ¿pausas o escenas? Para Todorov serían *pausas* ya que dice «tal sería el caso de las reflexiones generalizadas», [23] pero para Genette entrarían dentro de la *escena*. Esto se explicaría por el cambio de función de la escena. Si en la tradición anterior la escena era un lugar de concentración dramática, casi por entero separada de los impedimentos descriptivos o discursivos, la escena —en la obra de Proust, aunque perfectamente aplicables a la obra de Sábato— juega en la novela el papel de «foco temporal» o de polo magnético para toda clase de informaciones y de circunstancias anexas. Por ello se verá obstaculizada por digresiones, retrospecciones, anticipaciones, paréntesis, intervenciones didácticas del narrador, monólogo interior, etc. [24]

Este cambio de función que modifica el papel estructural de la escena, nos va a permitir que tomemos también como *escenas* aquellos momentos dramáticos en que la acción se oculta en beneficio de la caracterización sicológica y social. En los momentos en que estas reflexiones o monólogos se encuentren aislados, los consideramos *pausas*.

Respecto al problema de la duración, quisiera señalar aquí la consideración que Michel Buttor hace a propósito y con la que estoy plenamente de acuerdo. Los tres tiempos que diferencié al comienzo de este capítulo —el de la aventura, el de la escritura y el de la lectura— pueden superponerse a propósito de la duración. Dice Butor: «Entre estos diferentes ritmos, suele suponerse una progresión de velocidades: así, el autor nos da un resumen que *leemos* en dos minutos (que tal vez él ha necesitado horas para *escribir*) de un relato que un determinado personaje se supone que hace en dos días, de hechos que se extienden a lo largo de dos años». [25]

A continuación veremos detalladamente el juego del «tempo» novelesco en la primera articulación narrativa —páginas 15 a 22— que viene marcada por una ruptura temporal —de la tarde del 5 de enero de 1973, pasaremos al año anterior, 72, y aun a fechas más antiguas—.

---

23 Id. ib., pág. 63.
24 Cfr. el capítulo «Durée» en *Figures III*, ob. cit., págs. 122 a 144.
25 Ob. cit., pág. 121. El subrayado es nuestro.

Se inicia el relato con un SUMARIO (págs. 15 a 16) en las que el narrador nos cuenta en pocas líneas la extrañeza que Bruno siente al ver que su amigo Sábato no le saluda, la llamada telefónica que el primero hará al segundo para preguntar qué le ocurre, y la relación mental que Bruno establece entre esta «caída» de su amigo con hechos que anteriormente le había contado. Evidentemente el narrador nos ha dado un «resumen» que leemos en pocos minutos de hechos que pueden haber durado varias horas.

A continuación tendremos una ELIPSIS o segmento nulo del relato, puesto que de la *tarde* del 5 de enero en que transcurrieron los hechos anteriores pasaremos a la *madrugada* de esa misma noche. Está claro que han transcurrido unas horas de tiempo que ignoramos en cuanto a posibles hechos ocurridos. Puesto que existe una indicación temporal (tarde/madrugada) podemos hablar de elipsis temporal «explícita», aunque «indeterminada» debido a la no indicación concreta de las horas transcurridas.

Le sigue una ESCENA-SUMARIO (mezcla de sumario-escena-sumario, págs. 16 a 18) en la que el narrador nos pone en antecedente sobre tres hechos que se producen en aquella ciudad, le sigue el corto diálogo que Natalicio Barragán mantiene con el marinero y termina de nuevo con las palabras del narrador que habla del acecho de Nacho a su hermana y de la muerte de Marcelo.

El relato se corta y vuelve a aparecer con una larga reflexión de Bruno situado en la Costanera Sur. Hay que hablar en este caso de ELIPSIS «implícita» o hipotética. Este largo monólogo de Bruno que contribuye a su caracterización sicológica, corresponde diríamos a una suspensión del tiempo narrativo, pero no tiene como finalidad detenerse ante un objeto o espectáculo —aunque en determinados puntos Bruno contemple el panorama nocturno de Buenos Aires—, sino más bien la de contemplarse el héroe a sí mismo, es por ello que el fragmento descriptivo no se evade de la temporalidad, y no podremos, por consiguiente, hablar de descripción sino de narración. Estamos en presencia de una «falsa pausa».

Concluye esta primera articulación con un corto SUMARIO del narrador en el que pone punto final a ese día del 5 de enero (pág. 22).

Ahora bien, globalmente, este período de tiempo que ocupa la primera articulación narativa —desde la tarde hasta la madrugada del mismo día— ¿cómo podemos considerarlo? ¿Es el tiempo del relato igual al de la historia? Evidentemente no. Tampoco es mayor. Es, a todas luces, un tiempo del relato *menor* al tiempo de la historia, luego estamos en presencia de un SUMARIO —las mismas elipsis están indicando ya que estamos en presencia de un resumen—.

Por un efecto de anacronía claro vamos a pasar a la segunda articulación narrativa (págs. 25 a 453) que comprende un período temporal muy amplio: comienzo y fines de 1972 y algunos episodios que, gracias a la analepsis, hemos podido situar como anteriores a esa fecha. [26]

Caracteriza a este segundo período la superabundancia de elipsis, casi todas ellas «implícitas» o hipotéticas. Un total de setenta y cuatro elipsis arroja sesenta y dos casos de elipsis «implícitas» sobre diez «explícitas». Los indicadores de estas últimas son: «al otro día», «era ya de noche cuando...», «lunes de mañana», «lunes a la noche», «sábado», «salió del café y volvió al parque», «cuando llegó a su casa encontró...», «toda esa noche», «al otro día, a la misma hora», «al otro día, en la Biela».

Por lo demás, el relato ofrece —como ya dijimos— una alternancia clara de sumarios y escenas, a las que habría que añadir esas reflexiones de los personajes consideradas ya como «pausas», ya como «escenas». Las *escenas dialogadas* ocupan, por lo general, varias páginas y tienen unas funciones muy concretas en la obra:

1) Caracterizar psicológica y socialmente a los personajes que en ellas intervienen, el ejemplo más claro son las escenas que transcurren en el apartamento de los Carranza, signo de la finalidad de esta clase social.

2) Poner de relieve el conflicto entre los hermanos Izaguirre y la búsqueda —huida— de Nacho Izaguirre, en el mundo de la infancia, de la felicidad perdida —diálogos con Carlucho—.

---

26 Es el caso del segmento que va desde la pág. 276 a 319, fechado en 1938 y que por ello, en el análisis de la obra como Historia, lo consideramos una unidad narrativa independiente.

3)   La timidez de carácter de Marcelo y sus últimos momentos de vida.

4)   El carácter de Sábato y sus relaciones con diversos personajes. Un total de veintisiete escenas integran el conjunto de la obra, su localización en el relato es la siguiente:

PAGS.	CONTENIDO	FUNCION
45 a 60	«Se hundió en el sofá […] Y casi can los mismos socios».	1.ª
85 a 88	«El Dr. Carranza miraba […] ídolos de la India».	1.ª
89 a 96	«Simplemente por debilidad […] No sería eso posible?».	1.ª
96 a 100	«Mientras iba hacia su casa […] Caía la noche».	3.ª
106 a 108	«Las dos viejuchas […] peor que si no se hubiese producido».	4.ª
108 a 112	«Era ya de noche […] y tu pelo sobre mi cara».	2.ª
116 a 118	«Edad, señor Pérez Nassif? […] Etc.».	*
143 a 157	«Seguía su mala suerte […]. Voy a bañarla a Pipina».	1.ª
157 a 170	«Sombríamente recostado […] la noche había bajado en puntas de pie».	2.ª
170 a 174	«Mientras esperaba su turno […]. Qué dolor de estómago, Dios mío».	4.ª
176	«Cómo? […]. Estoy harto de grabaciones y entrevistas».	4.ª
196 a 213	«Salió del café […]. Le contestaría? Sí».	4.ª

[* Entrevista realizada por un periodista, Muzzio, a Pérez Nassif].

27 Aunque se trate de Bruno y no de Sábato le hemos dado la misma función teniendo en cuenta que Bruno es el «alter ego» de Sábato.

En veintiuna ocasión nos encontramos ante reflexiones, pensamientos o monólogos de nuestros personajes (principalmente de Bruno y Sábato) que podemos calificar de *pausas,* si seguimos a Todorov, o de *escena*s, si estamos con Genette. [28]

Todas ellas son ilustrativas del modo de sentir y pensar de sus protagonistas. Su función consiste, pues, en caracterizarlos. Si la escena permitía —en algunas ocasiones— caracterizar a los personajes *por lo que dicen,* aquí se trata de caracterizarlos *por lo que piensan.* Son, pues, como el reverso y anverso de la misma moneda.

Completa esta segunda articulación un total de cuarenta y cuatro *sumarios* o resúmenes que por su propio carácter hacen avanzar la acción prodigiosamente. [29] Tras este recuento de los movimientos narrativos se pone en evidencia lo siguiente: predomina con mucho la *elipsis* por la propia estructura del libro —esa multitud de episodios que lo integran a modo de rompecabezas—. Pero aparte de la elipsis —que como no se corresponde con ningún tiempo del relato, no es pertinente en esta ocasión—, el segmento narrativo se nos presenta muy equilibrado, debido a la proporción equivalente de *sumarios* y *escenas* (cuarenta y cuatro/cuarenta y ocho). [30]

La tercera articulación narrativa retoma el hilo narrativo suspendido en la página 22. Se inicia en la página 453 y se extiende hasta el final de la obra (pág. 484). Está compuesta por un extenso *sumario* con algunas elipsis intercaladas, y acompañado normalmente por reflexiones de Bruno. Tres cortas *escenas* dialogadas se introducen en estos sumarios: la conversación que Natalicio Barragán mantiene con los parroquianos del bar para contarle su

---

28 El problema de esta diferencia entre ambos radica en que para Genette el término «pausa» implica necesariamente «descripción» —él la llama «pausa descriptiva»—; mientras que para Todorov «pausa» no implicaría necesariamente descripción, sino en ocasiones también narración. Están situadas en las páginas 29 a 31, 60 a 61, 69, 102 a 104, 115 a 116, 119 a 122, 122 a 130, 130 a 132, 132 a 138, 174 a 175, 175 a 176, 177 a 194, 222, a 223, 252 a 253, 270 a 271, 349, 350, 360, 373 a 375, 380 a 382, 409 y 449.

29 Su situación en el texto es como sigue: págs. 25 a 29, 31 a 33, 33 a 37, 37 a 39, 39 a 44, 61 a 69, 69 a 71, 71 a 83, 83 a 85, 88 a 89, 96, 101 a 102, 104, 105 a 106, 112 a 114, 114 a 115, 138, 138 a 143, 157, 194 a 196, 253 a 255, 255 a 256, 260, 271 a 276, 276 a 319, 350 a 351, 351 a 352, 352 a 354, 375 a 380, 382 a 383, 384 a 385, 385 a 398, 398 a 399, 409 a 411, 411 a 412, 412 a 416, 416, 416 a 418, 420 a 421, 421, a 434, 434 a 435, 435 a 438, 449 a 450 y 450 a 453.

30 Hemos considerado como *escenas* la suma de las escenas propiamente dichas (veintisiete) y los monólogos y reflexiones (veinticinco), por las razones anteriormente aducidas.

visión del dragón (págs. 456 a 457); la agonía del viejo Bassán (págs. 464 a 474) y el diálogo del viejo Humberto J. D'Arcangelo con un cliente del antiguo bar de Chichín (págs. 475 a 476).

Terminamos así el análisis del segundo aspecto de la temporalidad narrativa que se verá completado con el capítulo siguiente que estará dedicado al estudio de las relaciones de frecuencia entre tiem del relato y tiempo de la historia.

Relaciones de frecuencia

Por frecuencia entendemos la capacidad de repetición entre relato e historia. Entre esta capacidad de repetición de los sucesos narrados —de la historia— y de los enunciados narrativos —del relato— se establece un sistema de relaciones que se puede resumir en cuatro tipos, gracias al juego de dos posibilidades: la repetición o no del suceso y la repetición o no del enunciado. Estos cuatro tipos son: 1) contar una vez lo que ha pasado una vez (1 R/1 H). Es la forma más «normal» y se le llama —según Genette— relato *singulativo*. 2) Contar «n» veces lo que ha pasado «n» veces (n R/ n H). Realmente este tipo de relato anafórico se puede considerar como singulativo ya que como apunta Genette lo singulativo «se définit donc, non par le nombre des ocurrences de part et d'autre, mais par l'égalité de ce nombre». [31] Realmente ni uno ni otro ofrecen interés para nuestro estudio. El interés reside en la falta de equivalencia entre relato e historia que da lugar a dos tipos: relato *repetitivo* cuando se cuenta «n» veces lo que ha ocurrido una vez, y relativo *iterativo* cuando se cuenta una vez lo que ha ocurrido «n» veces. De estas dos últimas formas nos vamos a ocupar aquí.

Desde el momento en que se narra o cuenta varias veces lo que ha ocurrido una sola vez, lógicamente, tenemos que contar con variantes estilísticas o con variantes de punto de vista, pues es prácticamente imposible contar varias veces un hecho, de la misma manera y con las mismas palabras.

No debemos considerar relatos repetitivos aquellos que son

---

31   Ob. cit., pág. 146.

contados dos o más veces, pero que sospechamos han ocurrido otras tantas veces. Así sucede con «los sueños de M». que son relatados en dos ocasiones: en las páginas 62 a 63 y en la 138, con variantes estilísticas —la segunda vez son resumidos los argumentos—. «La muerte de Alejandra» es otro ejemplo claro de lo que decimos. El mismo sueño, Alejandra quemándose viva, hace aparición dos veces, en la página 114 y en la 379; y sin embargo responden a momentos distintos como lo prueba el indicativo: «Como en la ocasión anterior, se despertó gritando». «El deseo de liberar a R», en la página 42: «R. siempre detrás en la oscuridad. Y él siempre obsesionado con la idea de exorcizarlo...» y en la 225: «Quería calmar a R? Era como una divinidad terrible, a quien debía hacerse sacrificios. Era insaciable, siempre ecechándolos desde las tinieblas». En realidad, en todos estos casos estamos en presencia de relatos *singulativos*.

Los relatos realmente repetitivos son: la vigilancia que Nacho Izaguirre ejerce sobre su hermana la noche del 5 de enero, en la página 17 a 18: «Desde la oscuridad que le favorecían los árboles de la Avenida del Libertador, vio detenerse un gran Chevy Sport, del que bajaron el señor Rubén Pérez Nassif, presidente de INMOBILIARIA PERENAS, y su hermana Agustina Izaguirre. Eran cerca de las dos de la mañana. Entraron en una de las casas de departamentos. Nacho permaneció en su puesto de observación hasta las cuatro, aproximadamente y luego se retiró hacia su casa. Caminaba con las manos en los bolsillos de sus raídos blue jeans, encorvado y cabizbajo». En la página 449: «Desde la oscuridad que le favorecían los árboles de la Avenida del Libertador vio detenerse, por fin, el Chevy Sport color lacre del señor Rubén Pérez Nassif. Bajó con Agustina. Eran aproximadamente las dos de la madrugada. Enseguida entraron en una casa de departamentos./ Permaneció en su puesto de observación hasta eso de las cuatro, y luego se retiró hacia, presumiblemente, la casa. Caminaba con las manos en los bolsillos de sus raídos jeans, encorvado, cabizbajo».

En esta ocasión los relatos son muy parecidos, las variantes estilísticas que se pueden observar son mínimas. El punto de vista es idéntico.

Pertenece a esta misma categoría la muerte de Marcelo Carranza Paz, cuya noticia —resumida— conocimos en la página 18

y volveremos a saber de ella con más detalles en las páginas 449
ь 450.

Ambas tienen una función muy clara: retomar el hilo narrativo interrumpido en la página 22.

Podemos, pues, argüir que el relato repetitivo no ofrece gran
importancia en *Abaddón.* Dos casos solamente es muy poco significativo proporcionalmente. Ahora bien si recordamos obras anteriores de nuestro escritor sí que podríamos hablar de que un solo
hecho se repite varias veces, *pero* en obras diferentes; ese es el
caso del episodio biográfico correspondiente a su salida del partido
comunista y su huida a París, sin dinero ni amigos, que es relatado
una vez más en la página 131 de nuestra novela; o bien la historia
de Domínguez, el pintor canario, que relatada en *Sobre héroes,*
toma cuerpo de nuevo en *Abaddón...,* etc.

Es decir, si en «una» obra concreta no se suele dar este tipo
de relato que hemos calificado de *repetitivo,* en conjunto, la obra
del escritor argentino sí que se puede considerar como una obra
en cierto modo *repetitiva* puesto que temas y situaciones se reiteran
insistentemente una y otra vez.

Contar una vez lo que ha sucedido varias veces es un hecho
más frecuente que el anterior puesto que se trata de poner en
práctica el principio de economía del relato. Resultaría pesado y
aburrido que situaciones semejantes que ocurren durante años,
fueran relatadas una a una. Voy a citar tres ejemplos de distinto
tipo de relato *iterativo* según su especificación y su determinación.
(Entendemos por «especificación» el ritmo de recurrencia de sus
unidades constitutivas; y por «determinación», los límites diacró-
nicos de una serie).

«*En ocasiones* lo sentía como si formara parte de su propio
espíritu, podía imaginar casi en detalle lo que habría sentido frente
a ciertos acontecimientos» (págs. 20 a 21).

Especificación simple e indefinida.
Determinación indefinida.

«*Durante años* debí sufrir el maleficio. Años de tortura. Qué
fuerzas obraron sobre mí, no se lo puedo explicar con exactitud...»
(pág. 25).

Especificación simple y definida.

Determinación indefinida.

«...y que *durante estos diez años* convirtieron mi existencia en un infierno, al que tuve que entregarme atado de pies y manos, *cada día,* al despertar...» (pág. 25). [32]

Especificación simple y definida.

Determinación definida.

Las tres son de extensión amplia.

Los relatos iterativos se repiten con frecuencia a lo largo de la novela, página 32: «Durante casi diez años no quiso saber nada de ficciones...»; página 66: «A menudo había asistido...»; y además en las páginas 69, 78, 104, 107, 108, etc., etc...

De este modo se pone de manifiesto que el relato iterativo sigue en importancia al singulativo en esta obra. Los indicadores más frecuentemente usados son: «algunas veces», «durante meses», «como en otros momentos», «durante aquellos meses», «durante semana», «a menudo», «como tantas otras veces», etc.

Un caso particular que se da también aquí es el tratar parcialmente de manera iterativa la escena singular, a lo que Genette llama *iteración interna o sintetizante.* Es el caso de la página 69 que coincide con los límites de un corto capítulo que lleva por título «En el crepúsculo», donde la acumulación de imperfectos: «pensaba», «contemplaban», «empezaba», «comprendían», «terminaban», «seguían», «vivían», «seguía», nos da la sensación de algo que ha ocurrido otras veces.

Si en cuanto al orden predominaba la analepsis sobre la prolepsis, y a la duración, la escena y el sumario sobre la pausa —la elipsis era caso aparte—; ahora, en cuanto a la frecuencia, predomina el singulativo y el iterativo sobre el repetitivo. Los resultados no son arbitrarios, ya que el salto hacia atrás —o *analepsis*— toma a menudo la forma de relato *sumario,* y el sumario se sirve normalmente del relato *iterativo.* Del mismo modo también la *esce-*

---

32 El subrayado de los tres ejemplos es nuestro.

na suele servise la mayoría de las veces del *singulativo* —sobre todo las dialogadas—.

El juego temporal de los tres aspectos

Estos tres aspectos son claves para la comprensión de la temporabilidad. El narrador no puede, aunque lo desee, seguir una disposición cronológica lineal, necesariamente el hilo narrativo se va a romper con las anticipaciones y retrospecciones.

Precisamente gracias a estas anacronías el relato dará la impresión de tener un ritmo de llenos y vacíos, ya que no sólo es imposible contar todos los hechos en una sucesión lineal, sino que también es imposible dar en el interior de una secuencia toda la sucesión de los hechos, de ahí los saltos ,temporales o elipsis, resúmenes o sumario, impresión de sucesión o escenas, detenciones o pausas, todos ellos hechos de duración. Es igualmente imposible contar sólo una vez cada hecho que sucede una vez. El relato resultaría de este modo «plano», sin vivacidad, agilidad que viene dada por ese principio de economía del relato que es el *iterativo*. Si el singulativo es la norma, el iterativo es la «anti-norma» que actúa como complemento necesario.

Un relato es rico en su temporalidad si ofrece un juego completo de las alternancias conocidas con los nombres de orden, duración y frecuencia. Dejar de comprobar los distintos niveles del tiempo en la historia y en el discurso sería olvidar uno de los aspectos más significativo y relevante de la obra literaria.

El tiempo de la «escritura»

Entendemos por tiempo de la escritura dos cosas distintas: el tiempo empleado por el novelista en escribir la obra y el tiempo en que escribe la obra. *Abaddón* es una obra que difícilmente podemos enjuiciarla desligada de la problemática existencial que acosa al hombre contemporáneo, al hombre de este siglo. Es una obra, fruto de penosos contratiempos que su autor, Ernesto Sábato, ha tenido que ir salvando hasta llegar a su redacción definitiva. No

hay más que leer la novela para comprobar la veracidad de nuestra
afirmación anterior ya que en ella el argentino ha manifestado varias
veces las dificultades que tuvo que superar durante el proceso
creativo.

El momento de la escritura aparece de esta suerte como un
dato importante, circunstancia que hay que tener en cuenta ya que
el escritor, en la mayoría de las ocasiones, como ocurre aquí, va
a reflejar el tiempo de su época. Es gracias a la «escritura» que se
establece el vínculo entre el escritor y la sociedad. [33] Dice así Barthes: «Lengua y estilo son objetos; la escritura es una función:
es la relación entre la creación y la sociedad, el lenguaje literario
transformado por su destino social, la forma captada en su intención humana y unida así a las grandes crisis de la Historia». [34] Y más
adelante continúa diciendo: «Al escritor no le está dado elegir su
escritura en una especie de arsenal intemporal de formas literarias.
Bajo la presión de la Historia y la Tradición se establecen las posibles escrituras de un escritor dado». [35] No en balde se ha dicho
que el escritor es tributario de las modas y procedimientos de su
época, tanto si las considera como si no los toma en cuenta. El
momento de la «escritura», en esta ocasión el siglo XX, ejerce
una influencia muy directa en *Abaddón,* influencia que puede de-
tectarse en dos planos o niveles: en el contenido o temática que
desarrolla (la angustia del escritor contemporáneo, la búsqueda de
lo absoluto en la adolescencia, los ideales del joven revolucionario,
son problemas que afectan a la sociedad actual y que el escritor
argentino ha querido trasladar a su novela para dar su propia visión
del problema) y en la forma (estructura «atomística», disposición
en capítulos «irreverentes», lenguaje popular en mezcla con el culto, disposición de las historias en ritmo de «alternancia» sin explicaciones, etc., etc.).

Tiene, por consiguiente, el tiempo exterior de la «escritura»
una incidencia muy directa en la obra literaria.

Pero no sólo cabe dentro de este apartado la consideración del
«momento», sino también la de duración de la obra. Ernesto Sábato tardó en escribir *Abaddón* años, prácticamente desde que pu-

33 Cfr. Barthes, Roland: *El grado cero de la escritura...,* ob. cit., págs. 17 a 89.
34 Id. ib., pág. 22.
35 Id. ib., pág. 24.

blicó *Sobre héroes,* en 1962, comenzó a rondarle la idea de escribir otra novela en la que se tratara alguno de los temas allí esbozados. Pero a pesar de que la elaboración fue lenta, como continuamente era sometida a revisión, no se puede decir que cuando la obra fue a la imprenta, el creador estuviese lejos del escritor que, años antes, iniciara esta ardua empresa. Su novela no ha sufrido retraso con respecto a la evolución de su autor. Podemos afirmar que cuando Ernesto Sábato publicó *Abaddón,* el hombre y el creador no habían superado las contradicciones de Sábato, el héroe de la ficción. [36]

Recordemos con Todorov que el tiempo de la enunciación (de la escritura) se torna un elemento literario a partir del momento en que se lo introduce en la historia .Ese es el caso de *Abaddón* por un doble motivo: la introducción de su autor en la novela como un personaje más de la ficción y las confesiones hechas por él en el interior del relato sobre su impotencia para terminarlo, a lo que habría que añadir las declaraciones que sobre él mismo hace a un periodista que lo entrevista (págs. 260 a 261).

Enfocada desde esta óptica, la novela se enriquece con el tiempo mayor, el de la novela («aventura»), piedra angular de la obra literaria.

El tiempo de la «lectura»

Por tiempo de la «lectura» entendemos el tiempo real que el lector emplea desde que comienza hasta que termina de leer una obra. Pero además, se entiende también aquí el tiempo en que el lector lee esa obra. Si un lector lee una obra en el momento de su aparición en el mercado no podemos hablar de «desfase» entre tiempo de la escritura y tiempo de la lectura; caso distinto sería si tarda diez o más años, evidentemente el valor o sentido de un libro puede cambiar con el paso de las generaciones.

El tiempo de la «lectura» nos afecta menos que los anteriores

---

36 Una excepción a lo que decimos son los capítulos de la novela en que se narra la muerte de Marco Bassán que, como dijimos, fueron publicados en el núm. 100 de la revista «Davar» de Buenos Aires.

para la consideración de nuestra obra, pues, a diferencia del anterior, no se vuelve elemento literario porque el autor no lo tiene en cuenta en la historia.

El tiempo cronológico como factor estructurante de «Abaddón»

En *Abaddón* se da una interesante consideración del tiempo. El autor fecha, al comienzo de las dos partes en que divide la novela, el tiempo de la ficción. Dice así: «Algunos acontecimientos producidos en la ciudad de Buenos Aires en los comienzos del año 1973», en la primera; y en la segunda: «...la parte principal transcurre a comienzos y fines de 1972. No obstante, también figuran episodios más antiguos...».

La primera parte mantiene un detallado fechar: «En la tarde del 5 de Enero», y «En la madrugada de esa misma noche». Sin embargo, en la segunda parte se advierte el deseo de descronologizar el relato. No siendo el largo capítulo dedicado a «Ciertos sucesos producidos en París hacia 1938» (págs. 276 a 319), el resto muestra alusiones dispersas que permiten orientarnos con mayor o menor precisión, como la visita de Marcelo a su tío-abuelo Amancio al que encuentra «lleno de bufandas y tricotas», por lo que deducimos que transcurría el invierno (pág. 96), posteriormente (página 106) se nos dirá: «Las dos viejuchas llegaban cansadas por el *calor...* —Pobre Julito —dijo una...—, morirse en *febrero»*, lo que indica la estación veraniega. En la página 453 nos encontramos con una marca temporal exacta: «El día 6 de enero de 1973», en la página 459 leemos: «... hasta que divisó el Mirador rosado sobre el cielo gris de *otoño»*. En efecto: la historia queda instalada entre principios del mes de enero y el otoño de ese mismo año. Ahora bien, gracias a las retrospecciones, nos hemos remontado al año anterior y a años más remotos aún, como lo prueban las analepsis señaladas con anterioridad. Con los datos confirmados podemos reconstruir la cronología del relato de la siguiente forma:

Pág. 96	Pág. 106	Págs. 107 a 459
FINALES DE 1971	PRINCIPIOS DE 1972	TRANSCURSO DE 1972

Págs. 453   Pág. 459

PRINCIPIOS DE 1973   OTOÑO DE 1973

Ese largo número de páginas (107 a 459) carente de marcas cronológicas exactas responde a un deseo, en el autor, de que el relato no se transforme en crónica.

A este *tiempo fechado*, de forma visible y estática, se superpone un *tiempo invisible*, de carácter estético, gracias a la intercalación de referencias sugerentes y connotativas, cuyo caso más llamativo es el monólogo interior de Bruno en el que vuelca su preocupación por el tiempo cronológico: «Paralizar el tiempo en la infancia, pensaba Bruno... Sí, sentía necesidad de paralizar el curso del tiempo. Detente! casi dijo con ingenuidad... Detente, oh tiempo! volvió casi a murmurar» (págs. 29 a 31). Ambos tipos ayudan a recomponer mentalmente la ficción de tiempo.

Para el estudio del tiempo en su continuidad es necesario proyectarlo sobre un ESPACIO, considerarlo como un recorrido o trayecto, por eso, a continuación, se analizará el espacio en la obra.

EL ESPACIO NOVELESCO (ENTRE LA «HISTORIA» Y EL «DISCURSO»)

Importancia del tratamiento del espacio y su interrelación con los demás componentes del relato

El espacio es junto con el tiempo una de las piezas claves del estudio de la obra en cuanto «discurso» «Todo relato —afirma Castagnino— se corresponde con una instalación espacial igualmente ficcional, fijada y transmitida por signos lingüísticos que tiene la capacidad de suscitar en el receptor la evocación de espacios concernientes a su experiencia extratextual».[37]

Es decir, debemos distinguir claramente entre el espacio real en el que nosotros, como lectores, estamos situados y ese otro espacio, «ficticio», que se va a desplegar ante nuestra vista (lectura) e instalado en el espacio real en el que estamos leyendo. Para

---

[37] Castagnino, Raúl: *Sentido y estructura...*, ob. cit., pág. 52.

pasar de un espacio a otro, nosotros, como lectores, debemos tomar cierta distancia respecto a ese lugar ficcional. De esta forma, obtenemos la relación existente entre el espacio y el lector, pero ocurre que esa relación se encuentra mediatizada por la presencia del narrador-autor de la obra. Y gracias a él, previo a la aprehensión de ese espacio por parte del lector, se realiza una selección que sirve de guía a dicho lector para que la aprehensión pueda ser sucesiva.

El narrador-autor va a componer su obra, obra que necesariamente instalará en un «espacio», gracias a un juego de líneas o pinceladas que le darán la forma definitiva. Es el «ojo» del narrador el que ordena, selecciona, delimita planos gracias a un movimiento continuo del conjunto al detalle y viceversa. Es, por así decirlo, el canalizador de ese espacio.

En manos del narrador residen también las dos operaciones básicas que integran el relato: la narración y la descripción. Para Bourneuf y Ouellet «las dos se concretan en una secuencia de palabras, pero de *objeto distinto*. La narración restituye «la sucesión también temporal de los hechos», mientras que la descripción representa «objetos simultáneos y yuxtapuestos en el espacio».[38] Es decir, la primera concierne al tiempo, y la segunda, al espacio. Y es que el narrador puede perfectamente disponer diferentes historias individuales en un mismo espacio, ya sea un edificio, como es el caso de *La Colmena* de Camilo José Cela; ya sea una ciudad, como ocurre en nuestra novela: *Abaddón el exterminador*.

Las tres historias que la integran, fundamentalmente, la de Sábato, la de Nacho y la de Marcelo, transcurren en Buenos Aires. Realmente, estas tres aventuras suceden simultáneamente, pero la imposibilidad de la escritura hace que se nos ofrezca una tras otra en el tiempo.

Las relaciones espacio-narrador pueden sintetizarse de la siguiente forma: El yo-narrador tiene como una de sus funciones producir o crear ese espacio verbal, contexto en el que actuarán los actantes-personajes. «Espacio que no es reflejo de nada —dice Gullón—, sino invención de la invención que es el narrador, cuyas percepciones (trasladadas a la imagen) le engendran».[39] Espacio y

---

38 Cfr. Bourneuf, R.: *La novela*, ob. cit., pág. 124. El subrayado es nuestro.
39 Gullón, Ricardo: «Espacios novelescos», en *Teoría de la novela* de Germán y Agnes Gullón, ob. cit., pág. 244.

lector, espacio y personaje, son las tres interrelaciones más llamativas junto con la de espacio y tiempo. Más adelante pone de manifiesto Gullón un hecho muy claro: «Los personajes están (y son) en ese espacio, y no en otro, salvo (y la salvedad es importante) metafóricamente. Reconozcamos explícitamente lo que de modo implícito todos sabemos: las referencias al espacio literario se entienden en su literalidad; las alusiones a otros espacios son válidas en cuanto la creación trasciende la letra y permite instalarse en la realidad de lo imaginario».[40]

Analicemos a continuación la relación espacio/personaje, que adquiere una significación especial en el caso de la novela hispanoamericana. El héroe de la novela del otro lado del continente no es como el europeo, no existe allá, por lo general, ese paisaje enteramente integrado a la geografía anímica del personaje, como vamos a tener ocasión de ver.

Fernando Ainsa en su completísimo estudio sobre el espacio en la ficción novelesca latinoamericana, se ocupa del problema del espacio y la función del personaje en ese espacio. Considera que a una primitiva fase de «deslumbramiento ante lo maravilloso» —caso de los cronistas-colonizadores—, sucederá el sentimiento de «extrañamiento» del hombre nacido en América. Dice así: «Al abolirse las distancias entre observador y espacio observado, la inseguridad se adueña de la conciencia protagónica... La amable naturaleza, maravillosa o decorativa, pasa a ser una naturaleza que envuelve y agobia, que invade la conciencia del héroe novelesco».[41] Extrañamiento, insatisfacción o desajuste entre el yo y el contorno será la nota más característica del protagonista(s) desorientado(s) de *Abaddón...* como de otras muchas novelas hispanoamericanas. Nacho, Marcelo, Barragán, Sábato-personaje, ejemplifican sobredamente lo que decimos. Arrojados en grandes espacios, como la ciudad de Buenos Aires, auténtica megápolis, se sienten en determinados momentos «ahogados», hasta el punto de resultarles inhóspito el espacio.[42]

El espacio les obligará entonces hacia el movimiento centrí-

---

40 Id. ib., pág. 245.

41 Ainsa, Fernando: «La demarcación del espacio en la ficción novelesca» en *Teoría de la novela,* Madrid, col. Temas, Soc. General Española de Librerías, 1976, pág. 321.

42 Sin embargo, no es ése el caso de Bruno, personaje también de la novela.

peto y centrífugo de buscar la identidad, el absoluto, pieza clave de nuestra obra.

Ahora bien, si enfocamos el espacio desde otra perspectiva, como *técnica,* igual que hicimos con el tiempo, entonces tendremos que tener en cuenta otros puntos. Veámoslos.

Empezaremos por distinguir los dos posibles valores del dato espacial, como hace Castagnino, el espacio sin relación actancial, es decir, simplemente como *marco* o escenario en el que operan los actantes; o bien, el que posee alguna operatividad específica:

1) ESPACIO: valor informativo.

2) ESPACIO: valor informativo + operatividad específica.

En ambos casos muestra su relación con el personaje, aunque por supuesto es mucho más estrecha esta relación en el segundo caso que en el primero. En el primero, la relación que ambos mantienen es tangencial, pues se limita a ser un «apoyo» necesario del actante. Serviría de ejemplo *El Túnel,* primera novela de Ernesto Sábato, cuya problemática accional es indiferente al lugar en que se desarrolla.

Es el segundo caso, el que aquí nos interesa, porque tiene una incidencia muy directa en nuestra novela. Según Castagnino esta segunda alternativa ofrece dos posibilidades:

1) Dependencia del sujeto al espacio que se transfiere a la ficción narrativa. Esquemáticamente sería:

Geografía	Sujeto	Ficción
→		→
Espacio	Narrador	Narrativa

Un caso muy claro lo tenemos en el influjo, «cegador» casi, que ejerce «Capitán Olmos» sobre Bruno Bassán. A continuación vamos a transcribir uno de los pasajes significativos al respecto donde se pone de manifiesto la incidencia que ejerce el paisaje sobre el sujeto:

«A medida que se alejaba de Buenos Aires las estaciones parecían acercarse al arquetipo de la estación pampeana, como los sucesivos proyectos de un pintor que busca la obsesión que yace en el fondo de su ser: un almacén con paredes de ladrillo descubierto, al otro lado de una calle de tierra; unos paisanos de bombacha y chambergo negro... Hasta que por fin apareció la parada Santa Ana y entonces su niñez irrumpió con ansiosa energía, porque aquel puesto de la estancia Santa Brígida eran ya los Olmos y era Georgina, detrás de aquel mayordomo... Ahora el tren empezaba el descenso y describía la curva hacia el oeste, después de dejar atrás el monte de Santa Ana, y entonces se vería pronto la torre de la iglesia y poco después la mole del molino: los elevadores del molino Bassán, su propia casa, la infancia» (págs. 461 y 462).

2) Impregnación subjetiva del espacio ficticio:

Ocurre cuando existe una correspondencia entre el paisaje y la vida íntima de los personajes, hasta el punto que naturaleza y personaje se identifican. El personaje transmite a la naturaleza su propio estado anímico y la *transfigura*.

Tomemos como ejemplo el fragmento final de un largo monólogo interior de carácter pesimista que mantiene Bruno, donde proyecta su estado de ánimo, «bajo», al escenario nocturno de Buenos Aires. Dice así:

«Nuevamente volvió su mirada a las gaviotas sobre el cielo en decadencia. Las oscuras siluetas de los rascacielos en medio de cárdenos esplendores y catedrales de humo, y poco a poco entre los melancólicos violáceos que preparaban la funeraria corte de la noche. Agonizaba la ciudad entera, alguien que en vida fue groseramente ruidoso pero que ahora moría en dramático silencio, solo, vuelto hacia sí mismo, pensativo. El silencio se hacía más grave a medida que avanzaba la noche, como se recibe siempre a los heraldos de las tinieblas» (pág. 22).

Otro aspecto a tener en cuenta en la relación entre los personajes y el espacio en que se insertan sus vidas, es que, a menudo, cuando describimos la casa o habitación de tal personaje, en cierto modo lo estamos describiendo a él como persona. En nuestra novela tenemos un caso muy claro de lo que decimos en la descripción de la habitación de Marcelo. Dice así:

«El cuarto estaba ya casi oscuro. En la pared apenas podía distinguirse la fotografía de Miguel Hernández en el frente, la mascarilla de Rilke, Trakl con su disparatado uniforme militar, el retrato de Machado, Guevara, medio desnudo, la cabeza caída hacia abajo, los ojos abiertos mirando a la humanidad, la Piedad de Miguel Angel con el cuerpo de Cristo sobre el regazo de la Madre, su cabeza también caída hacia atrás... Miró distraídamente su biblioteca de chico: Julio Verne, viaje al centro de la tierra, la casa de vapor, veinte mil leguas de viaje submarino» (pág. 85).

Sus ídolos y lecturas señalan la inclinación (la revolución) y el carácter (soñador) del joven Marcelo Carranza Paz. De este modo, los ambientes, y, en especial, los interiores de las casas, pueden ser tomados, en ocasiones, como manifestatciones metafóricas de los personajes que los habitan, idea ya apuntada por los teóricos de la literatura Wellek y Warren.

En cuanto a la relación espacio-tiempo sabemos de su interdependencia. «La conexión entre uno y otro le hacen lo que son y cómo son; intemporalizado, el espacio carecería de elementos distinguibles» —dice Gullón—. [43]

Con todo lo expuesto queda de manifiesto un hecho evidente el espacio no es un elemento aislado; lo mismo que ocurría con el tiempo, sino que hay que entenderlo como parte integrante de un conjunto que le da su sentido. Ese conjunto está, a su vez, formado por múltiples componentes en estrecha interrelación unos con otros.

Espacio y naturaleza. La descripción

«Cuando el espacio del relato denota a través del signo lingüístico la naturaleza y apela en el receptor a su experiencia de una geografía, se le reconoce como paisaje literario» —apunta Castagnino—. [44]

Abaddón no es una novela que se distinga por la abundancia de paisajes, sino más bien por su parquedad. Sin embargo, hemos podido entresacar algunos ejemplos en este sentido que estudiaremos a continuación.

---

43 Ob. cit., págs. 243 y 244.
44 Castagnino, R.: *Sentido y estructura...,* ob. cit., pág. 54.

1) «S. sentía bajo sus pies las blandas hojas de los plátanos que el viento hacía caer, en aquel atardecer depresivo de los días de fiesta» (pág. 399).

Análisis: El sujeto (S. = Sábato) contagia su depresión al momento del día (el atardecer). De ahí: «el atardecer depresivo». Estamos ante la segunda posibilidad anteriormente enunciada: Sujeto → Geografía (espacio). La ficción descriptiva ofrece la siguiente alternativa estructural: naturaleza + estado de ánimo, es decir, una ecuación de dos términos, uno constante y otro variable. El elemento constante es la «naturaleza» y el elemento variable, «el estado de ánimo», sería una variante estético-subjetiva. [45]

2) «Caminaba hacia la estación en el silencio de la noche y luego se recostó sobre el pasto, en la cercanía de grandes y solemnes eucaliptos, mirando hacia un cielo de tinta azul-negra» (pág. 373).

Análisis: El sujeto (Sábato) interpreta el paisaje que se ofrece ante su vista, al anochecer, eligiendo libremente los adjetivos y metáforas («solemnes» eucaliptos, cielo «de tinta azul-negra») para designarlo. La ficción descriptiva ofrece pues la siguiente alternativa estructural: naturaleza + interpretación, integrada por los dos elementos característicos, la «naturaleza», constante, y la «intepretación», variable; es, por consiguiente, una de las variantes formal-objetiva.

3) «Nuevamente volvió su mirada a las gaviotas sobre el cielo en decadencia. Las oscuras siluetas de los rascacielos en medio de cárdenos esplendores y catedrales de humo, y poco a poco entre los melancólicos violáceos que preparaban la funeraria corte de la noche. Agonizaba la ciudad entera, alguien que en vida fue groseramente ruidoso pero que ahora moría en dramático silencio, solo, vuelto hacia sí mismo, pensativo. El silencio se hacía más grave a medida que avanzaba la noche, como se recibe siempre a los heraldos de las tinieblas» (pág. 22).

Análisis: Es Bruno el sujeto que contagia, en cierto modo, su estado anímico al paisaje («melancólicos violáceos»). Pero, además,

45 Seguimos la terminología y análisis propuesto por Castagnino en su ob. cit.

este paisaje ha sufrido una transfiguración que viene atestiguada por aquellas palabras del texto que connotan la muerte, y que son aplicadas a la ciudad como si se tratara de una persona: «agonizaba», «moría», «heraldos de las tinieblas». La ficción descriptiva ofrece en este caso la siguiente alternativa: naturaleza + transfiguración, con el elemento constante, naturaleza; y el elemento variable, transfiguración; variante, por lo tanto, estético-subjetiva.

Pero *Abaddón el exterminador* no es, desde luego, una novela que se caracterice por la información espacial a modo paisajístico, sino más bien por los escenarios y ambientes: el pueblo, el jardín, la habitación, la ciudad. Téngase en cuenta que es una obra que se desarrolla en un ambiente eminentemente urbano, Buenos Aires.

El procedimiento utilizado para dar la información espacial paisajística o de escenarios y ambientes es el *descriptivo*. Veamos, pues, qué es la descripción. Forma, función y significación serán los aspectos a considerar en el análisis de algunas descripciones, elegidas como ejemplo, del interior del relato.

Cada vez que un relato se detiene, o un decorado o marco pasa a primer plano, identificamos una descripción. Philippe Hamon ha sido quien más concienzudamente se ha ocupado de este aspecto en su artículo «Qu'est-ce qu'une description?», [46] donde enumera una serie de características que nos permiten precisarla con exactitud. Dice así: «à savoir que la description:

— Forme un tout autonome, une sorte de «bloc sémantique».
— Est plus ou moins un «hors-d'oeuvre» au récit.
— S'insère librement dans le récit.
— Est dépourvue de signes ou de marques spécifiques.
— N'est l'object d'aucune contrainte a priori». [47]

Partiendo de estos presupuestos, Hamon define la descripción como una expansión del relato, un enunciado continuo o discontinuo, unificado desde el punto de vista de los predicados y de los temas, cuya barrera no abre ninguna imprevisibilidad para la con-

---

46 *Poétique*, núm. 12, 1972, págs. 465 a 485.
47 Id. ib., pág. 465.

tinuación del relato, y que no entra en ninguna dialéctica de clases lógicas complementarias y orientadas. [48]

Para ver la forma, función y significación dentro del funcionamiento global del relato eligiremos tres ejemplos representativos, cada uno de ellos, de tres descripciones diferentes: a) un parque instalado en una casa en ruinas, b) una descripción física y c) una habitación. Nuestro sistema de análisis será el establecido por Ph. Hamon en el artículo citado.

A) «En la noche de verano, entre nubarrones, la luna iluminaba de cuando en cuando aquel fúnebre escenario. Con creciente exaltación avanzó por el parque, devorado por un monstruoso cáncer: entre las palmeras y magnolias, entre los jazmines y los cactus, enredaderas desconocidas habían realizado extrañas alianzas, mientras grandes yuyos vivían como mendigos entre los escombros de un templo cuyo culto jamás conocieron. Contemplaba la ruina de aquella mansión, con sus frisos caídos, las persianas podridas o desquiciadas, los vidrios rotos» (págs. 423 a 424).

Análisis: Estamos ante una descripción del exterior de una casa en ruinas y su parque abandonado. Se inserta en un momento clave del relato: cuando Ernesto Sábato decide, ante la advertencia de R., efectuar el «descenso» que provocará el desenlace de su historia: su desdoblamiento y posterior transformación en monstruo identificado con las fuerzas del mal. Forma parte de un capítulo que se caracteriza por la abundancia de la descripción sobre la narración. Es Sábato el que realiza la descripción, aunque no aparece la primera persona, sino la tercera persona del narrador. De las tres posibilidades, enunciadas por Hamon, «mirar», «hablar» o «actuar», se ha elegido la primera. Nuestro personaje va a mirar la casa y el parque, lo que supone que haya luz suficiente. En este caso se dispone de la iluminación («la luna iluminaba de cuando en cuando aquel fúnebre escenario»). Nuestro personaje por un momento, se ha abstraído de la intriga misma del relato, y se fascina ante el espectáculo que se despliega ante sus ojos. Su posición,

---

48 La traducción es nuestra.

móvil, es la de un «visitante» («avanzó por el parque...») que pasa revista a un decorado fijo (el parque, el exterior de la mansión), pero completo.

La fórmula sería: (forma cómo se inserta en el relato).

Un personaje («Sábato») + una notación de pausa («con creciente exaltación») + un verbo de percepción («contemplaba») + un medio de transparencia («noche de luna») + un objeto a describir («parque, mansión»).

La descripción está hecha por el autor-narrador que desvía a su antojo los pensamientos y palabras de sus personajes.

Hasta el momento hemos visto la forma en que se inserta en un conjunto textual más amplio, la novela; ahora veremos su *función*. Para ello debemos tener en cuenta la previsibilidad lexical. Una descripción resulta de la conjunción de un personaje (P) con un decorado o paisaje, tema introductor de la descripción (TE — I), que desencadenará a su vez la aparición de una serie de subtemas, de una nomenclatura (N) cuyas unidades constitutivas están en relación metonímica de inclusión con él. Cada subtema puede originar una expansión predicativa, ya sea calificativa o funcional (PR) que funciona a modo de glosa de ese subtema.

La fórmula de la descripción quedaría establecida así:

$$P + F + TE.I (N + PRc. / PR.f)$$

Pero no siempre presenta todas sus unidades completas. En nuestro caso quedaría configurada de la siguiente forma:

$$P \qquad + \qquad F \qquad + \qquad TE — I \qquad (N + PRc / PRF.)$$

(personaje = Sábato)	(«avanzó»..., «contemplaba»)	(a) parque jardín b) mansión en ruinas)	(Subtemas, cuyas unidades están en relación metonímica de inclusión con el tema.
			a) «palmeras, magnolias, jazmines, cactus, enredaderas y yuyos».
			b) «frisos caídos, persianas podridas, vidrios rotos»).

Por ser el tema introductor y el paradigma del léxico (N) fácilmente identificables, los predicados metafóricos, han sido escogidos para evitar la banalidad (PR). Los «habitantes» del parque serán un «monstruoso cáncer», los yuyos vivirán «como mendigos» = glosas de los subtemas. Metáfora y comparación son los tipos de predicados empleados para semantizar el léxico (N). [49]

El tercer aspecto a tratar será ver el papel que juega una descripción en la economía global del relato. La descripción ocupa el lugar en que el relato se detiene y es, por tanto, donde se almacena su información, donde personajes y decorados entran en redundancia.

Entre las funciones enumeradas por Hamon podemos decir que esta descripción ejerce una función *dilatoria* en el sentido de que retarda un desenlace esperado. Habla también Hamon de marcas o procedimientos estilísticos que pueden llegar a ser los «indicios» obligados de estas descripciones. Pues bien, esta descripción goza de:

— Metáforas zoomórficas: «*porque, devorado por un monstruoso cáncer*».

— El empleo de «conjunciones»: «*los yuyos vivían como mendigos*» (ser humano, nos lleva a comparaciones antropomórficas).

— Dinamización del léxico: «*... cuyo culto jamás conocieron*».

B)   «Se había sentado en un rincón, como siempre, y desde allí observaba a los dos ocupantes de esa mesita que da sobre la avenida Quintana. Le era posible ver bien a la chica, porque estaba de frente y porque la luz de la tarde le daba sobre la cara [...].

Su pelo era muy corto, de color bronce oscuro, de bronce sin lustrar, los ojos a primera vista también parecían oscuros, pero luego se advertía que eran verdosos. La cara era huesuda, fuerte, con una mandíbula muy apretada y una de esas bocas que resultan salientes como consecuencia, seguramente de una dentadura que avanza hacia delante. En esa boca se sentía

---

49   Correspondería al tipo II según PH. Hamon en su ob. cit.

la obstinación de alguien que es capaz de guardar un secreto hasta en medio de la tortura. Tendría diecinueve años. No: veinte años» (pág. 64).

Análisis. Estamos ante una descripción física, hecha por el narrador, que bien podría ser el propio personaje Sábato. La descripción corresponde a la cabeza de Agustina Izaguirre que se encuentra sentada y en compañía de su hermano Nacho.

En cuanto a la *forma,* podemos hacer notar los correspondientes signos introductores y conclusivos. Como introducción: «Se había sentado en un rincón, como siempre, y desde allí observaba a los dos ocupantes de esa mesita que da sobre la avenida Quintana». A modo de colofón la suposición de Sábato: «Tendría diecinueve años. No: veinte años».

Sábato va a *mirar* a Agustina, para lo que precisará una luz o medio de transparencia: «... le era posible *ver* bien a la chica, porque estaba de frente y porque la *luz de la tarde* le daba sobre la cara».[50] Nuestro observador al igual que la persona observada se encuentran «fijas»: «se había sentado en un rincón...» [...] «observaba a los dos ocupantes de esa mesita...».

La fórmula sería:

Un personaje («Sábato»-narrador) + un verbo de percepción («observaba», «le era posible ver») + un medio de transparencia («la luz de la tarde») + un objeto a describir («chica»).

En cuanto a su *función,* obedece, como anteriormente, a la fórmula:

$$P + F + T - I: \qquad (N + PRc / PRf)$$

(Sábato)	(«observaba», «le era posible ver»)	(«chica» —cabeza—)	(Subtemas: «pelo de color bronce oscuro, ojos verdosos, cara huesuda, boca saliente y obstinada»).

---

50 El subrayado es nuestro.

Estos subtemas están en relación metonímica de inclusión con el tema: cabeza de la chica («cabeza» está a su vez en relación metonímica con «chica»)».

La descripción está ordenada, según la preceptiva clásica, siguiendo un orden descendente (de los cabellos hasta la boca).

Por ser el tema introductor (TE — I) y el paradigma del léxico (N) fácilmente identificables, así como los predicados escogidos (PR), pertenece esta descripción al tipo IV según Hamon, puesto que la legibilidad es máxima en todos los sentidos.

El sentido o *significación* desempeñado dentro del relato es el de contribuir con la aportación de una información directa sobre un personaje del relato, puesto que esta descripción de su físico está en estrecha relación con el carácter de la protagonista, elemento clave de la historia de Agustina Izaguirre. Ph. Hamon da a este papel el nombre de «función focalizadora».[51]

C) «Hasta que por fin comprendió que llegaban al lugar, pues se veía al fondo una vaga luminosidad. El túnel fue ensanchándose y a su término se encontraron en una caverna más o menos del tamaño de un cuarto, aunque muy torpemente construido, con paredes de grandes ladrillos coloniales, y una escalera que apenas podía adivinar en uno de sus extremos. Sobre uno de los muros había un farol de los que se usaban en la época del Virrey Vertiz, que proporcionaba aquella mortecina iluminación.

En el centro había un jergón casi carcelario, colocado sobre el propio suelo, pero que daba la sensación de ser usado aún en la actualidad, y también unos burdos bancos de madera colocados contra los muros. Todo era siniestro y más bien sugería la imagen de una cárcel que de otra cosa» pág. 428).

Análisis: Como tercera muestra ofrecemos la descripción del interior de la habitación a la que llegan Soledad y Sábato tras el «descenso». La descripción, como en los dos casos anteriores, corre a cargo del narrador, que adopta la visión del personaje central (visión «con»).

---

51 Otras descripciones físicas del texto —la de Schneider, la de R., la de Schnitzler...— ofrecen la misma significación.

En el análisis de la *forma,* señalaremos los habituales signos introductores y conclusivos. La descripción se abre con la indicación de que se trata del lugar «esperado»: «Hasta que por fin comprendió que llegaban al *lugar,* pues se veía al fondo una vaga *luminosidad*». Palabras que sirven de justificación o coartada de la descripción. El «cierre» corre a cargo del comentario del narrador-Sábato: «Todo era siniestro y más bien sugería la imagen de una cárcel que de otra cosa».

Sábato va a *mirar* la habitación, para lo cual necesitará una luz, en este caso artificial, puesto que nos encontramos en los subsuelos de Buenos Aires: «Sobre uno de los muros había un *farol* de los que se usaban en la época del Virrey Vertiz que proporcionaba aquella mortecina *iluminación*». El personaje está «inmóvil», acaba de llegar allí e impresionado va a describir lo que ve.

La fórmula sería:

Un personaje («Sábato»-narrador) + un verbo de percepción («se veía») + un medio de transparencia («vaga luminosidad», «farol») + objeto a describir («caverna más o menos del tamaño de un cuarto»).

En cuanto a su *función,* cumple, como en los casos anteriores, con la fórmula:

$$P \; + \; F \; + \; TE. \; I \qquad (N + PRc \, / \, PRf)$$

(Sábato) («se veía») («caverna») (Subtemas: «paredes de grandes ladrillos coloniales,
escalera apenas adivinable,
farol muy antiguo,
jergón casi carcelario,
bancos burdos, de madera»).

Estos subtemas están en relación metonímica de inclusión con el tema «caverna» (habitación). Tanto el tema introductor como el paradigma del léxico y los predicados seleccionados son fácilmente identificables y, por lo tanto, la legibilidad es completa en todos los sentidos. Pertenecería al tipo IV según la clasificación de Hamon.

La *significación* que correspondería a esta descripción, dentro del relato, es la de retardar un desenlace esperado, función que se conoce con el nombre de *dilatoria,* a la que habría que unir un segundo papel desempeñado, además, el de asegurar la concatenación lógica del relato (función *organizadora),* ya que la descripción, en extremo sombría, de este cuartto, adelanta el carácter tétrico de la aventura que allí se va a desarrollar. Es decir, actúa a modo de «annonce» (anuncio, sería el equivalente español) de la acción siguiente: la monstruosa ceremonia de Soledad y Sábato en el «jergón casi carcelario» del centro de la habitación.

Una vez analizada la relación existente entre naturaleza y paisaje literario con el espacio, y el funcionamiento y forma de actuar del proceso descriptivo, pasaremos al estudio del marco o escenario en que se desenvuelve la novela.

Marco o escenario de la obra

La obra se instala espacialmente en cuatro escenarios que le sirven de marco:

—Buenos Aires, la capital, y dos pueblos de su provincia: La Plata y «Capitán Olmos» (Rojas).

—París.

Según la importancia en el interior del relato, podemos establecer la siguiente gradación entre estos escenarios:

—*Buenos Aires* es el marco principal puesto que llena más de cuatrocientas páginas.

—*París* le sigue en importancia (cuyos límites coinciden con el de una unidad narrativa completa), con cuarenta y tantas páginas.

—*«Capitán Olmos»* (Rojas) cubre, al igual que anteriormente, una unidad narrativa, la última, con sus veintitantas páginas; y le sigue *La Plata,* en el que se desarrolla un episodio dentro de la primera unidad narrativa, de sólo tres páginas, y algunos recuerdos dentro del capítulo «Ciertos sucesos producidos en París hacia 1938».

Ernesto Sábato, autor, siente una especial predilección por Buenos Aires como espacio en el que desarrollar sus novelas, las tres presentan el mismo denominador común. Buenos Aires es recorrida en todas sus direcciones hasta el punto de que el autor inmoviliza la narración durante todo el tiempo en este «marco», y sólo gracias a la analepsis nos trasladaremos a un marco distinto.

Temporalmente instalados en 1973, retrocederemos treinta y cinco años en el tiempo para cambiar de instalación espacial, París, y ello gracias a la imaginación y la memoria del autor-narrador.

Los episodios que se encuadran en *La Plata* están en relación con la madre del protagonista, Juana Ferrari, muerta allá por los años cincuenta, y con Soledad, personaje misterioso, vinculado al mundo de la Secta.

El último de estos «escenarios», «Capitán Olmos», aparece a caballo entre el tiempo en que se desenvuelve el relato, y el pasado —la muerte de su padre—. En esta ocasión es otro de los personajes centrales, Bruno Bassán, el que se trasladará a «Capitán Olmos» en el otoño del 73 —la novela comienza el 5 de enero de 1973—, viaje que le traerá a la memoria el que hizo cuando su padre agonizaba en el lecho de muerte.

Hasta el momento hemos analizado el escenario global en que se mueven los personajes, y hemos apuntado cómo la ciudad de Buenos Aires es recorrida en todas direcciones. Pues bien, recogiendo este apunte, queremos poner de relieve a continuación si sólo se dan espacios *abiertos* o por el contrario se dan también los espacios *cerrados*. Respecto a esto tenemos que decir que la acción transcurre principalmente en la calle, paseando, conversando; aunque también disponemos de espacios cerrados: la casa de los Carranza y los bares son los tipos de lugares más frecuentados.

Es decir, contamos con:

BUENOS AIRES

EXTERIORES	INTERIORES
La calle	La casa de los Carranza
— Avda. Quintana	Las cloacas o subsuelo
— Costanera Sur	Los bares o cafés
— Alejandro Danel	— La Biela
— Parque Lezama	— La Tenaza
— Cabildo	— Bar de Chichín
— Echeverría	— El Bostón...
— Almirante Brown	
— Bonifacini	
— Arcos, etc., etc.	

Las mismas líneas básicas sirven para el segundo escenario en importancia: París.

PARIS

EXTERIORES	INTERIORES
La calle	El laboratorio Joliot-Curie
— rue Saint-Jacques	La Casa de Bonasso
— rue Du Sommerand	La casa de Molinelli
— Montparnasse	Los bistrot
— pasaje de Odesa	El Dôme
— Porte d'Orleans	La Coupole
— Parc de Montsouris	
— Boulevard Saint-Michel, etc., etc.	

«*Capitán Olmos*» es contemplado con delectación antes incluso de su llegada gracias al ferrocarril en que viaja Bruno Bassán, el paisaje se nos muestra bellísimo desde el tren: el monte de Santa Ana, que le traerá a la memoria entrañables recuerdos de infancia —Georgina y los Olmos—; la Torre de la iglesia; la mole del molino de su padre, su propia casa—; hasta que por fin llegamos con el personaje al pueblo. Se nos hablará de las calles polvorientas, la plaza de palmeras y el cementerio, aunque muy ligeramente, pues serán sobre todo los recuerdos de Bruno los que llenarán esta parte. En resumen, podemos afirmar que de «Capitán Olmos» sobresalen con mucho los escenarios exteriores, a los que habría que sumar un solo escenario interior: la casa de los Bassán donde agoniza el viejo Marco Bassán. Esta unidad narrativa, que transcurre en parte en el pueblo natal de Bruno, presenta, como en casos anteriores, la alternativa exterior/interior aunque con predominio del primero sobre el segundo. El personaje principal que se mueve por este escenario es Bruno Bassán.

La Plata, ciudad universitaria situada a 60 Km. de Buenos Aires, es —como dijimos— el centro de un episodio enclavado en el interior de la primera unidad narrativa. Tres episodios pertenecientes al pasado están en relación con este pueblo, y son recordados por el pesonaje Sábato en el momento presente: el primero hace referencia a un paseo de Ernesto Sábato en el crepúsculo, gracias al cual conoceremos algo del exterior de la ciudad: «las cúpulas plateadas del observatorio», «los senderos de introvertidos árboles del Bosque de La Plata»; el segundo de estos episodios está en relación con su madre, en este caso el marco escogido será el interior de una casa, la de su madre: «la enorme mesa chipendale», «los grandes aparadores» y «trinchantes» son nombrados aquí. Si en «Capitán Olmos» Sábato recordó la agonía de su padre; en esta ocasión, La Plata será el escenario escogido para ofrecer un tributo al recuerdo de su madre. El tercero, como ya hemos dicho, está en relación con su época de estudiante en el colegio de La Plata, fechas en las que conoció por vez primera a Soledad.

El espacio en que se desenvuelve nuestra obra podría ser analizado también teniendo en cuenta su credibilidad, y en ese caso tendríamos que distinguir entre espacio *real* y espacio *imaginario*. Cabría objetar que toda novela, por su propia ficcionalidad, se desarrolla en un espacio imaginario, pero nuestro punto de partida es otro, olvidémonos de que se trata de un mundo de ficción y consideremos como real el espacio en que se sitúan nuestros personajes en el transcurso del relato y el tiempo en que se desenvuelve el relato; imaginario será pues cada desplazamiento promovido por el pensamiento del personaje, es decir, gracias al recuerdo o memoria voluntaria o involuntaria. Los signos que el relato ofrece son, normalmente, bien claros, indicadores del tipo «volvió al recuerdo», «volvió a recordar» o epígrafes aclarativos nos ponen sobre aviso. En *Abaddón,* de los cuatro escenarios citados dos son producto de la imaginación del protagonista E. Sábato —París y La Plata— y los otros dos restantes pertenecen a la realidad del tiempo en que transcurre la novela: Buenos Aires y Capitán Olmos. [52]

De las tres posibilidades que se le ofrecen a la narración para fijarse, [53] un único punto, un mayor o menor número de lugares, o no tener límites, *Abaddón* ofrece, como hemos visto, la segunda alternativa: la acción evoluciona sobre una extensión en cierto modo

---

52 Respecto a éste último cabría la observación siguiente: en parte pertenece a la realidad presente y en parte al pasado traído al presente y por tanto espacio imaginario, pues recordemos que ese «viaje a Capitán Olmos, quizá el último» que realiza Bruno en el otoño del 73, ya casi al final de la novela viene precedido del recuerdo del viaje que realizara veinte años antes con motivo de la muerte de su padre.

53 Cfr. Bourneuf: ob. cit., pág. 119.

pequeña pues sólo hemos contabilizado cuatro lugares, siendo los más importantes Buenos Aires y París. Del espacio «real» de Buenos Aires el personaje se desplazará al espacio «imaginario» de París, este último enclavado en el primero como atestiguan las palabras finales: «Basta, prefiero no seguir recordando una época tan angustiosa. El viernes, cuando nos encontremos, prefiero hablar de lo que me pasa ahora» (pág. 319).

Si intentamos averiguar la frecuencia, ritmo, orden y motivos del cambio de escenario pondremos de relieve la importancia de estos factores en la narración y cómo el espacio depende de todos los demás factores que lo integran.

La *frecuencia* presenta una doble cara. Por un lado «grande» si nos fijamos en los desplazamientos realizados en el interior de una misma ciudad, ya sea Buenos Aires o París —aún más la primera que la segunda—, hasta el punto de que podría hacerse un plano de todas aquellas calles que son recorridas una y otra vez, y obtendríamos una fuerte red que abarcaría prácticamente a la ciudad entera. Por otro lado es «escasa» si consideramos los desplazamientos de una a otra ciudad o lugar —ya dijimos que son sólo cuatro—. Como consecuencia de esta alternativa de frecuencia, el *ritmo* es de «equilibrio» logrado gracias a la combinación de rapidez, por un lado, y lentitud, por otro. A cada cambio de escenario corresponde un tiempo distinto. Cada traslado en el espacio tiene su *motivación* significativa respecto al proceso del relato, hecho que trataremos de canalizar a continuación.

La Plata, el más fugaz de los desplazamientos, viene motivado por una actitud depresiva en nuestro protagonista: «Como en otros momentos parecidos de asco y tristeza por los hombres (por él mismo) volvió el recuerdo aquél» (pág. 104), dice el texto. La cruda y áspera realidad del momento le hace «soñar» con aquel pasado suyo, ligado al mundo platónico de las ciencias, que significa el orden y la estabilidad emocional. El «desorden» actual provoca el sueño del «orden». «El universo armonioso de los astros en sus eclípticas, los exactos teoremas de la mecánica celeste» (página 104), son las frases del texto más significativas en este sentido.

La *búsqueda del tiempo feliz* es el motivo de este cambio de escenario, el primero ejemplificado en su primera actividad —el mundo de la ciencia—, y el segundo, en su madre, en la época en que aún vivía ella. [54] En el texto aparecen en letra bastardilla unos pensamientos del protagonista, muy explícitos en este sentido, y que transcribiremos a continuación:

«En el tiempo feliz en que festejaban su cumpleaños y yo era feliz y nadie estaba muerto (...).

y estar yo sobreviviente a mí mismo
como un fósforo apagado
la mesa puesta con más lugares, con mejores dibujos de loza con más copas» (pág. 105).

Nótese la contraposición «yo era *feliz*» a «yo... como un fósforo *apagado*».

En definitiva, lo que ocurre es que la visión presente de la realidad disgusta a Sábato, y durante unos momentos es reemplazada por la visión pasada de una realidad mucho más agradable. [55]

Si la incidencia de este desplazamiento sobre la intriga no es decisiva, sí que lo es el siguiente desplazamiento. El traslado, «en la imaginación», al escenario parisino tiene un motivo claro y capital para el desarrollo de la intriga, consiste en la explicación por parte del protagonista de la confabulación contra él de las potencias tenebrosas. Es en esta unidad narrativa —especie de historia dentro de la historia global de la novela, que en cierto modo nos recuerda el «Informe sobre Ciegos» de *Sobre héroes*— donde conoceremos la verdadera identidad de R., la relación que une a Sábato con el enigmático R. y Soledad, todas ellas piezas claves de la comprensión del desenlace dramático de la historia del personaje Sábato.

Aparte, relata nuestro protagonista ciertos vaticinios, realizados allí, en el 38, que la historia se encargó de cumplir en años posteriores —recuérdese la profecía de Molinelli—. Este desplazamiento ofrece además un material muy valioso para el estudio biográfico de Ernesto Sábato, pues es aquí donde se nos cuenta detalladamente todas sus actividades en los Laboratorios Curie, su lugar

---

54 Téngase en cuenta que Ernesto Sábato, según propias confesiones, sintió desde siempre un gran amor por su madre, hasta el punto de que la separación de ella cuando tuvo que marchar a estudiar al Colegio, le costó la primera crisis de su existencia. Cfr. el estudio biográfico.

55 El tercer momento tiene menos importancia que los casos anteriores, pues el traslado a La Plata no es buscado en sí, sino que viene motivado por la historia de Soledad.

de trabajo, y el contacto con los surrealistas que marcará sus comienzos literarios. En París fue también donde comenzó a gestarse su descontento hacia el mundo científico y su inclinación por la literatura.

Respecto al último de estos desplazamientos hay que observar que el protagonista es, en este caso, diferente, se trata de Bruno Bassán, el «alter ego» novelesco de Ernesto Sábato, como lo hemos definido en el estudio de los personajes. Al igual que anteriormente, esta unidad narrativa tiene aspecto de historia añadida a la intriga general del relato. La motivación que guía este desplazamiento tiene dos razones claras: por un lado, relatar la agonía y muerte de su padre; por otro, retomar los recuerdos, la infancia, es decir, *recobrar el tiempo perdido,* como diríamos en el caso de Proust. Su incidencia en la intriga viene dada por un detalle que pone punto final a la historia de Ernesto Sábato, Bruno ve en el cementerio del pueblo una lápida que decía:

> «Ernesto Sábato
> Quiso ser enterrado en esta tierra
> con una sola palabra en su tumba
> PAZ»
> (pág. 481).

Conclusiones. Los dos espacios

Finalizaremos nuestro estudio apuntando el lugar que concede el novelista a la representación del espacio. En esta novela no hay duda de que la descripción del espacio está subordinada al análisis psicológico y a la reflexión filosófica de los protagonistas. El autor, deliberadamente en este caso, ha prestado su mayor atención al ser humano, es el problema del hombre lo que le interesa sobre todo lo demás, por eso, el espacio es algo a considerar en un segundo plano, que incide a veces más o a veces menos sobre la intriga y las actancias, y mucho sobre los personajes, originando ese sentimiento de «extrañamiento» del que hablábamos al comienzo.

Como ya indicamos al principio, nuestro relato, como todos, comporta *narración* y *descripción* debidamente dosificadas a lo largo de sus páginas, aunque con un predominio evidente de la primera sobre la segunda. Gerard Genette [56] reduce las relaciones entre lo narrativo y lo descriptivo a la consideración de las «funciones diegéticas» de la descripción. De las dos funciones citadas por Genette, la decorativa y la explicativa y simbólica, podemos afirmar que las descripciones aquí estudiadas desempeñan la segunda de estas funciones. Este predominio de lo significativo sobre lo ornamental refuerza la importancia de lo narrativo. Termina diciendo: «La descripción sin duda alguna perdió en autonomía lo que ganó en importancia dramática».

Otro hecho del que quisiera dejar constancia, y que ya fue apuntado por Nelly Martínez, [57] es la *trascendencia del espacio* en esta obra. El espacio es a veces trascendido y por tanto se aparta de la realidad terrenal para adquirir visos y aspectos verdaderamente dantescos e infernales en el descenso a los subsuelos de Buenos Aires. De este modo, entra en consideración una nueva categoría referente al espacio: la del espacio *irreal* o trascendente que responde a ese deseo del escritor Sábato por conocer e investigar lo que está más allá de sus límites o posibilidades humanas. En esta ocasión nos encontramos con lo que Genette llama un «effet de sens», tercer aspecto de la espacialidad literaria. [58]

Hasta el momento, nos hemos ocupado exclusivamente del espacio del relato o espacio de la «aventura», la manera más usual de considerar la espacialidad. Ahora bien, aparte de esta espacialidad representada y pasiva, podemos hablar —gracias a Genette— de una espacialidad activa, ligada a la esencia de la Literatura, es decir, a su lenguaje, y que se va a manifestar en la obra literaria por el empleo del *texto escrito*. Así accedemos a una segunda categoría de espacio: el espacio de la *escritura*. Apunta Genette: «Depuis Mallarmé, nous avons appris à reconnaître les ressources dites visuelles de la graphie et de la mise en page et l'existence du Livre comme une sorte d'objet total, et ce changement de persperctive nous a rendus plus attentif à la spatialité de l'écriture, à la disposition atemporelle et réversible des signes, des mots, des phrases, du discours dans la simultaneité de ce qu'on nomme un tex-

---

56 Genette, G.: «Fronteras del relato» en *Análisis estructural del relato*, ob. cit., pág. 200.
57 Cfr. «Estudio preliminar» de la *Antología* de E. Sábato, ob. cit., pág. 24.
58 Cfr. Genette, Gerard: «La Litterature et l'espace» en *Figures II*, París, Seuil, 1969, págs. 43 a 48.

te».[59] A este respecto quisiera citar aquí un párrafo de nuestra obra que se caracteriza por una disposición original de las líneas. Dice así:

> *Caminaba hacia la Recoleta*
> para qué las discusiones y conferencias
> todo era un formidable malentendido
> ese imbécil, cómo se llamaba, explicando la religión con
> la plusvalía
> a ver cómo explicaba que los obreros de
> New York apoyaran a Nixon contra los estudiantes rebeldes
> Sartre desgarrado por las pasiones y los vicios
> pero defendiendo la justicia social
> Roquetin y sus chistes contra el Autodi-
> dacto y el humanismo socialista!».

(Pág. 61).

Sin lugar a dudas existe una funcionalidad específica de esta escritura espacial: la de fijar en la mente de los lectores una de las grandes preocupaciones del protagonista, las contradicciones del hombre. Gracias a esta disposición, el lector se fijará más atentamente en el contenido.

En suma, a pesar de que la obra literaria es esencialmente tiempo, sucesión de instantes, no podemos olvidar sus relaciones con el espacio en su doble sentido, espacio de la «aventura» y espacio de la «escritura» —espacio «interior» y espacio «exterior»— como hemos intentado poner de relieve.

LA CATEGORÍA DE MODO

Los «modos» del relato afectan a la forma en que el narrador nos presenta la historia, a cómo la cuenta, mientras que los «aspectos» afectan al modo en que la historia es percibida por el narrador. Esta distinción establecida por Todorov[60] no es pertinente para

---

59 Id. ib., pág. 45.
60 Cfr. Todorov, T.: «Las categorías del relato...» en ob. cit., pág. 181.

Genette que engloba bajo la designación de «modo», tanto la *distancia* (el modo propiamente dicho) como la *perspectiva* o punto de vista (el aspecto). En líneas generales seguiré la opinión de Genette por ser más clarificadora que la de Todorov, [61] con objeto de analizar dentro de la categoría de «modo» esas dos variantes principales de la información narrativa.

La «distancia» en la obra

La crítica en general parte para su estudio de la división aristotélica entre *mímesis* y *diegesis*. La primera corresponde al relato de palabras, designado por Todorov como «inserción» y la segunda coresponde al relato de actividades no verbales mediante palabras o «designación». Esta oposición fue descuidada por la tradición clásica hasta que a fines del siglo XIX y comienzos del XX la retomaron Henry James y sus discípulos bajo los términos de «showing» (mostrar) y «telling» (contar). La «diegesis» no conoce variedades modales, por lo que no nos ocuparemos de ella. Nuestro objetivo será el estudio de la «mímesis» y sus manifestaciones.

Hay que distinguir tres clases de discurso de personajes, concernientes a la mímesis: la primera modalidad, discurso *narrativado* o *contado,* es el estado más distante de los tres, pues se trata de un resumen de las palabras realmente pronunciadas o de los pensamientos. Según se trate de dar un resumen de palabras o de pensamientos, lo llamaremos «discurso exterior contado» o «discurso interior contado».

La segunda modalidad coresponde al discurso traspuesto o estilo indirecto, con sus dos variantes: «discurso pronunciado» (de palabras) y «discurso interior» (de pensamientos). Representa un grado mayor de mímesis que el anterior (discurso contado), pero no da absoluta garantía al lector de que sea fiel a las palabras «realmente» pronunciadas. Una modalidad de este tipo de discurso, a caballo entre el discurso traspuesto y el discurso referido, es el *estilo indirecto libre.*

El tercer tipo lo ofrece el discurso *referido* o estilo directo. Es la forma más mimética que se conoce. En este caso no hay narra-

---

61 Cfr. el capítulo «Mode» en *Figures III,* ob. cit., pág. 183 a 224.

ción sino que el relato está contenido en le réplica de los personajes. Pertenecen a esta categoría el *diálogo* y el *monólogo interior,* al que Genette llama «discurso inmediato», «puisque l'essentiel..., n'est pas qu'il soit intérieur, mais qu'il soit d'emblée («dès les premières lignes») émancipé de tout patronage narratif, qu'il occupe d'entrée de jeu le devant de la «scene». [62] Pero al monólogo interior dedicaremos consideración aparte.

El novelista, en *Abaddón,* alternará diferentes modos de naración que trataremos de señalar aquí:

Va a referir los diálogos en estilo directo (discurso referido), por tanto sería conveniente señalar una vez más las *escenas* fundamentales del relato como indicadoras del modo adoptado, para lo que remitimos al capítulo IV, apartado «Relaciones de duración». En esta ocasión el narrador ha elegido el modo mimético más puro, ya que es el que se acerca más a la realidad.

La utilización del diálogo, apunta Baquero Goyanes, «en forma sentida como no totalmente teatral, es la que parece explicar esa denominación de «novela dramática o dialogada». [63] Pero no es ese el caso de *Abaddón* ya que en ella el diálogo alterna con la disposición narrativa o descriptiva.

Su funcionalidad es bien clara, que los personajes sean conocidos por los lectores sin mediación alguna, sólo a través de lo que dicen (reflejo de lo que piensan).

Ahora bien, dentro de los *diálogos* —si seguimos a Castagnino— podemos distinguir dos variedades: el *diálogo directo* —es decir, el diálogo en su estado puro—, y el *diálogo matizado* si da cabida a observaciones del narrador. En *Abaddón* no existe el diálogo directo sin más, sino mezclado con el diálogo matizado, es decir, con observaciones del narrador o de Sábato-personaje acerca de sus propias actitudes o de la de los otros, con el agregado de «le dije», «me contestó», etc.

Como ejemplo de lo que decimos tomemos un fragmento de la página 68:

---

62 Id. ib., pág. 193.
63 Baquero Goyanes: *Estructura...,* ob. cit., pág. 41.

«La chica lo miró unos instantes con aquella expresión del retrato de Van Gogh y por fin se animó a decirle:

—La actitud de Nacho no expresa toda la verdad.

Sábato se quedó mirándola y luego comentó con sorna:

—Caramba, menos mal.

Ella apretó la boca y por un segundo intuyó que su frase había sido desafortunada. Trató de atenuarla:

—Bueno, realmente, no quise decir tampoco eso. Ya ve, todos nos equivocamos, decimos palabras que no nos representan con exactitud... Quiero decir...

S. se sintió muy torpe, sobre todo porque ella seguía mirándolo con aquella expresión inescrutable. Se produjo una situación un poco ridícula, hasta que ella dijo:

—Bien, lamento mucho... yo... Nacho... Adiós!».

El estilo directo responde a un deseo por parte del autor (y narrador) de adoptar sucesivamente el punto de vista de cada personaje, constituyendo un caso de lo que llamaremos «visión con». El narrador cede su palabra al personaje al igual que en el monólogo interior cederá sus pensamientos al personaje. [64]

Distinto es que el narrador cuente algo asumiendo el lenguaje del personaje, acercándose lo más posible a él, aunque sin prestarle la palabra. Estamos entonces en presencia del *estilo indirecto* o *estilo indirecto libre* (al que Castagnino llama «diálogo indirecto»). Esta modalidad se va a caracterizar por la ausencia de guiones y comillas, propias del estilo directo, y en el caso del indirecto libre, de la pesada acumulación de «que» —típica del estilo indirecto—; aunque se mantienen las interrogaciones y exclamaciones, según las formas originarias.

Pues bien, ambas formas concurren también en la novela que tratamos, aunque con predominio del primero sobre el segundo. El estilo indirecto hace su aparición cada vez que Sábato cuenta a Bruno hechos que le han sucedido. Son fácilmente detectables estos episodios gracias a los repetidos «le dije que», «me preguntó que», «comenté que», «respondió que», etc. Introducen esta modalidad los capítulos «Algunas confidencias hechas a Bruno», «Re-

---

64 Cuando el diálogo es matizado se nos ofrece una mezcla de «visión con» y «visión por detrás» (diálogo+intervención del narrador).

aparece Schneider», «El doctor Ludwing Schneider», «No, Silvia, no me molestan tus cartas» y «Ciertos sucesos producidos en París hacia 1938», como los más importantes.

Como ejemplo de «estilo indirecto libre» ofrecemos el pasaje siguiente que pertenece al capítulo «No sabía bien cómo apareció Gilberto»:

«Mientras la rubia seguía llorando y retorciéndose las manos, el hombre, enorme e importante con su pierna cortada y su muleta, giró hacia las otras mujeres que seguían en distintas etapas de su trance, y también hacia el chico Daniel, que sufría convulsiones con los ojos extraviados, mientras gritaba que algo horrible se movía en su vientre. *Sí, sí, le decía el señor Aronoff, extendiendo su mano derecha sobre su cabeza, sí, sí, debes expulsarlo debes expulsarlo.* El chico se retorcía, parecía que de un momento a otro iba a vomitar, hasta que efectivamente lo hizo, y hubo que limpiarlo y pasar un trapo por el piso. Mientras tanto, la rubia... la señora Esther, entretanto, respiraba cada vez más profunda y ruidosamente... *Hable. Hable! le ordenaba Aronoff. Usted está tomada por la Entidad que lucha contra el señor Sábato! Hable, diga lo que tenga que decir...* Apenas se calmó un poco Aronoff volvió a repetir su orden a la rubia: *Debes tocar el piano! le decía con su voz autoritaria, debes hacer llegar el mensaje que el señor Sábato necesita...*» (págs. 35 a 36). [65]

Este fragmento elegido pone de relieve una de las características fundamentales de la novela respecto al modo: es muy difícil encontrar un solo capítulo que ofrezca una única variedad modal, lo normal es que el estilo directo se combine con el indirecto o indirecto libre y con el estilo contado —e incluso con el monólogo interior—.

A título de ejemplo vamos a analizar el capítulo con el que se inicia la segunda parte de la novela: «Algunas confidencias hechas a Bruno» en el que el personaje Sábato habla con un interlocutor (Bruno) que en ningún momento interviene (deducimos su identidad por ciertas indicaciones del relato, tales como

---

65 El subrayado es nuestro.

«y eso *usted* lo sabe», «*le* estoy hablando», «luego *le* diré»), hasta el punto de darnos la impresión de un «soliloquio». [66] Hemos elegido este capítulo por ser uno de los más ricos a la hora de ofrecer la confluencia de las diversas modalidades existentes:

1. EL ESTILO DIRECTO, vivaz, elíptico, carente de artificiosidad es ofrecido en la conversación con su madre.

    «—Pero entonces no hay duda: fue el 24, el día de San Juan— le decía.

    Mamá meneaba la cabeza:

    —En algunas partes también se encienden fogatas en la víspera» (pág. 27).

    Diálogo «matizado» por las expresiones del narrador-interlocutor: «le decía», «Mamá meneaba la cabeza».

2. El estilo directo se mezcla con el INDIRECTO en el encuentro de Sábato con Carlos Salerno:

    «Por devolverle de alguna manera su modesta observación amistosa, le pregunté si el chiquilín era hijo o nieto suyo.

    —No, señor —me respondió—. Este chico é un amigo. Se llama Nacho. Me da una mano de vé en cuando» (pág. 29).

3. El estilo INDIRECTO sirve para reproducir la conversación de Sábato con el editor Muchnik:

    «En el momento en que le entregaba las carpetas a Muchnik le dije que me reservaría la última para corregir algunos fragmentos. Se enojó, me dijo que era una tontería, que así me pasaría la vida entera sin publicar nada, esterilizándome. De todos modos le pedí que me dejara corregir allí mismo algunas páginas» (pág. 28).

---

66 No se trata de «soliloquio» puesto que el oyente no es supuesto sino real.

4.   El estilo INDIRECTO LIBRE se refleja en este fragmento:

> «porque según mi madre y doña Eulogia Carranza, amiga de mi
> madre y allegada a don Pancho Sierra, «ese chico no podía vivir».
> Por qué? Siempre se me respondió con vaguedades, se me hablaba
> de su mirada, de su portentosa inteligencia... Estaba bien, pero
> por qué entonces habían cometido la estupidez de ponerme el mismo
> nombre?» (pág. 27).

5.   Un ejemplo de MONOLOGO INTERIOR «indirecto»: [67]

> «(Paralizar el tiempo en la infancia, pensaba Bruno. Los veía
> amontonados en alguna esquina, en esas conversaciones herméticas
> que para los grandes no tienen ningún sentido. A qué jugaban?
> No había más trompos, ni billarda, ni rescate. Dónde estaban las
> figuritas de cigarrillos Dólar? Y los de Bidoglio, Tesorieri o Mutis?
> En qué secreto paraíso de Trompos y barriletes andaban ahora las
> figuritas del Genoa Football Club?...» (págs. 29 a 31).

6.   El discurso NARRATIVO o CONTADO ofrece su desarrollo
     en el siguiente pasaje:

> «Cuando más tarde relaté el episodio a M., con su invencible
> optimismo, me aseguró que debía tomarlo como un portentoso
> signo favorable. Sus comentarios me tranquilizaron, al menos en
> aquel momento. Porque mucho más tarde pensé que ese signo po-
> día haberlo sido en un sentido inverso al que ella imaginaba. Pero
> en aquel momento su interpretación me trajo sosiego, sosiego que
> fue convirtiéndose en euforia durante los meses que siguieron a la
> aparición del libro, primero en la Argentina y luego en Europa»
> (pág. 32).

Como podemos comprobar el juego combinatorio que ofrece
el capítulo no puede ser más rico y completo. Sin embargo, las

---

[67] Por «monólogo interior indirecto» entendemos la presentación indirecta(gracias al narrador) de los pensamientos no formulados de los personajes. Vendría a ser una modalidad
muy parecida al «estilo indirecto libre» (de pensamientos).

fronteras entre estos diferentes modos resulta indecisa puesto que la «combinación» es la tónica general del relato. Hasta tal punto predomina la «combinación» que incluso aquellas páginas consideradas como *escenas* por la presencia del diálogo, no presentan un modo en estado puro como sería lo lógico (estilo directo), sino que el estilo directo se va a combinar con el indirecto, indirecto libre y discurso contado. Tomemos como ejemplo la *escena* de las páginas 45 a 60 en la que entre frase y frase se mezclan los pensamientos y reflexiones de Ernesto Sábato en estilo indirecto: «Momento en que entró Quique y dijo Maruja cada día está más mona, et tout et tout... (pág. 53), o la de las páginas 89 a 96 que se inicia con los pensamientos de Sábato, se mezcla el discurso contado: «Y de pronto, sin saber por qué, se encontró en medio de una discusión, porque alguien dijo que la vida era una gran cosa y Margot, con su aire de mujer siempre apenada y sus cejas circunflejas, mencionaba en cambio el cáncer y los asaltos, las drogas, las leucemia y la muerte de Parodi» (pág. 89) o «Hubo nuevas exclamaciones de espanto y varios dijeron que ya todo se estaba poniendo muy feo, pero nadie se movió, esta vez... El ingeniero o profesor mencionó las torturas más conocidas: clavos debajo de las uñas, empalamiento, dislocamiento. Dirigiéndose al Doctor Arrambide, campeón de la ciencia y del Progreso, S. agregó la picana eléctrica...» (pág. 93).

Lo dicho hasta el momento permite afirmar que *Abaddón* ofrece un juego modal que se caracteriza por la utilización de las diferentes combinaciones existentes: estilo directo, estilo indirecto y discurso contado, con un cierto predominio del discurso contado sobre el estilo directo y de éste sobre el indirecto, pero todos ellos mezclados, insistenemente, a lo largo de la obra.

Consideración aparte merece el *monólogo interior* porque presenta características muy peculiares en nuestrta novela, que le aproxima a la utilización que de este recurso hace el autor en obras anteriores.

El monólogo interior. Su caracterización y uso

La técnica del «monólogo interior» (el «stream of consciousness» de William James) hace su aparición en el siglo XX cuando el novelista se «cansa» de describir y presentar a los personajes esforzándose por hacerlo lo más comprensible que puede. René M. Albérés apunta al respecto: «En el transcurso del siglo XX se notó la necesidad de ceder la palabra directamente al personaje en cuestión, y de limitarse a transmitir su voz y su flujo interior, sin intervenir ni interferir, sin explicar, sin analizar. El novelista se calla; habla el personaje. Consecuentemente, la novela adopta el estilo interior del personaje, en vez de conservar el estilo personal —y paternalista— del novelista. Era una especie de «descolonización» de la novela». [68] Ni que decir tiene que dicho cambio fue trascendental para ella. El paso de la técnica tradicional a la técnica actual fue gradual. Ya en el siglo XIX, novelistas como Stendhal, Zola practicaron una especie de «estado primitivo» del monólogo interior cuando hacían hablar a sus personajes en voz alta, bien porque se hablen a ellos mismos (con la expresión «se dijo») —a este respecto dice Albérés: «Este monólogo interior en forma de discurso dirigido al propio yo, de *deliberación íntima,* era un procedimiento literario muy admitido, y hasta muy corriente, conocido por los demás desde las estrofas de *Le Cid*»—, [69] bien porque sea el narrador quien hable de ellos en tercera persona (estilo indirecto). Sólo estamos a un paso del «monólogo interior» propiamente dicho si sustituimos el «ella» o «él», por el «yo». Tanto en un caso como en otro se trata de reflejar los pensamientos de los personajes gracias a la intervención del narrador. El «monólogo interior» puro trata de reflejar las *sensaciones* a través de las vivencias de los personajes. En este sentido, el pionero fue Edouard Dujardin y su novela *Les Lauries sont coupés* (1887). En orden cronológico habría que citar como posterior, el empleo que de él hace Kafka en *La madriguera* (1912) y el de Samuel Beckett en *Molloy,* treinta y nueve años más tarde. Tienen como característica común la de «suprimir al lector», «a ese personaje invisible que dominaba todo el relato, ya que el relato se escribía *con la intención de hacérselo inteligible...* Ahora sólo expresan la estructura mental, los sueños, las sensaciones, los desvaríos del que habla». [70]

68 Alberes, R. M.: *Metamorfosis de la novela,* Madrid, Taurus, 1971, pág. 203.
69 Id. ib., pág. 205.
70 Id. ib., pág. 211.

En 1922 aparece el *Ulises* de James Joyce, fecha más o menos próxima a la aparición de una serie de novelas americanas donde se cultiva la misma técnica: *El ruido y el furor* de William Faulkner en 1926, *Manhattan Transfer* de John dos Passos, en 1925. En Europa, Virginia Woolf con *El cuarto de Jacob* (1922) y Kafka con *La metamorfosis* en 1928 siguen los mismos pasos. Este florecimiento paralelo en diversos escritores y países lo explica Albérés de la siguiente forma: «Así, lejos de imponerse como una moda literaria hábilmente dirigida, el empleo del monólogo interior aparece claramente como una idea que «flotaba en el ambiente», e incluso como una exigencia que ,entre 1922 y 1935, se impone simultáneamente a muchos escritores sin que se hubiesen puesto de acuerdo».[71]

Lo cierto es que hasta 1953 no empezó a emplearse esta técnica como algo sistemático y fue precisamente gracias a la «nueva novela».

Lo que hoy llamamos «monólogo interior» se caracteriza según Oscar Tacca «primero, por tratarse de un descenso en la conciencia que se realiza *sin intención de análisis u ordenamiento racional...,* segundo —y fundamentalmente—, porque su verdadera realidad está dada en el *plano de la expresión* mediante la introducción de un discurso que rompe definitivamente con los caracteres peculiares que el análisis introspectivo (causalidad, simplicidad, claridad) había consagrado en el monólogo o soliloquio tradicional».[72]

Estas serían las características del «monólogo» en su estado más puro, sin embargo la crítica nos viene acostumbrando a considerar como «monólogos» también aquellas reflexiones realizadas en soledad, producto de un adentramiento del personaje en el interior de su conciencia.

Estamos de acuerdo con Tacca en considerar el monólogo como una de las formas posibles de lo que él llama *equisciencia* —y que nosotros rotularemos «visión con», según la terminología de Jean Pouillon— «por cuanto el narrador no hace más que identificarse con el personaje, con su conciencia profunda, en su pura instantaneidad»,[73] aunque a primera vista pudiera pa-

71 Id. ib., págs. 214 a 215.
72 Tacca, Oscar: *Las voces de la novela,* ob. cit., pág. 100.
73 Id. ib., pág. 102.

recer un caso de *omnisciencia* (visión por detrás). El narrador no sabe ni más ni menos que el personaje.

Si antes apuntábamos que por «monólogo» se entiende hoy día un concepto mucho más amplio que el propuesto por Tacca, como prueba vamos a reflejar a continuación los cuatro tipos que dentro de la «corriente de lo consciente» distinguiera Robert Humphrey: el monólogo interior directo, el indirecto, el soliloquio y la descripción omnisciente. El monólogo interior directo de Humphrey coincide con lo que entiende Tacca. Variante ofrece, sin embargo, el monólogo interior indirecto, puesto que va en tercera persona, y utiliza los métodos descriptivos y expositivos para presentar los estados de conciencia como si manaran directamente de la conciencia del personaje. De este modo, resulta mucho más coherente y articulado que el monólogo interior directo.

Pues bien, así como Ernesto Sábato utiliza el «soliloquio» en *El Túnel,*[74] en *Abaddón,* el igual que en *Sobre Héroes,* utilizará entre otros recursos el «monólogo interior indirecto». Ahora bien, ¿en boca de quién o quiénes coloca el autor estos monólogos? Un análisis de los diferentes capítulos revela el uso del «monólogo interior indirecto» en boca de Sábato y Bruno, y en menor escala, en boca de Nacho y Marcelo. Pero veamos qué aspectos ofrece el uso de esta técnica en los personajes de *Abaddón:*

BRUNO: En Bruno Bassán, un acontecimiento, un lugar o la mención de un personaje del relato pone en acción sus pensamientos. Pero ese acontecimiento, lugar o personaje se va pronto a transformar en el trampolín desde el cual se adentrará en la corriente incesante de sus preocupaciones filosóficas (sigue la misma técnica de *Sobre Héroes).* Tomemos como ejemplo el capítulo «Testigo, testigo impotente» (págs. 18 a 22) en que desde el lugar conocido con el nombre de Costanera Sur,[75] se lanza a una reflexión sobre la máxima de Heráclito «nada es, todo cambia», es decir, al inexorable paso del tiempo, y de ahí, pasa a su impotencia para escribir en el deseo de dar un sentido a la existencia:

---

74 El soliloquio se distingue del monólogo interior en que se presupone un público u oyente al que se comunica las ideas. Su ordenamiento es, como consecuencia, más lógico.

75 Avenida que bordea el Río de La Plata, que a la altura de Buenos Aires tiene 60 Km. de largo (ver nota 2 de *Abaddón).*

«Testigo, testigo impotente se decía Bruno, deteniéndose en aquel lugar de la Costanera Sur donde quince años atrás Martín le dijo «aquí estuvimos con Alejandra». Como si el mismo cielo cargado de nubes tormentosas y el mismo calor...».[76]

En la página 29 y hasta la 31, es la presencia de un niño, Nacho, lo que pone en marcha sus pensamientos hacia la reflexión sobre el tiempo y su deseo de paralizarlo. En esta ocasión el monólogo va, entre paréntesis, en el interior del relato que un personaje, Sábato, hace al propio protagonista del monólogo, Bruno.

(«Paralizar el tiempo en la infancia, pensaba Bruno, los veía amontonados en alguna esquina, en esas conversaciones herméticas que para los grandes...».

En la página 60 (y hasta la 61) es el «ascensor» el motor que impulsa los pensamientos de Bruno, acerca de la huella que el tiempo va dejando en su amigo Sábato:

«Pocas soledades como la del ascensor y su espejo (pensaba Bruno), ese silencioso, pero implacable confesor, ese fugaz confesionario del mundo desacralizado... Lo imaginaba a Sábato observando su cara con despiedad. Sobre ella —lenta pero inexorablemente— habían ido dejando su huella los sentimientos y las pasiones, los afectos y los rencores...».

En la página 69, es la hora crepuscular la que provoca su reflexión sobre la soledad que siente:

«En el crepúsculo —pensaba Bruno—, las estatuas lo contemplaban desde allá arriba con su intolerable melancolía, y con seguridad empezaba a dominarlo el mismo sentimiento de desamparo y de incomprensión...».

En la página 174, la presencia de un hombre, Juan Pablo Castel, le hace pensar en la soledad, pero sólo por breves instantes,

---

[76] Aquí y en ejemplos sucesivos de este apartado remitimos al texto de la novela por la extensión desmesurada que presentan las citas.

porque, en esta ocasión, sus pensamientos irán encaminados a la indagación del nombre concreto de esa persona cuyo rostro le resulta familiar:

«Un desconocido»

Era un hombre moreno y escuálido, delante de una copa, pensativo, remoto. Podía verle parte de la cara... Ese hombre, pensó Bruno, está absuelto y definitivamente sólo.

No sabía por qué le resultaba conocido, y durante mucho tiempo rebuscó en su memoria...».

Tres páginas más adelante asistimos a un nuevo monólogo de Bruno, sin el consabido «pensaba Bruno» o «se decía Bruno». Sus reflexiones van ahora dirigidas hacia Sábato cuya actitud desalentada y aflictiva le ocasiona a Bruno ganas de marcharse de la reunión. A partir de ese punto sus pensamientos se encaminan hacia la falta de unidad de la izquierda, a la no creencia en el mito del Hombre Nuevo, Marcelo Carranza y la separación entre padre e hijo (Marcelo y su padre). Dice así:

«Bruno quería irse

se sentía incómodo, lo veía desalentado, además de escribir centenares de páginas todavía era necesario explicar quién era...».

Siete páginas más adelante asistimos de nuevo a las reflexiones calladas de Bruno. Ahora será la presencia de un amigo de Marcelo, Palito, que le recordará a un antiguo amigo suyo, Carlos:

«A Bruno lo fascinaba aquel rostro cada frase servil le provocaba vergüenza por la raza humana entera... Y entonces volvía a pensar en Carlos, con alivio... No estaba de nuevo al lado de Marcelo? Porque los espíritus se repiten, casi encarnados...».

El mismo sentido tiene el monólogo de la página 193: «Morir por una causa justa pensaba Bruno, mientras veía a Marcelo alejarse con su compañero...».

La perduración del recuerdo de los seres queridos es objeto de reflexión en Bruno (págs. 213 a 218), gracias al ejemplo que le ofrece Martín respecto a Alejandra:

«Una especie de inmortalidad del alma pensaba Bruno, no una verdadera inmortalidad. Porque aquella Alejandra que perduraba en el espíritu de Martín...».

Completan los monólogos interiores de Bruno, los existentes en las páginas 380 a 382, 409 y a partir de la 459 hasta el final predomina el monólogo aunque con breves intervalos de diálogos.

Los monólogos de Sábato son más escasos que los de Bruno, [77] y en cierto modo son usados con intención distinta. En Sábato es el plano síquico el que destaca con mayor facilidad, son sus contenidos síquicos los que salen a flote y, de una manera más explícita, en aquellos dos momentos más trascendentales de la historia del personaje: cuando siente que la transformación se empieza a iniciar y cuando realmente la sufre:

«Y de pronto intuyó que aquello comenzaría, con invencible fuerza, pues nada podía frenarlo una vez el proceso iniciado. No se trataba de algo horrendo, no aparecían monstruos. Y sin embargo le producía ese terror que sólo se siente en ciertos sueños. Poco a poco fue dominándolo la sensación de que todos empezaban a ser extraños, algo así como lo que se siente cuando se ve una fiesta nocturna a través de una ventana: los vemos reírse, conversar, bailar en silencio, sin saber que alguien los está observando. Pero tampoco era eso exactamente: quizá como si además la gente quedara separada de él no por el vidrio de una ventana o por la simple distancia que se puede salvar caminando y abriendo una puerta, sino por una dimensión insalvable. Como un fantasma que entre personas vivientes puede verlos y oírlos, sin que ellos lo vean ni lo oigan. Aunque tampoco era eso. Porque no sólo los estaba oyendo sino que ellos lo oían a él, conversaban con él, en ningún momento experimentaban la menor extrañeza, ignorando que el que hablaba con ellos no era S., sino una especie de sustituto, una suerte de payaso usurpador. Mientras el otro, el auténtico se iba

77 Están localizados en la pág. 39 a 44, 61 a 64, 89 —aquí está intercalado entre diálogos—, 101 a 102, 104, 114, 255 a 256, 270 a 271, 421, 457 a 459.

paulatina y pavorosamente aislando. Y que, aunque moría de miedo, como alguien que ve alejarse el último barco que podría rescatarlo, es incapaz de hacer la menor señal de desesperación, de dar una idea de su creciente lejanía y soledad» (pág. 101).

«Sin que atinara a nada (para qué gritar?, para que la gente al llegar lo matara a palos, asqueada?), Sábato observó cómo sus pies se iban transformando en patas de murciélago. No sentía dolor, ni siquiera el cosquilleo que podía esperarse a causa del encogimiento y resecamiento de la piel, pero sí una repugnancia que se fue acentuando a medida que la transformación progresaba: primero los pies, luego las piernas, poco a poco el torso. Su asco se hizo más intenso cuando se le formaron las alas, acaso por ser sólo de carne y no llevar plumas. Por fin, la cabeza...» (págs. 457).

Los monólogos de Marcelo o de Nacho no merecen mención por su escasez en el relato y su poca significación.

De la doble función que el monólogo puede desempeñar, apuntaremos que en el caso de Bruno se pretende dar una imagen del mundo, es decir, reflejar la realidad en la conciencia; en el caso de Sábato, se trata de una exploración de la conciencia captando su devenir.

A la vista de lo expuesto podemos afirmar que Sábato, autor de la novela, superpone monólogos interiores, descripciones, diálogos directos, indirectos y discurso contado. Sin preferencia absoluta por ninguno de ellos, los ha fundido todos y los ha usado donde era más conveniente.

Las palabras que mejor pueden resumir la valoración de nuestra obra, en este sentido, son las que Dellepiane dedicara a *Sobre héroes*: «Para él la novela es fundamentalmente «dialéctica existencial», búsqueda de las esencias humanas, cosmovisión. De ahí la necesidad de un «tiempo interior» puesto que el «yo» no se mide con relojes sino a través de procesos puramente síquicos, atemporales. De ahí también que lo que sucede en la novela nos venga siendo entregado desde un «yo» que piensa y siente, a veces sin trascender a los otros *(monólogo interior);* un «yo» en que la actividad mental continúa o es despertada por las aciones o palabras de los otros *(simultaneidad);* un «yo» que ve una porción de la realidad tal como se la entregan sus sentidos o su inteligencia, visión que es siempre distinta de la que los otros tienen *(intersubjetividad)*; un «yo» que recibe o comunica impresiones. Consecuencia de esta concepción de la novela es la falta de claridad en el desarrollo de los acontecimientos, una especie de sostenida incoherencia, una atmósfera imprecisa, ambigua, porque no se están barajando ideas puras sino encarnadas en sujetos que no saben separar esas ideas de sus pasiones». [78] Es decir, las técnicas empleadas están en función del tema, el «cómo se dice» en función de «lo que se dice», el discurso en función de la historia con lo que se pone de manifiesto una vez más la fuerte interrelación de los componentes literarios y la no arbitrariedad en la elaboración de una obra, fruto de ese «desgarramiento» interno en nuestro escritor del que ya hemos hablado. En este sentido cabría hablar de «compromiso» del autor.

La perspectiva o localización

El estudio del *modo* narrativo se va a ver completado con la consideración de la noción de «punto de vista», conocida también con las denominaciones de «perspectiva», «focalización» (Genette) o «aspecto» (T. Todorov). Bajo este diversidad de denominaciones se entiende una misma cosa: el ángulo desde el que se coloca el narrador para contar una historia y para hacer los personajes comprensibles a los lectores. Tarea nuestra será, pues, dilucidar cuál es la posición del autor respecto de sus personajes.

Tzvetan Todorov habla en esta ocasión de «aspectos» del relato haciendo referencia a los diferentes tipos de percepción reconocibles en el mismo. «El aspecto refleja la relación entre un *él* (de la historia) y un *yo* (del discurso), entre el personaje y el narrador», [79] dice en «Las categorías...».

Esta noción, que comienza a ser objeto de debate a partir del siglo XIX, no se había planteado hasta entonces, por motivos que expondremos más adelante; lo cierto es que a partir de los prólogos de Henry James, las investigaciones sobre la perspectiva narrativa

---

78 Dellepiane, Angela B.: *Sábato, un análisis...*, ob. cit., págs. 226 a 227.
79 Ob. cit., págs. 177 a 178.

se han multiplicado vertiginosamente en diversos países, y no siempre de manera clara y unívoca. Muchos puntos oscuros quedan todavía por resolver.

Sus orígenes

La perspectiva, focalización o punto de vista es un problema que se le plantea por primera vez al novelista decimonónico. Anteriormente este asunto no se había manifestado por una serie de razones que expondremos a continuación.

El narrador de finales de la Edad Media —cuando se inicia tímidamente a tener conciencia de arte— narraba sin intervenir como creador en el relato. Su labor consistía en ser mero difusor de temas o asuntos provenientes de una tradición anterior. A este tipo de narrador, lógicamente, no se le plantea problema alguno respecto a su posición frente al relato, puesto que no se siente responsable de lo que cuenta. El problema se presenta cuando es él mismo quien crea o inventa el tema objeto de su novela (siglo XV al XVI), lo que desencadenará una reacción de su parte: «Entonces siente una cierta vergüenza de la impudicia o atrevimiento de contar historias que no tienen el soporte venerable de la tradición en que apoyarse. Y, junto con la anécdota, inventa una técnica que le permite —aunque sea ficticiamente— ocultar su desvergüenza: pone su relato en boca de un personaje que aparece como un narrador de tradición oral o introduce un auditorio ficticio que representa su público real», [80] apunta Castellet al respecto. Este es el caso de nuestro gran novelista de los Siglos de Oro, Cervantes.

De este subterfugio o «truco» no se librará el escritor hasta que en el siglo XIX se erija en autor absoluto. La verdad es que hasta entonces la importancia social de la novela era muy escasa puesto que la madurez del género no se logra hasta entonces. José María Castellet habla certeramente de que en este siglo «el autor obliga al lector a aceptar una *convención* por la cual «los hechos imaginarios que aquél narra en la novela han de ser tomados como si fuesen reales». [81]

---

80 Castellet, José M.ª: *La hora del lector,* Barcelona, Seix Barral, 1957, pág. 19 a 20.
81 Id. ib., pág. 22.

Realidad frente a ficción es la nota que mejor define este cambio de actitud del novelista. Sin embargo, poco iba a durar al novelista decimonónico su confianza en sí mismo, su postura fue poco inteligente al sentirse envanecido y seguro de su poder. El siglo XX vendría a sacarlo de su error.

Situación del problema en la actualidad

La noción de punto de vista comienza a ser estudiada a principios del siglo XX. El primer paso lo dio el estadounidense Percy Lubbock con su libro *The Craft of fiction* (1920). A partir de aquí, la crítica inglesa y alemana ha sido la principal encargada de estos problemas. Los franceses empezaron a ocuparse del asunto algo más tarde.

Los nombres más relevantes de estos teóricos de la novela son: Norman Friedman, Cleanth Brooks, R. Penn Warren, Wayne Booth... [82] Si Friedman sigue en lo fundamental a Lubbock, no ocurre lo mismo con Booth para quien su problema es siempre el de los efectos producidos en el lector. Su preocupación se centró principalmente en el análisis de las diferentes *voces del autor* que se dejan oir gracias a las diferentes técnicas.

En el campo alemán sobresalieron los nombres de los pioneros Spielhagen y Friedman, cuyas teorías fueron recogidas posteriormente por Stanzel que, influido también por la crítica anglo-sajona, centró su interés en ofrecer un número de criterios distintivos para el estudio de novelas particulares, que le llevaría a distinguir tres tipos de «situaciones narrativas». Siete años más tarde Bertil Romberg retoma la tipología de Stanzel y le añade un cuarto tipo: el relato objetivo o behaviorista. [83]

Norteamericanos, ingleses y alemanes caen en el mismo error, denunciado por G. Genette: «Il est certes légitime d'envisager une typologie des situations narratives qui tienne compte à la fois des données de mode et de voix; ce qui ne l'est pas, c'est de présenter

---

82   Cfr. Friedman, N.: *Point of View. The development of a Critical concept*, Booth Wayne: *Retórica de la ficción* y Stanzel, F. K.: *Die Typischen Erzähl situationen in Roman*, 1955.

83   Cfr. Van Rossum-Goyan, Françoise: «Point de vue ou perspective narrative» en *Poétique*, París, Seuil, 1970, núm. 4, págs. 476 a 497.

une telle classification sous la seule catégorie du «point de vue», ou de dressser une liste où les déterminations se concurrent sur la base d'une confusion manifeste».[84]

La crítica francesa, que se ocupó tarde del problema, tiene una gran obra dedicada al punto de vista, *Tiempo y novela* de Jean Pouillon, que será nuestra base para el estudio de la perspectiva en *Abaddón*.

La base de apoyo de Pouillon es la psicología, sin embargo, a pesar de sus presupuestos psicologistas, sus distinciones siguen siendo pertinentes hoy día.

Dice Pouillon en su obra: «nos colocaremos ante todo en la perspectiva clásica que distingue un «adentro», la realidad psicológica misma, y un «afuera», que es su manifestación objetiva. El papel de la comprensión es captar este «adentro» colocándose directamente en él. Pero esto puede hacerse de dos maneras, si se trata de coincidir con lo que se quiere comprender, a esto lo llamaremos la visión «con», o si, separándose el autor de esta realidad trata de analizarla, y a esto lo llamaremos la visión «por detrás». El «afuera» puede ser descrito evidentemente de una manera puramente objetiva, pero nos interesa sólo en la medida en que nos revela el «adentro».[85] Partiendo de esta base, distinguirá tres tipos de visiones que más tarde serían retomadas por T. Todorov y Gerard Genette —este último bajo la denominación de «focalización», como veremos en adelante—.

El cuadro clasificatorio resultante sería el siguiente:

1. Visión «por detrás» (J. Pouillon) que la crítica anglosajona llama «narrador omnisciente» y Todorov: Narrador > personaje.

2. Visión «con» (J. Pouillon), relato de «punto de vista» (Lubbock), relato de «campo restringido» (Blin) o Narrador = Personaje (Todorov).

3. Visión «desde fuera» (J. Pouillon), relato objetivo o behaviorista, Narrador < Personaje (Todorov).

---

84 *Figures III*, ob. cit., págs. 205 a 206.
85 Pouillon, Jean: *Tiempo y novela*, Buenos Aires, Paidós, 1970, pág. 60.

Esta distinción responde a un deseo de conocer la posición del autor respecto de sus personajes. El autor quiere comprender a sus personajes y para ello utilizará diversos modos de comprensión. En el primer caso la posición del novelista es la de situarse «detrás» del personaje; «él no está *en* el mundo que describe la obra, sino «detrás» de él, como un demiurgo o como un espectador privilegiado que conoce de antemano lo que va a ocurrir»,[86] apunta Pouillon. Estar «detrás» del personaje significa dos cosas: una separación del personaje, y una finalidad concreta de esta postura, comprender de la manera más inmediata posible los resortes más íntimos que lo hacen actuar. «La superioridad —apunta Todorov— del narrador puede manifestarse ya en un conocimiento de los deseos secretos de alguno (que él mismo los ignora), ya en el conocimiento simultáneo de los pensamientos de varios personajes (cosa de la que no es capaz ninguno de ellos), ya simplemente en la narración de los acontecimientos que no son percibidos por ningún personaje»».[87]

Genette llama a este tipo, relato «no-focalizado o de focalización cero». Es el modo tradicional del novelista decimonónico: es el autor-dios que todo lo sabe, todo lo descubre y penetra en todos los rincones. Esta técnica tan cara al novelista del siglo pasado hace crisis en el siglo XX. Comienza a notarse un movimiento de reacción contra este poder omnímodo en Henry James, Conrad, Virginia Woolf... A partir de entonces, vuelve a replantearse el asunto.

Las dos objeciones más importantes que se han hecho a la omnisciencia son: a) Su antinaturalidad y b) su imposibilidad de abarcar todos los conocimientos de una historia. Sin embargo, a pesar del desprestigio que esta técnica tiene, la novela del siglo XX no ha logrado desligarse por completo de la «focalización cero», y es frecuente que, si no en una obra entera, sí se dé en partes o momentos determinados de la obra de muchos escritores contemporáneos.

Distinta perspectiva ofrece el segundo tipo: visión «con» también llamada «equisciente», puesto que el narrador no se coloca en un lugar privilegiado, sino que se atiene a lo que saben los

---

86 Id. ib., pág. 70.
87 Todorov, T.: «Las categorías...» en ob. cit., pág. 178.

personajes. Pouillon detalla esta postura cuando habla de la elección de un solo personaje que será el centro del relato y «con» él vemos a los otros protagonistas, «con» él vivimos los hechos relatados» ... «El primero y más importante rasgo de este modo de comprensión es, por definición, no separarnos del personaje comprendido de esta manera». [88]

Gérard Genette llama a este segundo tipo, relato de «focalización interna» en el que distingue tres tipos: «fija», si no abandonamos el punto de vista de un solo personaje; «variable», si alternamos el punto de vista de dos personajes; y «múltiple», si combinamos el de varios personajes. Este es el modo más frecuentemente usado en la narrativa contemporánea.

Por último aludamos a la visión «desde fuera» u objetiva que nunca es tan absoluta como se pretende. Se trata de una visión «deficiente», puesto que el narrador sabe menos que el personaje y se limita a reflejar lo que ve en el exterior. «La deficiencia de conocimiento fue un recurso deliberadamente explotado por la novela «behaviorista» de los norteamericanos, quienes, confinándose en la descripción del comportamiento, se abstenían de penetrar en las conciencias», dice Tacca. [89] Su empleo es mucho más raro que los otros dos anteriores y como procedimiento sólo se ha dado y se da en el siglo XX. Genette la llama «focalización externa». [90]

La estructura perspectivista de la obra

La visión «monoscópica» que caracterizaba la primera novela de Ernesto Sábato, cambia en su segunda y tercera novela. Si en *El Túnel* asistimos «con» Juan Pablo Castel a todo lo que ocurre y acontece en la historia, en *Sobre héroes* y en *Abaddón* esta técnica se enriquece. En *Sobre héroes,* a la modalidad de narrador-testigo y narrador-protagonista (dos formas de la visión «con») se añade la de narrador omnisciente (visión «por detrás»).

En su tercera novela, Sábato alterna y mezcla las perspectivas

---

88 Ob. cit., pág. 62.
89 Ob. cit., pág. 85.
90 El término «focalización» está tomado de «focus of narration» de Booth.

existentes. La perspectiva dominante es la de visión «con» en la que el narrador sabe tanto como el protagonista. En este caso, el relato —como apunta Todorov— puede estar hecho en primera persona o en tercera persona, o bien alternando ambas modalidades como ocurre en nuestra obra. El punto de vista de *Abaddón* es *múltiple* puesto que se desplaza continuamente, no sólo ya de la primera persona del protagonista Ernesto Sábato a la tercera persona de Bruno Bassán o Sábato —más frecuentemente esta última— sino que también el narrador sigue a veces a un personaje, a veces a otro, encontrándonos con una «focalización múltiple».

Cuando el relato está en primera persona, generalmente refiere episodios autobiográficos del protagonista Ernesto Sábato. Ahora bien, como apunta Pouillon, existen dos formas de autobiografía: los *recuerdos,* «en los que el autor se esfuerza por «estar» con aquel que él fue, y las *memorias,* en las que el autor se esfuerza por volver a verse para juzgarse, justificarse y polemizar, lo que supone que se separa de sí mismo y se ve «por detrás». [91]

Abaddón, en aquellos momentos que utiliza la primera persona autobiográfica, pertenece a veces a la categoría de *memorias* (visión «por detrás»), y otras, a la de *recuerdos* (visión «con»). Atestiguan el primer caso, la segunda parte en sus capítulos 1, 11, 27 y 54; el segundo caso, los capítulos 59 y 65. [92] Nótese cómo a medida que avanza el relato hay un deslizamiento de la visión «por detrás» a la visión «con».

Resultaría monótono hacer una enumeración de los capítulos, según la perspectiva utilizada por su autor, lo interesante, creemos, es señalar los resultados a que hemos accedido tras el estudio minucioso del punto de vista adoptado. El autor alterna a lo largo de las cuatrocientas y pico páginas, las tres posibilidades existentes respecto a la «visión»: visión «con», visión «desde fuera» y visión «por detrás». Ahora bien, no en la misma proporción. La más frecuente es la visión «con», seguida de la visión «desde fuera» y «por detrás»; de este modo, la novela de Ernesto Sábato se adhiere a las modernas corrientes novelísticas del siglo, que prefieren los

---

91 Ob. cit., pág. 52.
92 El tiempo de los «recuerdos» es el *imperfecto* mientras que el de las «memorias» es el *indefinido.*

dos primeros tipos de visiones, sin desligarse tampoco totalmente de la concepción narrativa decimonónica, a la que admira realmente, como demuestra su postura de narrador omnisciente en ciertos momentos. Quizá en este rico juego de combinaciones resida el acierto de la obra de Ernesto Sábato y su atractivo. Cuidadoso del ritmo de la obra, combina perfectamente los varios «puntos de vista», hasta el extremo de que podríamos calificar a *Abaddón* como dotada de una *estructura perspectivística.* «La estructura novelesca perspectivista funciona, muchas veces, como expresión de un mundo —el de nuestros días— en el que nada parece seguro o sólido, amenazado como está, por todas partes, de rupturas, cambios, sospechas...», [93] afirma Baquero Goyanes.

Si con Castagnino admitimos que «si el punto de vista es concerniente a la forma interior de la novela, se relaciona con los procedimientos y varía a través de ellos sus manifestaciones en la forma exterior», [94] entonces diremos que determinados procedimientos ofrecen un tipo de visión, mientras que otros ofrecen sistemáticamente otro tipo distinto. Así, las narraciones, monólogos, epístolas, documentos, reflexiones, presentan una visión «con»; mientras que las escenas (diálogos) ofrecen una visión «desde fuera», y las visiones «por detrás» quedan reflejadas en pequeñas alusiones del narrador, sobre detalles de tal personaje o acontecimiento que sólo conoce el narrador por su poder omnisciente, por su poder de autor-dios. Pero, como ya hemos dicho, éstas son las menos frecuenttes en la novela.

La razón de que en las *escenas,* la visión predominante sea la objetiva, responde, según creo, a la animadversión existente en el creador hacia todo lo que signifique descripción —al estilo de la novela del XIX—. El autor quiere que a los personajes se les conozca por lo que dicen y actúan, por sus palabras y actos, de ahí que el mejor método sea presentarlos tal cual y quedarse relegado a observador que oye y escucha, ve actuar, pero no quiere anticipar nada. [95]

93 Ob. cit., pág. 171.
94 *El análisis...,* ob. cit., pág. 162.
95 Tómese con precacción esta observación puesto que he dicho visión *predominante,* pero no la única. A veces ocurre que el narrador da pequeñas observaciones que hacen perder la pureza del recurso (diálogo matizado).

La voz narrativa

Si hasta ahora habíamos actuado en el nivel de los enunciados, en adelante pasaremos al productor de esos enunciados, es decir, a la *enunciación*. Todorov pone de manifiesto este cambio de nivel con las siguientes palabras: «ya no relacionaremos el discurso con la ficción creada por él, sino al conjunto de ambos con aquel que asume tal discurso, el «sujeto de la enunciación» o —como es habitual expresarse en literatura— el *narrador*». [96]

Dentro de este apartado consideraremos varias categorías encaminadas a comprender las relaciones que unen al narrador con la historia que cuenta, éstas son: el *tiempo de la narración,* el *nivel narrativo* y la «*persona*» que, junto con el estudio del *narratario,* completarán el conjunto.

El «tiempo» de la narración

El narrador nos cuenta una historia que necesariamente tiene que situarla en el tiempo, ya sea de presente, pasado o futuro. En principio, parece evidente que la narración tendría que ser posterior a lo que se cuenta, pero hoy día se ha comprobado la falsedad de tal aserto debido a la existencia del relato «predictivo», postulado por Todorov. Pero si existen casos como ése, en que la narración precede a la historia, también puede darse el caso de inserciones dentro de la historia de momentos inmediatos o presentes —la correspondencia, el diario íntimo, la novela por entregas, etc., participan en cierto modo de esta forma—.

Distiguiremos pues, con Genette, cuatro tipos de narración: *ulterior* (relato en pasado), *anterior* (relato en futuro), *simultánea* (relato en presente) e *intercalada*. De estas cuatro instancias, la primera es la más corriente y es la que ofrece, en gran parte, nuestra obra, *Abaddón*. La obra está escrita, en su mayoría, en pasado, por lo que podemos calificarla de *narración ulterior*. Sin embargo se da el caso de inserciones, dentro de la narración en pasado, de mo-

---

96 Todorov, Tv.: *¿Qué es el estructuralismo?...*, ob. cit., pág. 74.

mentos inmediatos o presentes, como son los casos de la correspondencia que Jorge Ledesma mantiene con Ernesto Sábato, protagonista. Son cuatro las comunicaciones que envía ese joven, entre «chalado» y visionario, utilizando el tiempo presente: [97] «yo sigo», «le escribo», «quiero», «tengo»... Valor similar tiene la larga carta con la que Sábato responde a un joven, B., en la que utiliza a su vez el tiempo presente: [98]

> «Querido y remoto muchacho me pedís consejos, pero no te los puedo dar en una simple carta, ni siquiera con las ideas de mis ensayos...».

El mismo sentido tiene la correspondencia que se cruza entre Silvia, otro personaje de la novela, y *Sábato,* [99] de la que sólo conocemos la carta con la que *Sábato* contesta a una anterior a ella. En ambos casos estamos ante *narraciones intercalas,* puesto que la narración está hecha en presente y la historia que se cuenta —en parte— en pasado. A modo de ejemplo hemos escogido este fragmento, correspondiente a la contestación de Sábato al joven B.:

> «*Pasé* un día muy malo, querido B, *me están sucediendo* cosas que no *puedo* explicar, pero mientras tanto y por eso mismo *trato* de aferrarme... siempre me *pasó* eso...» (pág. 130). [100]

En determinados momentos también, el narrador pretende darnos una *narración simultánea* mediante el uso del tiempo presente que rápidamente abandona por el pasado —ni siquiera lo mantiene durante un capítulo entero—. Como ejemplo ofrecemos el episodio de la compra de la carpeta. [101] que pretende ser ejemplo de narración objetiva al estilo de Robbe-Gillet:

---

97 Cfr. págs. 112 a 114, 175 a 176, 349 a 350, 420 a 421, de *Abaddón.*

98 Cfr. págs. 119 a 138.

99 Cfr. págs. 252 a 253.

100 Con el mismo valor consideraría aquellas ocasiones en que Sábato cuenta a Bruno algunos episodios de su vida. Sábato-protagonista se dirige a Bruno en *presente* para contarle hechos *pasados.* Juegan, por tanto, las dos instancias temporales —ése es el caso de «Ciertos sucesos producidos en París hacia 1938», o del «El Dr. Ludwing Schneider», etc....—.

101 Cfr. págs. 375 a 377. El subrayado del fragmento es nuestro.

«A la mañana *quiere* escribir pero la máquina *sufre* una serie de desperfectos: no *anda* el margen, se *atranca*, el carrete de la cinta no *vuelve* automáticamente., *hay* que rebobinar a mano y finalmente *se rompe* algo del carro. Desesperado, *resuelve* ir al centro... *decide* comprar una carpeta de anillos... Un empleado cansado... lo *atiende* y se *fastidia*... lo *manda* al diablo y *sale* con creciente mal humor. *Decide* ir... su ánimo *se levanta*... Pero entonces *ve*...».

Concluimos, pues, con la afirmación de que *Abaddón* pertenece en su inmensa mayoría al tipo de narración ulterior, aunque, en ocasiones, ofrezca muestras de narraciones intercalada y simultánea —circunstancia que viene dada por la propia heterogeneidad de la novela—. Novela total en la que tiene cabida todo —desde el género epistolar a la narración objetiva— aunque con predominio del modo narrativo tradicional.

Niveles narrativos en la novela

El narrador, verdadero emisor de la instancia narrativa, puede situarse en diversos niveles de la narración (extra, intra o metadiegético) y según su posición variará su estatuto. Es decir, el narrador, según sus relaciones con el *discurso de la narración,* podrá considerársele como «extradiegético», si no forma parte del universo diegético; en el caso contrario, será «intradiegético». El prefijo «meta» indica el paso a un segundo grado, así un «relato metadiegético» es un relato segundo colocado dentro de un relato primero.

Nos ocuparemos ahora del relato «metadiegético» que aunque ya fue nombrado en capítulos anteriores de este libro, no fue señalada la relación que une el relato metadiegético con el relato primero. Genette establece tres tipos distintos de relaciones: directa, indirecta y sin relación explícita, que intentaremos aplicar a esta novela.

En relación de *causalidad directa* tenemos:

— La historia de Haushofer (págs. 80 a 83).

— La historia de Luvi y el anarquismo (págs. 159 a 165).

— La historia de Palito junto al Che Guevara y la guerrilla (págs. 235 a 251).

— La historia de Soledad (págs. 280 a 286 y 425 a 430).

— La historia de Víctor Brauner (págs. 316 a 317).

El paso del relato primero al relato segundo es asumido por el mismo personaje y responde a una «función explicativa». El primero, cuarto y quinto relato metadiegético es asumido por Sábato-protagonista que cuenta estas historias a Bruno. El segundo corre a cargo de Carlucho, amigo de Nacho Izaguirre, destinatario del relato sobre Luvi. El tercero tiene como narrador al propio Palito y como oyente a Marcelo Carranza. En este último caso podemos hablar de meta-metadiegético puesto que dentro de la historia de Palito se insertan pasajes ilustrativos referentes al Che Guevara y los últimos momentos de su vida y muerte. Estos pasajes son, pues, meta-metadiegéticos ya que son narraciones en un segundo grado que dependen de otra narración en primer grado (segundo grado respecto al relato primero).

Si a este primer tipo corresponden estas cinco «metahistorias» o «relatos metadiegéticos» —como los llamaría Genette— al segundo caso corresponden ejemplos más abundantes. La relación ahora es puramente *temática* y como ejemplo más representativo figura la «construcción en abismo» que caracteriza a la novela y que ya fue señalada en el capítulo dedicado al estudio de los personajes. La continuidad espacio-temporal es aquí inexistente y la relación entre metadiegético y diegético es de «contraste» o «analogía». En este sentido habría que hablar de cómo los personajes de novelas anteriores reaparecen en *Abaddón:* [102] Bruno, Martín, Alejandra, Fernando Vidal Olmos, Quique, Juan Pablo Castel, María Etchebarne, Oscar Domínguez, Carlos, Natalicio Barragán, D'Arcangelo..., y no sólo eso, sino que se vuelve a hablar de ellos —y es ahí donde reside el «metadiegético»— además de comentar también las dos novelas anteriores del autor, *El Túnel* y *Sobre héroes.* Hablamos aquí de relación temática porque, precisamente, gracias a temas o historias comunes o parecidas volvemos a estas novelas anteriores y a sus personajes.

---

102 Cfr. el apartado «La construcción en abismo y los personajes».

Perteneciente al tercer tipo, ausencia de relación, cuya función es la de *distraer* u *obstruir,* debemos considerar como ejemplos más característicos las historias que Quique cuenta en las reuniones de los Carranza: la de Coca Rivero (págs. 57 a 60), Elizabeth Lynch (págs. 352 a 354), entre otras; o la historia de Etcheverry contada por el Dr. Arrambide, uno de los asistentes a estas reuniones de sociedad. Es decir, estos relatos «metadiegéticos» vienen funcionando de acuerdo a la estructura en que se insertan: las reuniones o cócteles, típicos de una determinada clase social, donde se agrupan gentes de muy diverso nivel cultural que condiciona las charlas entre los presentes. Al lado de conversaciones triviales, como pueden ser los casos anteriormente citados, se discuten también temas interesantes, que constituyen a veces verdaderas disquisiciones filosóficas que acercan su novela al ensayo —género tan caro a Sábato—: el catolicismo, el cine, el gusto desmedido por lo francés, Dios y la creación del mundo, el psicoanálisis, la guerra y sus consecuencias, los trasplantes, las potencias que rigen el mundo, la sátira a los apellidos, [103] etc.

La «metalepsis», transgresión a la regla

Cuando hemos analizado los relatos metadiegéticos hablábamos del paso del nivel narrativo primero al nivel segundo gracias a la narración. Ahora bien si el paso no se hace de esta forma, estamos ante un *transgresión,* que rotularemos *metalepsis* y que consiste en la intrusión del narrador o del narratario extradiegético en el universo diegético (o de personajes diegéticos en un universo metadiegético, etc.).

En la novela tenemos un caso muy claro de *metalepsis:* el autor de la ficción se convierte en personaje ficticio de ella. Porque,

---

103 Estamos ante un caso de interrelación de los componentes literarios de un texto ya que el relato «metadiegético» está íntimamente relacionado con el problema de las «anacronías narrativas», dándose el caso muy frecuente de que un relato metadiegético sea una «analepsis», si esa historia supone un salto temporal hacia el pasado; o bien hacia el futuro, en cuyo caso tendríamos una «prolepsis» —en el texto la historia de Soledad es un claro ejemplo de lo que decimos—.

aunque en algunos momentos el relato sea autobiográfico, hay otros en que rechazamos esa posibilidad, como es el caso de su conversión en rata con alas.

Otro caso de metalepsis sería la del personaje R. que, escapado de un sueño (de Matilde), se convierte en personaje de ficción; o el caso de Bruno, personaje importante dentro del relato, que se convierte a veces en espectador de ese relato (es el caso también de otros narratarios-personajes de la novela).

Además, podemos citar otro ejemplo menos audaz de *metalepsis,* en la página 62, en la que el narrador está hablando de la obsesión de Sábato por R. y de pronto, sin ninguna advertencia, dice: «Los sueños de M./ Encerrado en un frasco de vidrio y buscando con sus manos...» y relata el primer sueño. El paso lógico de un nivel a otro tendría que haberse dado más o menos de la siguiente forma: «Entonces M. le contó sus sueños. Encerrado en un frasco...». Estamos ante una presentación metadiegética que se cuenta como diegética, caso de economía narrativa que Genette titula *metadiegético reducido* o *pseudo-diegético.*

La «persona» del narrador

En toda obra, en este caso novela, existe un proceso general e irreversible destinado a emitir la información: su autor da la palabra a un narrador que a su vez puede concedérsela, si quiere, a los personajes. De este modo, el traspaso es

AUTOR → NARRADOR → PERSONAJE (S)

común a la gran mayoría de las obras narrativas.

Convendría comenzar con la distinción entre autor y narrador, a menudo y durante largo tiempo confundidos. Todo libro pertenece a un autor o «progenitor» que le da vida, que asume de este modo la responsabilidad de lo que allí se dice. La existencia del autor viene determinada en la portada del libro y, a veces, en las palabras preliminares o prefacio, si lo hay. En el caso de *Abaddón* su existencia viene confirmada, aparte de la portada y primera página, en las citas que encabezan el relato (Cfr. pág. 11): una del *Apocalipsis,* según el Apóstol San Juan, y otra de Iurevitch Lérmontov, *Un héroe de nuestro tiempo.*

Respecto al estatuto del autor se expresa así Roland Barthes: «El autor (material) de un relato no puede confundirse para nada con el narrador de ese relato; los signos del narrador son inmanentes al relato y, por lo tanto, perfectamente accesibles a un análisis semiológico; pero para decir que el autor mismo (ya se exponga, se oculte o se borre) dispone de «signos» que diseminaría en en su obra es necesario suponer entre la «persona» y su lenguaje una relación signalética que haría del autor un sujeto pleno y del relato la expresión instrumental de esa plenitud... *quien habla* (en el relato) no es *quien escribe* (en la vida) y *quien escribe* no es *quien existe».* [104]

Lo cierto es que el autor cede su palabra al narrador, y gracias a esta operación el narrador se convierte en agente de la narración. Dice así Todorov: «El narrador es quien encarna los principios a partir de los cuales se establecen juicios de valor; él es quien disimula o revela los pensamientos de los personajes, haciéndonos participar así de su concepción de la «psicología»; él es quien escoge entre el discurso directo y el discurso transpuesto, entre el orden cronológico y los cambios en el orden temporal. No hay relato sin narrador». [105] La conclusión a la que llega Todorov pone de manifiesto la diferencia insalvable entre uno y otro. El autor puede no existir —recuérdense los relatos anónimos, orales, cuentos populares, etc.—, pero la existencia del narrador es incontestable.

El autor pertenece al plano de la «historia», el narrador al del «discurso»; el *autor* como destinador de un relato tiene su destinatario en otro sujeto exterior también, el *lector;* pero una vez que nos situamos al nivel del «discurso», deberemos hablar del «sujeto de la enunciación» como responsable de ella; es decir, el *narrador:* que encontrará su compañero en el *narratario,* del que hablaremos más adelante.

---

104 «Introducción al análisis...» en ob. cit., pág. 33 a 34.
105 *¿Qué es el estructuralismo?* ..., ob. cit., pág. 75.

DESTINADOR	MENSAJE	DESTINATARIO
Autor: F. Sábato	Abaddón...	l ectores: el público

DESTINADOR: narrador/es	MENSAJE	DESTINATARIO narratario/s
1. Sábato	Retazos de su vida y sensaciones	1. Bruno
2. 3.ª p: Bruno	La mayoría de las historias que lo componen	2. No explicitado a veces
3. Palito	Su vida	3. Marcelo
4. Jorge Ledesma	Sus angustias (cartas)	4. Sábato
5. Silvia	Sus problemas	5. Sábato

Si anteriormente veíamos al narrador según sus relaciones con el discurso de la narración, ahora lo veremos en su relación con la historia que cuenta de la que puede formar parte o no. La elección del novelista no se hace entre las dos formas gramaticales sino entre dos actitudes narrativas: si cuenta la historia a través de uno de sus personajes o a través de un narrador extraño a esta historia.

De estas dos actitudes existentes, el relato puede ofrecer las dos —lo que tradicionalmente se conoce como primera y tercera persona narrativa—. Cuando utiliza la primera persona se designa la identidad del narrador y del personaje principal —narrador presente como personaje en la historia que cuenta— y podemos hablar de narración o narrador *autodiegético*. Fijémosnos bien que hemos dicho el narrador es el héroe del relato, clase especial de lo que denominaremos homodiegético que indica el caso general de un narrador presente como personaje en la historia que cuenta, sin necesidad de ser el personaje principal, y sin embargo, haber utilizado la primera persona narrativa.

El narrador *heterodiegético* es el que está ausente de la historia que cuenta. La diferencia se establece, como vemos, gracias a las relaciones de presencia/ausencia («homo»-«hetero»). Ahora bien, esa presencia tiene sus grados, puesto que el narrador puede ser desde el héroe del relato («autodiegético») hasta un testigo u observador. Sin embargo, dentro del relato «autodiegético» se pueden dar infracciones o transgresiones como es el caso de cambio de persona gramatical para designar el mismo personaje. Ese es el caso de la página 29 en el que en el interior de un relato «autodiegético» en primera persona se emplea un paréntesis en tercera persona, que aunque se le adjudique a otro personaje (Bruno), sabemos que no es más que una argucia literaria y que realmente se trata de *Ernesto Sábato*.

Puesto que en nuestra novela se dan los dos tipos de narradores, homodiegético y heterodiegético, veamos la relación que presentan con los niveles de la narración.

El narrador homodiegético y los niveles de la narración en la obra

Si tenemos en cuenta el nivel narrativo y su relación con la historia, podemos establecer cuatro tipos fundamentales del narrador: a) extradiegético-heterodiegético, b) extradiegético-homodiegético, c) intradiegético-heterodiegético, d) intradiegético-homodiegético.

Abaddón, en aquellas partes que tiene un narrador homodiegético (más exacto sería hablar de «autodiegético»), el narrador, identificado con el personaje principal, cuenta episodios de su vida pasada. Su lugar es privilegiado. El personaje trata de reunir y dar sentido a toda una parte de su vida —ya hemos analizado el punto de vista adoptado—, y podemos decir que se sitúa a un nivel intradiegético; él mismo se compromete adentrándose en el relato, pasando de sujeto a objeto, «como un personaje más, en la misma calidad que los otros, que sin embargo salen de su propia alma» (pág. 258). Sábato es narrador en segundo grado que cuenta su propia historia.

Al mismo estatuto «intradiegético-homodiegético» pertenece el narrador Palito en el capítulo 56 (págs. 235 a 251), narrador en segundo grado que cuenta su propia historia de participación en la guerrilla, junto al Comandante Guevara, a Marcelo Carranza.

El narrador heterodiegético y los niveles
de la narración en la obra

La segunda actitud narrativa que constatamos nada más comenzar el relato es la del narrador ausente de la historia que cuenta —uso de la tercera persona—, narrador por consiguiente «heterodiegético». Si adoptamos este punto de miras entonces tendríamos que hablar de «extradiegético-heterodiegético»: narrador desconocido (innominado) en primer grado que cuenta unas historias de las que está ausente. Ahora bien, si en la parte prologal está claro que tenemos un narrador en primer grado, ausente del relato, patente a través de la tercera persona narrativa: «En la madrugada de esa misma noche se producían, entre los innumerables hechos que suceden en una gigantesca ciudad, tres dignos de ser señalados, porque guardaban entre sí el vínculo que tienen siempre los personajes de un mismo drama, aunque a veces se desconozcan entre sí, y aunque uno de ellos sea un simple borracho» (pág. 16); no está claro el estatuto del narrador, que con la tercera persona, actúa en el cuerpo de la obra, en ese período comprendido entre las páginas 25 y la 449 y que antecede al comienzo y final de la novela. En esas cuatrocientas veinticuatro páginas dos voces narrativas prevalecen para hacer llegar el relato hasta el momento presente con que se abre la novela: la de Sábato, personaje, narrador «intradiegético-autodiegético» —como hemos visto— por medio de la primera persona narrativa, y la de un narrador en tercera persona, que corresponde a una conciencia de primera persona enteramente —de ahí la visión «con»—, y con la que se podrían barajar dos posibilidades:

a)   Que fuese el propio Sábato-personaje, que prefiere no verse comprometido autobiográficamente con la utilización, durante toda la novela, de la primera persona. Estaríamos entonces, ante un caso de *transgresión:* cambio de persona gramatical para designar el mismo personaje.

b)   O bien, que fuese Bruno, personaje-testigo de todo lo que pasa en la obra.

Al final de la obra vuelve a tomar la palabra el narrador «extradiegético-heterodiegético» del comienzo.

Funciones del narrador

Aparte de la función narrativa innata al narrador y sin la cual el acto narrativo no tendría sentido, habría que hablar de «función comunicativa» en el caso de Sábato cuando cuenta su historia a Bruno, o Palito cuando le habla a Marcelo, o Jorge Ledesma o Silvia en sus cartas a Sábato. Esta función viene dada por la existencia de esos narratarios a los que se dirigen los personajes-narradores.

La «función testimonial» —función emotiva en Jakobson— la desempeña el narrador-protagonista Sábato cuando habla de los sentimientos que despiertan en él tales episodios o sucesos de su vida. Tomemos como ejemplo este fragmento de nuestra novela:

«Después fueron produciéndose, poco a poco, con insidiosa persistencia, los acontecimientos que habrían de perturbar estos últimos años de mi vida. Aunque, a veces, la mayor parte, sería exagerado llamarlos así, pues apenas eran como esos casi imperceptibles...» (pág. 32).

Cierta impregnación de «función ideológica» [106] existe en el narrador cuando diserta sobre filosofía, novela, marxismo, etc., hasta el punto de que podemos hablar de Sábato como novelista ideólogo. Esta función es la única que no recae necesariamente en el narrador.

Por los resultados vemos que de las cinco funciones propuestas por Genette, la única ausente es la «función rectora» (de organización interna del texto narrativo). Todas las demás encuentran aquí su representación.

El narratario: complemento del narrador

Es un hecho indiscutible en la crítica novelesca actual la presencia de un narratario. A pesar de su evidencia, la existencia de esta criatura ficticia ha sido olvidada durante siglos. [107]

---

106   La clasificación está tomada de Genette en *Figures III,* ob. cit., págs. 261 a 263.

107   Algunos críticos de la novela hablan de esta categoría, aunque la designan de otra forma. Oscar Tacca, por ejemplo, al hablar del *destinatario* distingue dos manifestaciones: interna y externa. Pues bien el *destinatario interno* sería, aproximadamente, lo que nosotros entendemos por narratario. Cfr. Oscar Tacca: *Las voces de la novela,* ob. cit., págs. 148 a 167.

Toda narración presupone, como es sabido, un narrador que, de acuerdo con las orientaciones críticas actuales, debemos distinguirlo del autor y del «alter ego» novelesco de este último. ¿Quién es, pues, el narratario? Aquel a quien el narrador se dirige. Pero debemos tener cuidado de no confundirlo con sus vecinos: receptor o lector de una obra. El que relata (el narrador) y aquel para quien relata (el narratario) están en relación de interdependencia, sea cual fuere la narración que escojamos como objeto de estudio. Ambos están al mismo nivel diegético.

La diferencia que existe entre «receptor» y «narratario» es de verosimilitud, el uno es real; el otro, ficticio; y por tanto, perteneciente al mundo novelesco, al igual que el narrador. Tampoco debemos confundirlo con el lector virtual, pues un relato está generalmente desarrollado en función de un público lector, elemento indispensable para que la comunicación se realice: emisor → receptor.

AUTOR ——— [narrador → narratario] → LECTOR

Pero si en determinadas circunstancias, el narratario se parece al receptor o lector virtual, nos encontramos con la excepción. «Esta aparición simultánea —dice Todorov— sólo es un caso de la ley semiótica general de acuerdo con la cual «yo» y «tu» son son siempre solidarios». [108]

Para caracterizar al narratario(s) específico(s) de la narración que nos ocupa, tenemos que tomar como punto de referencia al narratario grado cero. [109] Las desviaciones que se desprenden de este narratario ideal, permiten aprehender a nuestro narratario.

Toda narración está compuesta por una serie de *señales* [110] a un narratario, gracias a las cuales podremos reconocerlo. Estas señales que lo diferencian del narratario grado cero, lo definen como narratario específico. De acuerdo con Prince, señalaremos en primer lugar aquellos pasajes del relato más significativos en los que el

---

108 Todorov, T.: *¿Qué es el estructuralismo?...*, ob. cit., pág. 78.

109 Seguimos las orientaciones dadas por Gerard Prince en «Introduction à l'etude du narrataire» en *Poétique*, 14, 1973, págs. 178 a 196.

110 Bourneuf y Ouellet proponen sustituir la denominación de «señales» por la de «trazos» o «huellas», puesto que creen que así se designa con mayor propiedad ese conjunto de indicios proporcionados por la narración del narrador. Cfr. ob. cit., pág. 89 a 90.

narrador se referirá directamente al narratario ya sea a través de palabras, locuciones, pronombres, preguntas o formas verbales. «El estudio de una obra narrativa —apuntan Bourneuf y Ouellet— considerada como acto de comunicación, como una serie de señales dirigidas a un narratario e interpretados en función de él, de sus relaciones con el narrador, los personajes u otros narratarios, en función asimismo de las distancias más o menos grandes que le separan de los lectores, puede desembocar en una más exacta caracterización de la narración...». [111]

PALABRAS Y LOCUCIONES

Pág. 81:   «No le quiero decir, Bruno, que todos los miembros de la Secta fueran ciegos».

Pág. 83:   «Eso es lo más terrible, Bruno».

Pág. 112: «Le voy a hacer una confesión, Sábato».

Pág. 113: «Sábato: a mí no me hacen esto».

Pág. 288: «Pero vuelvo al incidente de la rue Saint-Jacques».

Pág. 294: «Vuelvo ahora a los hechos de 1938».

Pág. 119: «Querido y remoto muchacho: me pedís consejo...».

Pág. 122: «Estoy mal, ahora, querido B.».

Pág. 252: «No, Silvia, no me molestan tus cartas...».

Pág. 414: «Todo, mi querido doctor, lo que se dice todo».

Pág. 415: «(PERO APARENTEMENTE, DOCTOR!)». «Atención, mi querido doctor Sábato!».

Pág. 235: «Tengo muchas cosas que contarte, Marcelo, necesito que sepas».

PRONOMBRES Y FORMAS VERBALES DE LA 2.ª PERSONA

Pág. 25:   «... no se lo puedo explicar con exactitud» y «eso usted lo sabe».

Pág. 26:   «Le estoy hablando de ficciones» «... por lo que luego le diré».

111   Id. ib., págs. 89 a 90.

Pág. 71: «Creo haberle contado».

Pág. 72: «Pero antes quiero explicarle cómo lo conocí».

Pág. 78: «(he escrito un ensayo sobre eso, usted lo conoce)».

Pág. 83: «Como acabo de decirle».

Pág. 112: «Le escribo para comunicarle».
          «Se da cuenta de lo que le estoy diciendo».

Pág. 114: «Hágame el favor de no morirse hasta 1973...».
          «Si la fuerza anti-mundo me liquida, Vd. deberá darle forma...».

Pág. 175: «pero debo hacerle saber algo que sin duda le quitará una ilusión».

Pág. 276: «Creo haberle dicho alguna vez...».

Pág. 282: «No sé si Vd. conoce el caserón... Me parece recordar que en una ocasión se lo mencioné y le dije que alguna vez...».

Pág. 286: «Permítame que por el momento no hable de aquello».
          «Le dije ya que...».

Pág. 319: «El viernes, cuando nos encontremos, prefiero hablar de lo que me pasa ahora».

Pág. 349: «Le explico el libro: ...».

Pág. 420: «Usted se enojó conmigo...».

PREGUNTAS

Pág. 33: «Pero, cómo había llegado?».

Pág. 29: «A qué jugaban?».

Pág. 27: «Cómo era posible que una madre, no recuerde el día del nacimiento de su hijo?».

Pág. 30: «(Pavese, quizá?)».

Pág. 44: «Y Schneider, qué tenía que ver con la obra?».

Pág. 457: «(para qué gritar?, para que la gente al llegar lo matara a palos, asqueada?)».

Pág. 484: «(pero quién, cuándo?)».

Hemos reflejado aquí algunas de las «señales» o «huellas» que el narrador dirige al narratario, eligiendo ejemplos representativos de las diversas modalidades que ofrece el relato.

El narratario puede ser clasificado según su situación narrativa, y es así cómo nos encontramos con narratarios que son personajes dentro del relato, como es el caso que se da en nuestra novela. Los narratarios son, aquí, fácilmente identificables: Bruno, Sábato, B., Silvia y Marcelo. Todos, a excepción de B., son personajes que intervienen activamente en el relato, personajes-narratarios.

Sin embargo, hay casos (como los de las páginas 33, 457 y 484) en que no conocemos a los narratarios, puesto que se trata de preguntas que implican la existencia *implícita* de un narratario y no explícita como en los ejemplos anteriormente citados.

En el caso de Bruno y Marcelo son narratarios «auditores» puesto que escuchan el relato de boca del narrador; mientras que en el caso de Sábato, B. o Silvia son narratarios «lectores» puesto que conocen la narración gracias a la escritura, las «cartas»).

En todos los casos citados, los narratarios conocen al narrador, a los que les une una relación de amistad más o menos estrecha; muchos de ellos se conocen entre sí (Bruno, Sábato, Marcelo) aunque no todos conocen a todos. Tampoco parece que conozcan los sucesos que se les cuentan —al menos no lo indica de este modo el relato, ni ellos mismos— ni han jugado, como consecuencia, ningún papel en ellos.

En el caso de *Sábato* se da la duplicidad de ser en algunas ocasiones narrador y en otros narratario.

Otro aspecto a tener en cuenta en este capítulo sería el de la distancia que une narrador y narratario:

N (Sábato) → Na. (Bruno): distancia en menor grado tanto en lo moral como en lo intelectual, puesto que Bruno —como ya dijimos— es un desdoblamiento del yo de Sábato.

N (J. Ledesma) → Na. (Sábato): distancia en mayor grado, intelectual sobre todo, también en edad.

N (Sábato) → Na. (B.): distancia similar a la anterior.

N (Sábato) → Na (Silvia): distancia similar a la anterior.

N (Palito) → Na. (Marcelo): distancia en menor grado en cuanto a las ideas, y mayor en lo social. De edad son parecidos.

En último lugar analizaremos las *funciones* del narratario.

Aparte de su papel de enlace entre autor y lector(es), otras funciones han sido determinadas por Prince, las cuales podemos rastrear en nuestra obra. «Certaines valeurs doivent-elles être défendues, certaines équivoques dissipées, elles le sont facilement par l'entremise d'interventions auprès du narrataire; faut-il mettre en relief l'importance d'une série d'événements, faut-il rassurer ou inquiéter, justifier des actions ou en souligner l'arbitraire, on peut toujours le faire grâce à des signaux directs au narrataire... Par ailleurs, il existe d'autres relais concevables que l'intervention directe et explicite auprès du narrataire... Dialogues, métaphores, situations symboliques, allusions à tel système de pensée ou à telle oeuvre d'art, autant de moyens de manipuler le lecteur, de guider ses jugements, de contrôler ses réactions», [112] comenta Gérald Prince.

Efectivamente, gracias a las señales al narratario se pone de relieve: la inquietud que domina a Sábato tras la publicación de su segunda novela, de la que hace «cómplice» a su narratario cuando le dice: «Más aún, y *eso usted lo sabe,* infinidad de veces consideré que debería destruir el Informe sobre Ciegos...» (páginas 25 a 26).

La importancia de ciertos episodios de la vida de Sábato-narrador es también puesta de relieve cuando le dice a su narratario: «Día que recuerdo muy bien *por lo que luego le diré sobre mi cumpleaños*» (pág. 26) o aquella frase que preludia su encuentro violento con Nacho: «sin saber que un día reaparecería en mi vida *(y de qué manera!)*» (pág. 31).

El narrador guía los juicios del lector a través del narratario cuando dice: «Releo lo que he escrito y *advierto que estoy dando una impresión no del todo ecuánime sobre el encuentro.* Sí, tengo que confesarlo, mis relaciones con él fueron siempre aversivas, y desde el comienzo le tuve rencor. Lo que acabo de escribir, la

---

112 Ob. cit., pág. 192.

pintura que ha hecho de sus modales, de su voz, son más una caricatura que un retrato. Sin embargo, aun tratando de cambiar algunas palabras, no veo cómo describirlo de modo diferente» (pág. 279). [113] De este modo subraya la arbitrariedad de sus primeros comentarios.

En suma, digamos que la relación autor-lector es conseguida en el relato gracias a la *mediación* de las intervenciones del narrador a su narratario.

Otra de las funciones típicas del narratario es la de *caracterización* puesto que según el tipo de narratario que un narrador conciba, así se le definirá. Esta función adquiere mayor relieve en los casos en que narrador y narratario son personajes de la obra, es decir, que forman parte del mismo cuadro narrativo. Y efectivamente, por los ejemplos arriba citados, ha quedado Sábato-narrador caracterizado como un personaje dubitativo, nervioso, sensible, solitario; en el caso de Jorge Ledesma, tenemos un narrador marcado por el signo de la soledad y la incomprensión; en cuanto a Palito, se nos manifiesta como bondadoso, humilde, sencillo, generoso...

Además, las relaciones entre narrador y narratario en un relato pueden poner de relieve un tema que haga referencia directa a la situación narrativa, es decir, el relato como tema, y así lo vemos cuando Sábato-narrador cuenta a Bruno-narratario los problemas y contrariedades que le abruman al iniciar la redacción de su novela —que es precisamente la novela que estamos tratando, *Abaddón*—.

Prince resume de este modo las funciones posibles de un narratario en el relato: «il constitue un relais entre narrateur et lecteur, il aide à preciser le cadre de la narration, il sert à caracteriser le narrateur, il met certains thémes en relief, il fait progresser l'intrigue, il devient le porte-parole de la morale de l'oeuvre». [114]

En definitiva, señalemos que el narratario es un elemento clave en toda narración, al igual que lo ha sido desde siempre el narrador, puesto que su estudio nos lleva a una mejor comprensión de la obra como acto de comunicación, fin último que pretendíamos al estudiar las técnicas novelescas que ofrece *Abaddón*.

---

113 El subrayado de este fragmento y de los inmediatamente anteriores es nuestro.
114 Ob. cit., pág. 196.

La estructura de Abaddón, obra abierta

De todos es conocida la profunda renovación de la novela actual, ahora bien, donde mayor relieve adquiere esa renovación es en lo relativo a la *técnica* —como hemos tenido ocasión de comprobar— y a la *estructura* —que analizaremos a continuación.

Entendemos por *estructura* «la manera en que aparecen organizados los elementos que integran una novela».[115] Los elementos que configuran esta obra no presentan una disposición ordenada según un principio de coordinación o sucesión lógica, sino que la yuxtaposición en forma de «montaje» será la nota más característica de ella. Variados y contrapuestos elementos y temas se dan a lo largo de sus páginas, que el lector interpretará a su modo. Así, *Abaddón* ejemplificará, como veremos, lo que a partir del estudio de Umberto Eco, se conoce con el nombre de «obra abierta».

Parece oportuno señalar el significado y la evolución sufrida por el término «apertura» hasta que llega a constituirse en característica primordial de las obras contemporáneas, porque «establece un nuevo tipo de relaciones entre artista y público, una nueva mecánica de la percepción estética... Plantea nuevos problemas prácticos creando situaciones comunicativas, establece una nueva relación entre *contemplación* y *uso* de la obra de arte»,[116] afirma el filósofo italiano.

Valor del término «apertura». Su evolución

Existe, según Eco, un significado primigenio del término «abierta», que reside en la posibilidad que toda obra ofrece de ser interpretada de modos diversos sin que su singularidad resulte alterada. «Una obra de arte es un objeto producido por un autor que organiza una trama de efectos comunicativos de modo que cada posible gozador pueda comprender la obra misma, la forma originaria imaginada por el autor».[117] Este sería un sentido meta-

---

115 Baquero Goyanes: ob.cit., pág. 18.
116 Eco, Humberto: ob. cit., pág. 54.
117 Id. ib., pág. 29.

fórico de la obra «abierta», pero existe otro sentido menos metafórico que es cuando son obras «no acabadas» «que el autor parece
entregar al intérprete más o menos como las piezas de un mecano,
desinteresándose aparentemente de adónde irán a parar las cosas». [118]

La diferencia entre un caso y otro es que en el primero, el
autor ofrece una *forma conclusa en sí misma* pero al ser contempla-
da por el receptor intervienen ya una serie de factores (cultura,
gustos, propensiones) que hacen la comprensión según una determinada *perspectiva individual*.

AUTOR ——— OBRA → RECEPTOR
　　　　　　—completa
　　　　　　—cerrada

AUTOR ——— OBRA ← RECEPTOR
　　　　　　—abierta　　perspectiva individual.

En el segundo de los casos, la obra es «abierta» porque así
lo ha querido su *autor*. Es este sentido el que caracteriza la novela
contemporánea y, por supuesto, la obra objeto de nuestro estudio.

Este cambio que se ha producido en la actualidad lo explica
Eco con las siguientes palabras: «el artista en vez de sufrir la «apertura» como dato de hecho inevitable, la elige como programa
productivo, e incluso ofrece su obra para promover la máxima
apertura posible». [119] Ahí radica la diferencia entre ambos sentidos.

En la búsqueda de variados aspectos de «apertura» a lo largo
de la historia podríamos hacer las siguientes escalas: a) época medieval —y aun anterior— en el que una obra contaba con una
serie de significados que el receptor debería descubrir. Así era frecuente encontrar junto al sentido literal, otros sentidos tales como
alegórico, moral o analógico, que serían escogidos por el lector
del texto según su disposición de ánimo.

b) El barroco nos ofrece quizá una acepción más actual del
término, que viene dada por el dinamismo, la indeterminación
de efectos que provocan que no haya una visión privilegiada, fron-
tal, definida, sino «que induzcan al observador a cambiar de posición

---

118　Id. ib., pág. 30.
119　Id., ib., pág. 31.

continuamente para ver la obra bajo aspectos siempre nuevos, como si estuviera en continua mutación».[120] Sin embargo no se puede hablar de teorización consciente de la obra «abierta».

Hasta llegar al *simbolismo*, en la segunda mitad del siglo XIX, no aparece una poética consciente de la obra «abierta». Sus juegos tipográficos, la composición espacial del texto, etc., confieren un halo indefinido al término, lleno de mil sugerencias. Surge así lo que Eco llama «poética de la sugerencia» con la que «la obra se plantea intencionadamente abierta a la libre reacción del que va a gozar de ella». Y más adelante afirma: «en las obras poéticas deliberadamente fundadas en la sugerencia el texto pretende específicamente estimular precisamente el mundo personal del intérprete para que él saque de su interioridad una respuesta profunda elaborada por misteriosas consonancias».[121] Y es precisamente en ese *uso del símbolo* como portador de lo definido que se basa gran parte de la literatura contemporánea. Indeterminación, ambigüedad, son las notas más características de estas obras.

Llegados a este punto, el filósofo italiano establece una distinción muy interesante. Hasta ahora la «apertura» estaba basada en la colaboración *teorética* y *mental* del receptor que interpretaba un hecho de arte *ya producido,* una obra ya hecha; a partir de aquí puede producirse un cambio, que el receptor *colabore a hacer la obra.* Dice así: «debemos reconocer una más restringida categoría de obras que, por su capacidad de asumir diversas estructuras imprevistas físicamente irrealizadas, podríamos definir «obras en movimiento».[122] Esta categoría se da tanto en la música como en las artes plásticas o literarias.

¿A qué se debe esta tendencia actual? ¿A la crisis de nuestro tiempo o a un deseo de renovación de los esquemas de vida? Para Eco se trata de *concordancias, consonancias o convergencia* «de problemas y exigencias que las formas del arte reflejan a través de las que podríamos definir *analogías de estructura*».[123]

Respecto a las *obras en movimiento* Umberto Eco nos advierte de dos casos: a) la posibilidad de una multiplicidad de intervencio-

---

120 Id. ib., pág. 33.
121 Id. ib., pág. 35.
122 Id. ib., pág. 39.
123 Id. ib., pág. 49. El subrayado es nuestro.

nes personales no quiere decir una invitación amorfa a la intervención indiscriminada; b) son «obras» y no un amontonamiento de elementos casuales en caos.

En resumen, distinguiremos tres niveles posibles respecto a la «obra abierta» que irán de lo particular a lo general:

1) Obra «en movimiento» (sin acabar, invita a *hacer la obra* con el autor).

2) Obra «abierta» (completa, pero «abierta» a las relaciones internas que el receptor debe descubrir y escoger).

3) «Obra de arte cualquiera» (sustancialmente abierta a una serie *infinita* de lecturas posibles).

Concluye el estudio Umberto Eco con las siguientes palabras: «La poética de la *obra en movimiento* establece un nuevo tipo de relaciones entre artista y público, una nueva mecánica de la percepción estética... Plantea nuevos problemas prácticos creando situaciones comunicativas, establece una nueva relación entre *contemplación* y *uso* de la obra de arte». [124]

La poética de la «obra abierta» de Sábato
y su aplicación en esta obra. El lenguaje

Ernesto Sábato quiere que *Abaddón* sea una especie de «historia simbólica» de la humanidad. Este empeño guía su novela desde las primeras páginas cuando su «alter ego» novelesco, Bruno, confiesa que las historias que entretejen la trama novelesca —la muerte de Marcelo, el desprecio de Nacho, la caída de Sábato— «estaban no sólo vinculadas sino vinculadas por algo tan poderoso como para construir por sí mismo el secreto motivo de una de esas tragedias que resumen o son la *metáfora de lo que puede suceder con la humanidad toda en un tiempo como éste*» (pág. 21). [125]

Y si Buenos Aires va a ser su punto de partida, considerémosla sólo como eso, mero punto de arranque donde se situarán tipos,

124 Id. ib., pág. 54.
125 El subrayado es nuestro.

caracteres, circunstancias de esa ciudad, pero sólo como dimensión *literal* de una forma alegórica más amplia. Su obra debe interpretarse como una *obra-cosmos*, [126] que pretende un análisis de toda la comunidad humana, aunque para ello se valga de tipos concretos que viven y se rodean de unas circunstancias definidas y delimitadas. En *Abaddón* se esboza «metafóricamente» la destrucción de un mundo, nuestro mundo, anunciada por boca de un «profeta loco», Natalicio Barragán: «—Porque el tiempo está cerca, y este Dragón anuncia sangre y no quedará piedra sobre piedra. Luego, el Dragón será encadenado» (pág. 457). El crepúsculo de la civilización occidental es profetizada de esta forma aunque ya viniese indicada por el mismo título de la obra y las palabras con que se abre, sacadas del *Apocalipsis*.

La obra de Sábato se funda principalmente en el uso del símbolo: la persecución de Sábato por la Secta de los Ciegos, la propia Secta y sus secuaces, los sueños de M., el episodio del «Marché aux Puces» de París, la depresión cada vez más acentuada del protagonista Sábato, el descenso a los subsuelos de Buenos Aires, la monstruosa ceremonia con Soledad, el desdoblamiento, la metamorfosis, no son situaciones para entenderse en un sentido literal. Ahora bien, los sobreentendidos no están garantizados por ninguna enciclopedia —como en la época medieval—, cualquier interpretación, existencialista, teológica, clínica, psicoanalítica, es aquí posible. Y es en esa «ambigüedad» donde reside la «apertura» de la obra. Así una posible interpretación de esos símbolos podría ser, su consideración de señales del proceso decadente de la humanidad en la que se ha enquistado el fenómeno del *mal*. El mal es la caída, existe desde los orígenes del hombre y en cierto modo se está encadenado a él. Sábato-protagonista ejemplifica el ser humano por excelencia perseguido por las fuerzas irracionales, simbolizadas en la Secta de los Ciegos y sus «peones»: Schneider,, Schnitzler, R., Soledad. Y aun podemos llevar más lejos esta sugerencia y afirmar que ese mal enquistado desde el nacimiento del hombre está simbolizado en la novela por el apellido del personaje: «Como si no hubiese bastante con el apellido, derivado de Saturno, Angel de la Soledad en la cábala, Espíritu del Mal para ciertos ocultistas, el Sabath de los hechiceros» (pág. 27).

---

126 Tomamos el término de Eco.

La lucha entre el bien y el mal aparece simbolizada en la obra por la ayuda que los *videntes* (la luz) pretenden darle para hacerlo salir de la situación. Sin embargo, los esfuerzos son inútiles y la caída definitiva se produce cuando decide el descenso a las cloacas —especie de descenso a los infiernos—, a partir de cuyo momento el personaje que sobrevive ha sufrido la transfiguración completa: un ser monstruoso y ciego, identificado con el Mal. El otro Sábato —recuérdese el desdoblamiento—, el intermediario de sus personajes, despreciado por Nacho, el personaje relativizado, muere a los ojos de Bruno Bassán. El avasallamiento del creador por las fuerzas del Mal ha sido gradual, pero definitivo, producto de esa inmersión del creador en las fuerzas tenebrosas al introducirse en la ficción como un personaje más y no como un testigo.

Nelly Martínez afirma que si «el mal es la caída, la encarnación... Sábato desarrolla en *Abaddón* la teoría de que el hombre exacerba su condición de ser carnal, al mantenerse consumiendo carne y, metafóricamente, devorando a su hermano. La idea se plasma en la sugerencia de antropofagia de los recortes de Nacho». [127] Pues bien, estamos de acuerdo con esta interpretación que completaríamos con el añadido de la tortura y muerte del joven revolucionario Marcelo Carranza y el contrapunto de la muerte de Ernesto Guevara —gracias al relato de Palito— como ejemplos de muertes «inútiles», de la destrucción por la destrucción, de ese deseo de aniquilamiento que, desgraciadamente, posee la humanidad.

Pero no se agota con esto el carácter «abierto» de nuestra novela, otros elementos estructurales van a ponerlo de relieve. Empezaremos con su concepción del lenguaje hablado como otra de las piezas de la poética de la novela «abierta». *Abaddón* se va a caracterizar por la utilización de un lenguaje culto que continuamente se verá salpicado por palabras o locuciones peculiares del habla argentina y del argot: «aguantadero», «apuro», «bife», «campito», «conventillo», «chacotón», «chinchulín», «fiero», etc... —confróntese el glosario que figura al final del libro, como prueba visible de lo que decimos—. Del argot son tomadas palabras como: «atenti», «babieca», «cache», «canchero», «bocho», «boludo», etc.

Los personajes que más significativamente van a marcar el lenguaje de la novela son:

---

127 Sábato, E.: *Antología*, ob. cit., pág. 25.

—Carlucho (Carlos Salerno), amigo de Nacho Izaguirre, cuyo lenguaje es una mezcla de criollo campesino e italiano, corriente en hijos de extranjeros dedicado a las faenas del campo. Como ejemplo citaremos las siguientes palabras: «—No, señor —me respondió—. Este chico é un amigo. Se llama Nacho. Me da una mano de vé en cuando» (pág. 29) —supresión de s final—.

—Aronoff, vidente, amigo de Gilberto, descendiente de inmigrantes, que habla como un español, apartándose de la modalidad argentina.

—Quique que habla siempre en público —en las reuniones de los Carranza— con una jerga en la que el español se mezcla con expresiones del lenguaje popular argentino, palabras del argot o lunfardo, expresiones o palabras francesas, inglesas, italianas («après tout», «tanitos», «tirado», «tanga», «supermarket», «che», «vivanco», «habituès», «tour de force», «fait accompli», «pauvres enfants», «everybody», son algunas de las expresiones que salpican sus ya largas conversaciones).

—El viejo Amancio, tío-abuelo de Marcelo Carranza, argentino de otro tiempo que tiene una forma de hablar típica de otra época —lo mismo le ocurre a su amigo don Edelmiro Lagos—.

—El «loco» Jorge Ledesma que mezcla palabras filosóficas con términos del más bajo argot. Ejemplo de lo que decimos podría ser el siguiente fragmento: «Mientras tanto, desde hace millones de años, a pesar de Kant, de toda la ciencia, de la destintegración del átomo, el hombre, igualito que las moscas o las tortugas nace, sufre y muere sin saber porqué. Sábato: a mí no me hacen esto. / Practiqué el agujero y me puse a vichar» (pág. 113).

—Rubén Pérez Nassif, nuevo rico, perteneciente a la plutocracia argentina, cuyo lenguaje estará configurado por clichés periodísticos. Dice así: «Así es, joven Muzzio. Es la ley de la vida. Había que decir, sin embargo, que el Sr. Lambruschini constituía un ejemplo de contracción al trabajo y de honestidad que la empresa reconoció en todo su alcance. Es con hombres de su temple y de

su calidad que SANIPER ha podido llegar a ser lo que es...»
(pág. 117).

—Marco Bassán, padre de Bruno, viejo hombre de campo,
cuyo lenguaje pone de manifiesto su condición y origen.

Estos personajes van a surgir gradualmente, emergiendo cada
uno de niveles de lenguaje distintos, que actúa como técnica de
presentación y metáfora de las respectivas situaciones sociales y
psicológicas. Esta técnica de presentación es de una gran vivacidad
gracias a esa «deformación» o estilización del lenguaje. Pueden
valer como ejemplo algunas líneas del fragmento en que habla
Quique, cuya forma es una de las más llamativas: «Entonces, chi-
cas, la chirusita autodenominada Elizabeth Lynch bajó de un coche
sport en compañía de un ejecutivo pelo canoso, precipitándose
en los brazos de Sergio Renau... Ustedes ignoran quién es Elizabeth Lynch porque no leen con cuidado RADIOLANDIA, exce-
lente revista de ambiente, en que gano unos mendrugos suplemen-
tarios, histoire de boncler le budget, qué tal cómo anda la infla-
ción y la falta de fe en la Nación ya ni el Coco Anchorema puede
redondearlo... Porque, sabés, a mi me gusta bárbaramente el Genio
de Bonn porque siempre van a lo seguro. Pero como yo le pre-
guntara si no le gustaba también Palito Ortega, creyendo que la
quería hacer caer en una trampa, firme como fierro la cachirula me
contestó...» (págs. 352 y 353). De Quique podemos decir que
es el personaje extremo en este sentido, deformador, parodista,
transformador de los usos cotidianos del lenguaje, que siente especial predilección por las definiciones y juegos de palabras, su
lenguaje es el de una «ametralladora», punzante, directo, ágil y
refinado.

La presentación de los personajes está caracterizada por el
dinamismo, envuelto cada uno en su situación «dramática» —presentación por ellos mismos— y no descritos por antelación.

La estructura en «collage» de la novela es otro de los rasgos
que la configuran como «abierta». Al margen de las tres historias
principales que urden la trama novelesca, otras piezas completan
el conjunto:

— El contrapunto que evoca las últimas aventuras y la muerte de Ernesto Guevara en Bolivia, que conoceremos gracias a las palabras de Palito, guerrillero que acompañó a Guevara, y a los extractos del diario de Guevara y de los partes militares e informes periodísticos.

— Los cinco comunicados que Jorge Ledesma envía a Sábato, dispersos a lo largo de todo el libro, especie de contrapunto psicológico del material de la novela —en su aspecto ensayístico—.

— Las conversaciones que Sábato mantiene con los jóvenes de izquierda en las que se discute sobre literatura, revolución, marxismo, etc.

— Las conversaciones que se entretejen en casa de los Carranza, cuyo máximo portavoz será Quique.

— La visita de Bruno Bassán a Capitán Olmos, su tierra natal, episodio con el que concluye la novela. Desde el punto de vista del contenido, esta parte final de la obra es perfectamente prescindible, y está configurada por el monólogo o pensamientos de Bruno sobre el pueblo, sus habitantes, su familia, etc.

Todos estos son elementos que, al margen de la intriga novelística, completan el «corpus» narrativo, dimensión combinatoria de la obra que la configura como «abierta».

Esta disposición combinatoria de la obra aparece reforzada por la organización capitular tan extraña que presenta. Todo lo que ocurre en la novela nos es dado a conocer en retazos o fragmentos —normalmente breves— que nosotros, lectores, debemos recomponer, hasta el punto que podríamos hablar de estructura «atomística» en *Abaddón*. Normalmente casi ningún «capítulo» —pongo el término entre comillas por no ser el adecuado, como vimos— presenta una sucesión lógica-temporal con el siguiente, como queriendo poner de relieve que la vida misma se compone de hechos desordenados, que pueden ocurrirle a los individuos en un cierto período de tiempo, y que no hay *por qué* presentarlos con un hilo lógico —forma corriente de la novela tradicional—. Y es en esta «disolución» de la estructura «bien hecha» donde reside lo que Eco llama *poética del «corte a lo ancho»* y que creemos aplicable a *Abaddón*.

Estos cortes que se han dado en el conjunto novelesco para señalar tal número de capítulos no responden a ningún presupuesto lógico ni razón aparente, perfectamente podrían haberse dado en otros sitios sin que la obra se viese alterada. En definitiva, no hay intención por parte del autor de condicionar la lectura del lector, sino de dejar «abierta» su obra al que va a gozar de ella. Esta disposición capitular entraría dentro de lo que conocemos con el nombre de *composición espacial* del texto que junto con los juegos tipográficos (Cfr. págs. 61, 102 a 104, y 354 a 360 del texto de la novela) realzan lo que hemos llamado «poética de la sugerencia».

Además *Abaddón* es también una obra «abierta» por la «estructura en abismo» en que se apoya. Ya cuando estudiamos el mundo de los personajes hicimos referencia a esta cuestión. Sólo nos queda por decir que, al establecerse esa red de vasos comunicantes entre novela y novela, se determina la posibilidad de que *Abaddón* pueda ser replanteada en una novela futura como ha sido replanteado *El Túnel* en *Sobre Héroes* y *Sobre héroes* en *Abaddón*. Gracias a este recurso —típico del «nouveau roman» francés— la forma tradicional de comunicación entre obra y lector no es de dirección única ($\rightarrow$) sino doble ($\rightleftharpoons$) implicando además, como en este caso, al autor, que se introduce en la novela como un personaje más.

El uso del símbolo, la lengua hablada y coloquial, la dimensión combinatoria, la composición espacial y la construcción en abismo, son los elementos estructurales básicos que Ernesto Sábato emplea, y que lo vinculan con la poética de la obra «abierta».

CONCLUSIONES

Llegados a este punto, y tras haber dado una visión general del escritor argentino y su obra *Abaddón el exterminador,* cabe plantear una serie de resultados obtenidos.

Ernesto Sábato es una figura clave de la narrativa hispano-americana que día a día afianza y aumenta su prestigio literario. Estamos con él al afirmar su exterioridad al «boom», pero eso no excluye que sea merecedor de un puesto de honor al lado de los «clásicos» integrantes de este movimiento. Su calidad, a pesar de su exigua creación novelesca, reclamaba insistentemente una consideración de valor de su tarea literaria; aun en contra de quienes lo creen un impostor.

También sería simplificar sus méritos considerar al argentino Sábato como un representante sin más de la literatura nacional. Ernesto Sábato, consciente de los problemas que aquejan a su país, no se limita a dar a su obra una dimensión localista, sino que aspira a expresar problemas universales que atañen por igual al hombre americano que al hombre europeo. El regionalismo ha sido por él desechado, para dar paso a más amplias miras. Sin embargo, otros aspectos como, por ejemplo, el *lenguaje* sí que revelan al argentino por el uso que en su obra hace —sobre todo en *Abaddón*— de formas dialectales y lunfardas.

Como pensador que es, nuestro escritor hace un tipo de novela marcada por este signo, la frivolidad o la anécdota son extirpadas de su obra para dar entrada en ella a las reflexiones sobre temas y problemas actuales que atraen y afectan a la sociedad de hoy, público al que va dirigida su palabra.

Su primitiva inclinación por el mundo científico dejó marcada su labor literaria: sus novelas y —aún más— sus ensayos revelan al matemático-lógico oculto. Sus razonamientos son de una exactitud sorprende. Como prueba de lo que decimos invitamos a la lectura de las páginas 81 a 82 de nuestra obra.

Si en sus novelas se dejan traslucir sus razonamientos lógicos, producto de una mente cartesiana, con mayor motivo advertimos este fenómeno en sus ensayos. La «densidad» quizá sea la nota más llamativa de sus escritos, tanto del ensayo como de la ficción.

Por lo que a lo largo de este trabajo hemos expuesto consideramos que es imposible estudiar una obra suya como una pieza aislada. *Abaddón,* como *El Túnel* o *Sobre héroes,* hay que verla en función del «todo literario» de Ernesto Sábato: ensayos y demás ficciones. De esta suerte podemos hablar de su obra literaria como de un «continuum» que le ha valido, a veces, críticas lacerantes sobre la repetición en que el escritor incurre. Sin embargo, no preocupa esto a Ernesto Sábato ni tampoco debe importarnos a nosotros, pues de lo que aquí se trata es de manifestar su calidad literaria que viene dada principalmente por el valor que sus obras ofrecen, aunque ahonden siempre en la misma llaga. A Ernesto Sábato podríamos compararlo —debido a esta combinación de su doble faceta literaria— con Jean Paul Sartre —escritor criticado y admirado por él—. Al igual que Sartre practica la filosofía —que vuelca en sus ensayos— y la literatura. Y en esta doble labor, la segunda —más débil— se ve contagiada por la primera, de ahí que creamos que Sábato es más pensador que novelista.

El estudio de la *historia* en *Abaddón* nos ha permitido deducir un modelo teórico. A pesar de la diversidad de líneas que tejen la novela, sus historias principales ofrecen una unidad compacta.A una situación inicial estable sigue una desestabilidad producto de una serie de factores externos y/o internos que actúan a modo de cortapisas a los primitivos proyectos. Estas fuerzas son más poderosas que la propia resistencia interna de cada uno de los protagonistas centrales de cada trama, y el final es prácticamente idéntico, la degradación es efectiva en los tres: la transformación, la huida y la muerte, tres válvulas de escape de connotación negativa que marcan tres finales desgraciados. El estado degradado marcó para cada una de las víctimas, el fin del relato.

En definitiva estamos ante tres intentos de salir de la *soledad,* frustrados, como pudimos comprobar y el propio Bruno puso de manifiesto al final de la novela: «por ser la frustración el inevitable destino de todo ser que ha nacido para morir; y porque todos estamos solos o terminamos solos algún día: los amantes sin el amado, el padre sin sus hijos y los hijos sin sus padres, y el revolucionario puro ante la triste materialización de aquellos ideales que años atrás defendió con su sufrimiento en medio de atroces torturas» (pág. 482), y más tarde, Bruno dedicará a su amigo Sábato muerto unas palabras que podemos poner en relación con las anteriores: «Oh, hermano mío...; cuánto te comprendo para querer verte enterrado, descansando en esta pampa que tanto añoraste, y para soñarte sobre tu lápida una pequeña palabra que al fin te preservase de tanto dolor y soledad! » (pág. 483).

En cuanto a los personajes hemos notado por un lado, su correspondencia con los de sus novelas anteriores, hecho evidente puesto que llevan el mismo nombre incluso; pero, por otro lado, aparecen también personajes nuevos: Marcelo, Nacho, Schneider, etc., etc. Mas por encima de esta superficial distinción, algo más poderoso une a todos estos seres: el llevar alguna característica del creador. En este compromiso tácito que Ernesto Sábato se impuso con sus lectores ya desde sus inicios literarios, *Abaddón* representa la máxima postura que el creador podía adoptar: penetrar dentro de la ficción como un personaje más conviviendo con sus criaturas. Todos sus personajes, sin distinción, son seres atormentados, reflejo de su propio tormento interno, seres insatisfechos con el mundo que les rodea, insatisfacción que les llevará a la búsqueda de otros «mundos» en el que realizarse. Pero el «absoluto» es imposible de conseguir quizá por la propia relatividad del hombre.

Los protagonistas indiscutibles de la novela son cinco: las parejas Sábato-Bruto, Nacho-Agustina y Marcelo Carranza. El autor nos ha ido ofreciendo la caracterización de los mismos poco a poco, fragmentariamente podríamos decir, y nosotros, lectores, hemos reconstruido paulatinamente esas notas dispersas a lo largo del relato hasta llegar a su comprensión final, que nunca será completa sino que nos dejará con un gran número de interrogantes y dudas. En definitiva, son personajes que se caracterizan principalmente por lo que hacen, dicen o piensan ellos —y no el autor—, profundamente complejos y ambiguos, llenos de contradicciones internas, a veces, que revelan una vez más al autor, creador y padre de estas criaturas: Ernesto Sábato. .Realmente podríamos afirmar que, en lo relativo a los personajes, sigue presupuestos muy parecidos a los que empleara en su anterior novela pero con la salvedad importante de su inmersión en la novela como un personaje más, recurso que le da la oportunidad de potenciar lo autobiográfico y comprometerse aún más con lo que dice.

El estudio del *discurso* nos ha puesto de manifiesto la estructura «moderna» de *Abaddón,* es decir, su «actualidad», sostenida por diversos materiales en estrecha conexión unos con otros. El tiempo que el autor maneja se desenvuelve en un doble plano: el tiempo cronológico, que aparece bastante desdibujado en el relato, y el tiempo interior, como contrarresto, bastante marcado. Ahora bien, sus personajes no van a aparecer estancados en el tiempo presente, sino que gracias a las anacronías podremos saber algo de su pasado o futuro —más frecuentes las miradas al pasado que al futuro— para así aprehender a estos personajes-actantes en su totalidad. Si dijimos que esta novela iba ofreciendo la caracterización de los personajes poco a poco y a retazos, que el lector debía luego recomponer para adquirir la imagen total, consecuentemente *Abaddón* ofrecerá una gran abundancia de elipsis, de tiempos de la historia que no se corresponden con ningún tiempo de relato. Mas a esta superabundancia de elipsis le acompaña un equilibrio entre los sumarios y las escenas, y una escasez de las pausas en su sentido descriptivo. En esta confrontación de tiempo de la historia y tiempo del relato, hemos notado también un predominio del singulativo —frecuencia lógica y normal de cualquier novela— seguido del iterativo, ajustándose así al principio de economía del relato. En síntesis, el tiempo de la aventura ofrece mayor importancia que el de la lectura o escritura. De los tres aspectos analizados allí, el orden, la duración y la frecuencia, advertimos un efecto concatenador entre ellos, lógicamente el tiempo de la historia no puede ser igual al tiempo del relato, el primero es siempre mayor, y para salvar esa desproporción su autor ha jugado con tres efectos: las anacronías —analepsis y prolepsis—, la elipsis y el relato iterativo, procedimientos todos ellos encaminados a captar al personaje o a la acción en su unidad.

En cuanto al tratamiento del espacio señalamos el predominio de narración sobre descripción, aunque, no obstante, existen en momentos claves de la novela, descripciones muy plásticas —es el caso de los subsuelos de Buenos Aires— que ya tuvimos ocasión de analizar en su momento. Sin embargo, Sábato no abusa del procedimiento descriptivo, con lo que se pone de manifiesto una vez más la «actualidad» de su obra. En cuanto al escenario en que se desarrolla la novela, al igual que en casos anteriores, es Buenos Aires el centro neurálgico principal, los desplazamientos espaciales —normalmente acompañados de un desplazamiento temporal— son escasos en nuestra obra. Se reducen a tres: París, La Plata y «Capitán Olmos», y se realizan gracias a la imaginación de los protagonistas, a excepción del último, «Capitán Olmos» que responde a un desplazamiento real de Bruno en el otoño del 73 a su pueblo natal.

En cuanto a la exterioridad o interioridad del escenario predomina la primera sobre la segunda —en esto se asemeja a *Sobre héroes*—, como lo prueba el continuo citar de calles y plazas recorridas a lo largo de sus páginas. Los interiores preferidos serán especialmente dos: la casa de los Carranza y los bares. Entre estos dos polos y la calle se desarrolla el marco o escenario de *Abaddón*.

En suma, escasez de descripción, escasez de movimiento real y cierto predominio del exterior sobre el interior. Y en aquellos momentos —aunque escasos— en que se describe la naturaleza se suele dar una fusión con el estado de ánimo del personaje —característica común a sus dos anteriores novelas—.

El modo adoptado por el autor se desglosa en dos aspectos, la distancia y la perspectiva. En cuanto a la distancia las notas más llamativas son la variedad —pues todos los tipos de discursos existentes son utilizados— y la combinación de estos diversos estilos, en el interior incluso de un mismo capítulo. La utilización que Ernesto Sábato ha hecho de los discursos o «estilos» sigue este orden descendente: «estilo contado», «estilo directo» y «estilo indirecto». Consideración aparte merece el tratamiento que le da al «monólogo interior», usado en su forma «indirecta», y en boca principalmente de Bruno a Sábato. Forma que se adecua perfectamente a la caracterización sicológica de estos personajes.

En cuanto a la perspectiva o punto de vista, predomina la

visión «con», consecuencia de este cambio que se realiza al pasar de una técnica representativa, en la que el autor sabía más que el personaje, a una técnica de presentación, en la que el autor sabe igual que el personaje. Le sigue en importancia a la visión «con», la visión «desde fuera» y la visión «desde dentro». El tipo de focalización predominante se ajusta a lo que dijimos relativo a la presentación de personajes, con lo que se pone de manifiesto una vez más el perfecto acoplamiento de las técnicas que Sábato maneja.

El análisis de la voz narrativa cierra el estudio del aspecto verbal de la obra. Como resultado observamos la combinación de los dos tipos de narradores existentes: homodiegético, en su variante autodiegética, cuando Sábato-personaje toma la palabra en primera persona para narrar hechos que podríamos calificar en su mayoría de autobiográficos; narrador heterodiegético, exterior a la historia, el que abre y cierra el relato. La interrogante se plantea en el interior de sus páginas cuando aparece una tercera persona que corresponde perfectamente a una conciencia de primera persona. No nos atreveríamos a hablar aquí de narrador heterodiegético, porque suponemos que, a pesar de esa tercera persona que establece una distancia, se trata de Bruno o Sábato —no en balde dijimos que eran el reverso y anverso de una misma moneda—, ambos, personajes de la novela, y por tanto, no podemos calificarlo de narrador heterodiegético.

La existencia del narrador viene acompañada de la del «narratario», su complemento, cuya presencia en nuestra obra se justifica por una serie de marcas o señales que anotamos en su momento. Narratario que en la mayoría de los casos se convierte en narrador.

En definitiva, *Abaddón* se nos presenta como una obra «actual» en todas sus dimensiones; alejada de las técnicas tradicionales novelísticas, no es, sin embargo, un alarde tecnicista sin más. Ya hemos dicho cómo la preocupación central de Ernesto Sábato es el *hombre,* y será en los conceptos —temática— donde resida el mayor atractivo de la novela. Lac técnicas novedosas son manejadas siempre como apoyo de sus conceptos, y en función de ellos, aunque su utilización ofrezca una dimensión actual y moderna a sus novelas. No existe, pues, en Ernesto Sábato el alarde formal, sin más, mejor aún, digamos, que no es buscado intencionadamente como en otros escritores contemporáneos.

Abaddón el exterminador corona hasta el momento la producción novelística del argentino Ernesto Sábato, sin embargo, no es una novela que se muestre radicalmente diferente a *Sobre héroes* y a *El Túnel*. Mantiene las mismas constantes temáticas allí esbozadas, aunque aquí su análisis se haga más extensivo y complicado. La parte ensayística —digresiva— de *Abadón* es superior a la de *Sobre héroes* lo que asegura en determinados momentos una mayor complejidad. Pero tanto lo ensayístico como lo ficcional de la obra —de la que no está ausente tampoco lo «fantástico»—, lo uno en el plano real y lo otro en el plano simbólico, contribuyen a ofrecer al lector su «filosofía» de la vida, sus preocupaciones, sus creencias, sus obsesiones, y en este sentido, nos atreveríamos a hablar de esta obra como de la «expresión autobiográfica» más desgarrada que de sí ha ofrecido Ernesto Sábato.

BIBLIOGRAFIA

La selección de la bibliografía más importante manejada durante la elaboración de este trabajo está organizada en tres apartados:

1. Obras del autor (libros, artículos y entrevistas).
2. Crítica sobre el autor (libros y artículos).
3. Teoría literaria (con especial dedicación a la novela).

1. OBRAS DEL AUTOR (LIBROS, ARTÍCULOS, Y ENTREVISTAS)

SABATO, Ernesto: *Abaddón, el exterminador,* Madrid, Alianza Tres, 1975. Barcelona, Seix Barral, 1978, 3.ª ed. corregida y definitiva.

— «Algunas reflexiones a propósito del «nouveau roman», en *Sur,* núm. 285, nov.-dic. de 1963, págs. 42 a 67.

— *Apologías y rechazos,* Barcelona, Seix Barral, 1979.

— *La convulsión política y social de nuestro tiempo,* Buenos Aires, Edicam, 1969.

— «¿Crisis de la novela o novela de la crisis?», en *Eco* (Bogotá), tomo XVII, núm. 6, oct. de 1968, págs. 627 a 638.

«Conversación con Ernesto Sábato», de Alex Zisman, en *Camp de L'Arpa,* núm. 33, junio de 1976, págs. 13 a 16.

«41 preguntas a Ernesto Sábato», de César Tiempo, en *Indice de Artes y Letras,* Madrid, tomo XXI, núm. 206, 1966, páginas 15 a 17.

SABATO, Ernesto: *La cultura en la encrucijada nacional,* Buenos Aires, Sudamericana, 1976.

«Ernesto Sábato: La literatura profunda es de índole metafísica», por Margarita Seco, en *ABC,* 19 de octubre de 1977, pág. 36.

SABATO, Ernesto: *El escritor y sus fantasmas,* 4.ª edic., Buenos Aires, Aguilar, 1971.

«He denunciado atrocidades de derechas y de izquierdas», de Manuel Guillén, en *Cuadernos para el diálogo,* 22 de enero de 1977, págs. 52 a 53.

SABATO, Ernesto: *Hombres y engranajes. Heterodoxia,* Madrid, Alianza Editorial, 1973.

— *Itinerario,* Buenos Aires, Sur, 1969.

— «Nuestro tiempo de desprecio», en *El viejo topo,* 16 de enero de 1978, págs. 59 a 69.

— *Obras. Ensayos,* Buenos Aires, Losada, 1970.

— *Obras de ficción,* Buenos Aires, Losada, 1966.

— *El otro rostro del peronismo. Carta abierta a Mario Amadeo,* Buenos Aires, Imprenta López, 1956.

— «Por una novela novelesca y metafísica», en *Mundo Nuevo* (París), núm. 5, noviembre de 1966, págs. 5 a 21.

— «Realidad y realismo en la literatura de nuestro tiempo, en *Cuadernos Hispanoamericanos,* tomo LX, octubre de 1964, págs. 5 a 20.

«Sábato: una profunda desesperación», por Angel Leiva, en *Informaciones de las Artes y las Letras,* 14 de abril de 1977, págs. 1 a 2.

«Sigam os sonhadores», por Alexandros Euremidis, en *Veja* (Brasil), núm. 427, 10 de noviembre de 1976, págs. 3, 4 y 6.

SABATO, Ernesto, *Sobre héroes y tumbas,* 15.ª edic., Buenos Aires, Ed. Sudamericana, 1974.

— *Tango, discusión y clave,* Buenos Aires, Losada, 1963.

— «Trascendencia y trivialidad del surrealismo», *Número,* II, núms. 10-11, sbre.-dic. de 1950, págs. 468 a 474.

— *Tres aproximaciones a la literatura de nuestro tiempo: Robbe-Grillet, Borges, Sartre,* Santiago de Chile, Editorial Universitaria, 1968.

— *El Túnel,* 15.ª edic., Buenos Aires, Ed. Sudamericana, 1974.

— *Uno y el universo,* 4.ª edic., Buenos Aires, Sudamericana, 1973.

2.   Crítica sobre el autor (libros y artículos)

ARTIGAS, Raúl José: «Sobre héroes y tumbas» (un rostro de la patria)», en *Estudios* (Buenos Aires), núm. 548, octubre de 1963, págs. 600 a 607.

AVELLANEDA, Andrés O.: «Novela e ideología en *Sobre héroes y tumbas* de Ernesto Sábato», en *Bulletin Hispanique,* 74, núms. 1-2, 1972, págs. 92 a 115.

BACARISSE, Salvador (autor de la edición): *Contemporany Latin American Fiction. Carpentier, Sábato, Onetti, Roa, Donoso, Fuentes, G. Márquez,* Edimburgo, 1980.

BENEDETTI, Mario: *Letras del continente mestizo,* 2.ª edic., Montevideo, Arca, 1969.

BLANCO AMOR, José: «La novela argentina de hoy y el país real», en *Cuadernos Hispanoamericanos,* tomo LXIX, número 205, enero de 1967, págs. 134 a 143.

BORELLO, Rodolfo Antonio: «Ernesto Sábato: Sobre héroes y tumbas», en *Boletín de Cultura,* núm. 1, págs. 41 a 46.

CANAL-FEIJOO, Bernardo: «Ernesto Sábato: Sobre héroes y tumbas», *Sur* (Buenos Aires), núm. 276, mayo-junio de 1962, págs. 90 a 99.

CASTELLANOS, Carmelina de: «Aproximación a la obra de E. Sábato», *Cuadernos Hispanoamericanos,* núm. 183, marzo de 1965, págs. 486 a 503.

— «Dos personajes de una novela argentina», en *Cuadernos Hispanoamericanos,* núm. 232, 1969, págs. 149 a 160.

— «Ernesto Sábato en su primera novela», *Universidad Nacional del Litoral. Santa Fe,* núm. 69, Argentina, 1966, págs. 97 a 115.

— *Tres nombres en la novela argentina,* Santa Fe, Edit. Colmegna, 1967.

CASTILLO-PUCHE, J. L.: «Ernesto Sábato», en *Indice de Artes y Letras,* XII, núm. 140, 1960, pág. 2.

CATANIA, Carlos: *Sábato, entre la idea y la sangre,* San José (Costa Rica), Ed. Costa Rica, 1973.

CERSOSIMO, Emilce Beatriz: «Espacio y tiempo en *Sobre héroes y tumbas*», en *Comentario* (Buenos Aires), XV, núm. 58, 1968, págs. 57 a 59 y 68.

— «*Sobre héroes y tumbas*»: *de los caracteres a la metafísica,* Buenos Aires, Sudamericana, 1972.

CORREA, María Angélica: *Genio y figura de E. Sábato,* Buenos Aires, Eudeba, 1971.

DELLEPIANE, Angela: *Ernesto Sábato, un análisis de su narrativa,* Buenos Aires, Nova, 1970.

— *Ernesto Sábato, el hombre y su obra,* Nueva York, Las Américas, 1968.

— «Del Barroco y las modernas técnicas novelísticas de E. Sábato», Washington, Separata de *Rev. Interamericana de Bibliografía,* vol. XV, núm. 3, 1965, págs. 226-250.

— «Sábato y el ensayo hispanoamericano», *Asomante,* San Juan de Puerto Rico, XXII, núm. 1, 1966, págs. 47 a 59.

EANDI, Héctor: «Carta a Ernesto Sábato», en *Comentario* (Buenos Aires), tomo X, núm. 36, 1963, págs. 71 a 74 y 79.

FERNANDEZ MORENO, César: «El caso Sábato», en *Nueva novela latinoamericana,* vol. II, Buenos Aires, Paidós, 1972.

FORSTER, David William: «The integral role of «El informe sobre Ciegos» in Sabato's *Sobre héroes y tumbas*», en *Romance Notes* (USA), 14, núm. 1, págs. 44 a 48.

— «E. S. *Abaddón el exterminador*», en *Rev. Iberoamericana* (USA), núm. 90, marzo de 1975, págs. 148 a 150.

FOX, Lucía: «La novela de Ernesto Sábato», en *Razón y Fábula,* núm. 18, marzo-abril de 1970, págs. 29 a 31.

FRANK, Jacques: «Ernesto Sábato: *Alejandra*», *Revue générale belge,* 8, 1967, págs. 113 a 120.

GALVEZ ACERO, Marina: «*Abaddón el exterminador* o la más alta función paradigmática en la narrativa de Ernesto Sábato», en *Anales de Literatura Hispanoamericana,* Madrid, núm. 5, 1976, págs. 275 a 290.

— «Algunos elementos surrealistas del *Informe sobre Ciegos* de E. Sábato», en *Anales de Literatura Hispanoamericana,* Madrid, núm. 4, 1975, págs. 295 a 304.

— «*El Informe sobre Ciegos*» (*Destino psicológico y biológico*), Madrid, Gráficos Coallas, S. L., 1973.

GARCIA MARQUEZ, Eligio: «Un anarquista de la existencia: Ernesto Sábato», en *Revista de Occidente* (España), núm. 93, 1970, págs. 358 a 366.

GIACOMAN, Helmy F.: *Homenaje a Ernesto Sábato* (variaciones interpretativas en torno a su obra), Nueva York, Las Américas, 1973.

— *Los personajes de Sábato,* Buenos Aires, Emecé, 1972.

GIBBS, Beverly J.: «*El Túnel:* Portrayal of isolation», en *Hispania,* vol. 48, núm. 3, septiembre de 1965, págs. 429 a 436.

GUILLERMO, Edenia y HERNANDEZ, Juana A.: *Quince novelas hispanoamericanas,* New York, Las Américas, 1971.

GUDIÑO KRAMER, L.: «Sobre héroes y tumbas», en *Universidad Nacional del Litoral,* núm. 58, 1963, págs. 406 a 408.

HOLZAPFEL, Tamara: «Metaphisical Revolt in Ernesto Sábato's 'Sobre héroes y tumbas'», *Hispania,* 52, 1969, págs. 857 a 863.

— «Sobre héroes y tumbas, novela del siglo», *Revista Iberoamericana,* México, XXXIV, 1968, págs. 117 a 121.

LOMBARDI, Lilia de: «Neurosis y soledad en «El túnel» de Ernesto Sábato», en *Revista de Literatura Hispanoamericana,* Maracaibo (Venezuela), núm. 3, julio-diciembre de 1972, págs. 11 a 29.

LORENTZ, Günter W.: *Diálogo con latinoamérica,* Valparaíso, Edic. Universitarias de Valparaíso, 1972.

LUDMER, Iris Josefina: «Ernesto Sábato y un testimonio del fracaso», en *Boletín de Literaturas Hispánicas,* Universidad del Litoral, núm. 61, 1966, págs. 83 a 100.

MACRI, Oreste: «Il romanzo di Ernesto Sabato», en *Approdo,* XII, núm. 33, 1966, págs. 123 a 125.

MARTINEZ DACOSTA, Silvia: *El informe sobre ciegos en la novela de Ernesto Sábato: Sobre héroes y tumbas; comentario crítico a la luz de las teorías de Segismundo Freud,* Zaragoza, Cometa, 1972.

MEINHARDT, W. L.: «Ernesto Sábato. Algo más sobre la reciente publicación, acotaciones cronológicas y bibliográficas», en *La Torre,* año XV, núm. 58, 1967, págs. 253 a 256.

MERLINO, Mario: «Abaddón el exterminador», en *Triunfo,* número 733, 12 de febrero de 1977, pág. 50.

MUÑIZ-ROMERO, Carlos: «El quinto ángel de Ernesto Sábato», en *El Correo de Andalucía,* 26 de septiembre de 1976, pág. 29.

MURTAGH, María I.: *Páginas vivas de Ernesto Sábato,* Buenos Aires, Kapelutz, 1974.

NELLY MARTINEZ, Z.: *Antología de Ernesto Sábato,* Buenos Aires, Librería del Colegio, 1975.

NEYRA, Joaquín: *Ernesto Sábato,* Buenos Aires, Ministerio de Cultura y Educación, 1973.

O. CAMPA, Annunziata: «El mundo alucinante de *Abaddón el exterminador»,* en *La Estafeta Literaria,* Madrid, núm. 599, 1 de noviembre de 1976, págs. 9 a 11.

OBERHELMAN, Harley Dean: *Ernesto Sábato,* New York, Twayne Publishers, Inc., 1970.

PETERSEN, Fred: «Notas en torno a la publicación reciente de Ernesto Sábato», en *La Torre,* año XIII, núm. 51, 1965, págs. 197 a 203.

PORTELA, Oscar Ignacio: «Abaddón o el Apocalipsis según Sábato», en *Cuadernos Hispanoamericanos»,* núm. 308, febrero de 1976, págs. 202 a 210.

PREDMORE, James R.: *Un estudio crítico de las novelas de Ernesto Sábato,* Madrid, Porrúa, 1981.

QUIROGA DE CEBOLLERO, Carmen: *Entrando a «El Túnel» de E. Sábato, análisis e interpretación,* San Juan, Universidad de Puerto Rico, 1971.

RODRIGUEZ, Ana María: *La creación corregida. Estudio comparativo de la obra de Ernesto Sábato y Alain Robbe-Grillet,* Caracas, Edic. de la Universidad Católica Andrés Bello, 1976.

RODRIGUEZ MONEGAL, Emir: *El arte de narrar,* Venezuela Monte Avila Edit., 1968.

RUMAZO, L.: «La presencia del sadismo en Sábato», en *Cuadernos Hispanoamericanos,* núm. 270, 1972, págs. 551 a 558.

SARUSKY, Jaime: «Sobre héroes y tumbas», en *Casa de las Américas,* La Habana, tomo IV, núm. 26, 1964, págs. 120 a 122.

SOUZA, Raymond D.: «Fernando as hero in Sabato's 'Sobre héroes y tumbas'», *Hispania,* 55, 1972, págs. 241 a 246.

SUÑEN, Luis: «Ernesto Sábato: «Abaddón el Exterminador», en *Cuadernos Hispanoamericanos,* núm. 308, febrero de 1976, págs. 199 a 202.

VARELA, Benito: *El cuento hispanoamericano contemporáneo* (Antología), Tarragona, Colección Arboli, Ed. Tarraco, 1976, págs. 99 a 106.

VIÑA LISTE, José María: «Una novela apocalíptica: *Abaddón el exterminador,* de Ernesto Sábato», *Revista de Occidente,* diciembre de 1975, págs. 78 a 81.

WAINERMAN, Luis: *Sábato y el misterio de los ciegos,* Buenos Aires, Losada, 1971.

YUDICELLO, Lucio: «Ernesto Sábato: el recurso de la melancolía», en *La Estafeta Literaria,* núm. 608, 15 de marzo de 1977, págs., 4 a 7.

3. TEORÍA LITERARIA (CON ESPECIAL DEDICACIÓN A LA NOVELA)

AGUIAR E SILVA, Víctor Manuel: *Teoría de la literatura,* Madrid, Gredos, 1972.

AINSA, BARDAVIO, BUCKLEY y otros: *Teoría de la novela,* Madrid, Sociedad General Española de Librerías, S. A., 1976.

ALBERES, R. M.: *Metamorfosis de la novela,* Madrid, Taurus, 1971.

ALLOT, Miriam: *Los novelistas y la novela,* Barcelona, Seix Barral, 1966.

AMOROS, Andrés: *Introducción a la novela contemporánea,* Madrid, Anaya, 1966.

ANDERSON IMBERT, Enrique: *Métodos de crítica literaria,* Madrid, Rev. de Occidente, 1969.

AUB, Max: *Discurso de la novela española contemporánea,* México, El Colegio de México, 1945.

AYALA, Francisco, *Reflexiones sobre la estructura narrativa,* Madrid, Taurus, 1970.

BACHELARD, Gastón: *La poétique de l'espace,* París, Presses Universitaires, 1958.

BAQUERO GOYANES, Mariano: *Estructuras de la novela actual,* Barcelona, Planeta, 1970.

— *Perspectivismo y contraste,* Madrid, Gredos, 1963.

— *Proceso de la novela actual,* Madrid, Ediciones Rialp, S. A., 1963.

— *Qué es la novela,* Buenos Aires, Columbia, 1966.

BARTHES, GREIMAS, BREMOND, GRITTI, MORIN, METZ, TODOROV y GENETTE: *Análisis estructural del relato,* 3.ª edic., Buenos Aires, Edit. Tiempo Contemporáneo, Col. «Comunicaciones», 1974.

BARTHES, Roland, *Ensayos críticos,* Barcelona, Seix Barral, 1967.

— *El grado cero de la escritura.* Seguido de *Nuevos ensayos críticos.* Buenos Aires, Siglo XXI, 1973.

— *S/Z,* París, Seuil, 1970.

BOBES NAVES, NUÑEZ RAMOS y otros: *Crítica semiológica,* Santiago de Compostela, Universidad de Santiago de Compostela, 1974.

— *Comentario de textos literarios,* Oviedo, Cupsa Editorial, 1978.

BEAUJOUR, Michel: *La nueva novela europea,* Madrid, Guadarrama, 1968.

BLOCH-MICHEL, Jean: *La «nueva novela»,* Madrid, Guadarrama, 1967.

BONET, Carmelo: *La técnica literaria y sus problemas,* Buenos Aires, Nova, 1968.

BOURNEUF y OUELLET, R. y R.: *La novela,* Barcelona, Ariel, 1975.

BUCKLEY, R.: *Problemas formales en la novela española contemporánea,* Barcelona, Península, 1968.

BUTOR, Michel: *Sobre literatura II,* Barcelona, Seix Barral, 1967.

CAILLOIS, Roger: *Sociología de la novela,* Buenos Aires, Sur, 1942.

CASTAGNINO, Raúl H.: *El análisis literario,* 8.ª ed., Buenos Aires, Nova, 1973.

— *Sentido y estructura narrativa,* Buenos Aires, Nova, 1975.

CASTELLET, José María: *La hora del lector,* Barcelona, Seix Barral, 1957.

CIRRE, J. F.: «El protagonista múltiple y su papel en la reciente novela española», en *Papeles de Son Armadans,* núm. 98, 1964, págs. 159 a 170.

CHABROL, C. y MARIN, L.: *Semiótica narrativa: relatos bíblicos,* Madrid, Narcea, 1971.

ECO, Umberto: *Obra abierta,* Barcelona, Seix Barral, 1965.

GENETTE, Gerard: *Estructuralismo y crítica literaria,* Argentina, Editorial Universitaria de Córdoba, 1967.

— *Figures I,* París, Seuil, 1966.

— *Figures II,* París, Seuil, 1969.

— *Figures III,* París, Seuil, 1972.

GOLDMAN, Lucien: *Para una sociología de la novela,* Madrid, Ayuso, 1975.

GOYTISOLO, Juan: *Problemas de la novela,* Barcelona, Seix Barral, 1959.

GREIMAS, A. J., *Semántica estructural,* Madrid, Gredos, 1971.

— y varios: *Ensayos de semiótica poética,* Barcelona, Planeta, 1976.

GULLON y GULLON, Germán y Agnes: *Teoría de la novela,* Madrid, Taurus, 1974.

HAMON, Philippe: «Quest-ce qu'une description?», en *Poétique,* núm. 12, 1972, págs. 465 a 485.

HOLLERBACH, Wolf: «Ensayo de teoría literaria», en *Prohemio,* II, 3, diciembre de 1971, págs. 373 a 417.

JAKOBSON, TINIANOV, EICHENBAUM, BRIK, SHKLOVSKI, VINOGRADOV, TOMASHEVSKI, PROPP: *Teoría de la literatura de los formalistas rusos,* Buenos Aires, Signos, 1970.

KAYSER, Wolfgang: *Interpretación y análisis de la obra literaria,* 4.ª ed., Madrid, Gredos, 1972.

KRISTEVA, Julia: *El texto de la novela,* Barcelona, Lumen, 1974.

LAMIQUIZ, Vidal: «Análisis estructural del relato. (Intento de un estudio semiológico)», *Thesaurus,* Bogotá, Instituto Caro y Cuervo, tomo XXIV, 1969, págs. 3 a 8.

LEJEUNE, Philippe: «Le pacte autobiographique», en *Poétique,* núm. 14, 1973, págs. 137 a 162.

LOTMAN, J. M.: *Estructura del texto artístico,* Madrid, Itsmo, 1978.

LUKACS, Gyorgy: «El problema de la perspectiva», en *Sociología de la literatura,* Barcelona, Península, 1973, págs. 243 a 248.

LUKACS, Georg: *Teoría de la novela,* Barcelona, EDHASA, 1971.

MACHEREY, Pierre: *Pour une théorie de la production littéraire,* París, François Maspero, 1971.

MARTINEZ BONATI, Félix: *La estructura de la obra literaria,* Barcelona, Seix Barral, 1972.

MIGNOLO, Walter: *Elementos para una teoría del texto literario,* Barcelona, Crítica, 1978.

MORAN, Fernando: *Reflexiones sobre la novela actual,* Madrid, Taurus, 1971.

— *Novela y semidesarrollo,* Madrid, Taurus, 1971.

MUKAROVSKY, Jan: *Escritos de estética y Semiótica del Arte,* Barcelona, Gustavo Gili, 1975.

NIEL, André: *L'analyse structurale des textes,* París, Maison Mame, 1973.

PEREZ GALLEGO, Cándido: *Morfonovelística,* Madrid, Fundamentos, 1973.

PIAGET, Jean: *El estructuralismo,* Barcelona, Oikos-Tau, 1974.

PIZARRO, Narciso: *Análisis estructural de la novela,* Madrid, Siglo XXI, 1970.

POUILLON, Jean: *Tiempo y novela,* Buenos Aires, Paidós, 1970.

POYATOS, Fernando: «Paralenguaje y kinésica del personaje novelesco: nueva perspectiva en el análisis de la narración», *Prohemio,* III, 2, septiembre 1972, págs. 291 a 307.

PRIETO, Antonio: *Morfología de la novela,* Barcelona, Planeta, 1975.

PRINCE, Gerald: «Introduction à l'étude du narrataire», en *Poétique,* núm. 4, 1974, págs. 178 a 196.

RICARDOU, Jean: *Problèmes du nouveau roman,* París, Seuil, 1967.

ROBBE-GRILLET, Alain: *Por una novela nueva,* Barcelona, Seix Barral, 1973.

ROBERT, Marthe: *Novela de los orígenes y orígenes de la novela,* Madrid, Taurus, 1973.

RODRIGUEZ ALCALDE, L.: *Hora actual de la novela en el mundo,* Madrid, Taurus, 1959.

ROMERA CASTILLO, José: *El comentario de textos semiológico,* Madrid, S. G. E. L., 1977.

SARRAUTE, Nathalie: *La era del recelo,* Madrid, Guadarrama, 1967.

TACCA, Oscar: *Las voces de la novela,* Madrid, Gredos, 1973.

TALENS, Genaro y otros: *Elementos para una semiótica del texto artístico,* Madrid, Cátedra, 1978.

TODOROV, Tzvetan: *¿Qué es el estructuralismo? Poética,* Buenos Aires, Losada, 1975.
— *Poétique de la prose,* París, Seuil, 1971.
— *Introduction à la littérature fantastique,* París, Seuil, 1970.
— *Gramática del «Decamerón»,* Madrid, Taller, 1973.
— *Literatura y significación,* Barcelona, Planeta, 1971.

ROSSUM-GUYON, Françoise van: «Point de vue ou perspective narrative», en *Poétique,* 4, 1970, págs. 476 a 497.

VARIOS AUTORES: *Historia y estructura de la obra literaria.* (Coloquios celebrados del 28 al 31 de marzo de 1967), Madrid, C. S. I. C., 1971.

VERDIN DIAZ, Guillermo: *Introducción al estilo indirecto libre en español,* Madrid, C. S. I. C., 1970.

WELLEK y WARREN, René y Austin: *Teoría literaria,* 4.ª edic., Madrid, Gredos, 1974.

PUBLICACIONES

DE LA

ESCUELA DE ESTUDIOS HISPANO - AMERICANOS

OBRAS PUBLICADAS:

1 *Anuario de Estudios Americanos.* Vol. I.—Sevilla, 1944.—XII + 844 págs. 17 láms., 24 × 17 cms., 1.500 grs.—(Agotado).

2 PEREZ-EMBID, Florentino: *El Almirantazgo de Castilla hasta las Capitulaciones de Santa Fe.*—Sevilla, 1944.—XVI + 186 págs., 5 ilust., 14 × 17 cms., rústica, con sobrecubierta, 360 grs.—(Agotado).

3 GIMENEZ FERNANDEZ, Manuel: *Las Bulas Alejandrinas de 1493 referentes a las Indias.*—Sevilla, 1944.—XVI + 258 págs., 5 ilust., 24 × 17 cms., rústica, con sobrecubierta, 540 grs.—(Agotado).

4 *Memoria de Gobierno de José Fernando de Abascal y Sousa, Virrey del Perú.* Edición de Vicente Rodríguez Casado y José Antonio Calderón Quijano. Estudio preliminar de Vicente Rodríguez Casado.—Sevilla, 1944.—Dos tomos. CLII + 495 y 584 págs., 15 láminas, 20 × 13 cms. Tela, con sobrecubierta, 1.750 grs.—(Agotado).

5 CALDERON QUIJANO, José Antonio: *Belice, 1663-1821.*—Sevilla, 1944.—XIX + 503 págs., 32 láms., 20 × 16 cms.; tela, con sobrecubierta; 850 grs.—(Agotado).

6 CARRO, O. P., Venancio D.: *La Teología y los teólogos-juristas españoles ante la Conquista de América.*—Madrid, 1944; dos tomos, 453 y 473 págs., 22 × 16 cms., tela, con sobrecubierta, 1.250 grs.—(Agotado).

7 RUMEU DE ARMAS, Antonio: *Colón en Barcelona.*—Sevilla, 1944.—V + 88 págs., 24 × 17 cms., 170 grs.—(Agotado).

8 JOS, Emiliano: *Investigaciones sobre la vida y obras iniciales de D. Fernando Colón.* Sevilla, 1945.—XVII + 164 págs., 6 ilust., 24 × 17 cms., 330 grs.—(Agotado).

9 *Anuario de Estudios Americanos.* Vol. II.—Sevilla, 1945.—XVIII + 936 págs., 24 × 17 cms., 1.790 grs.—(Agotado).

10 BAYLE, S. J., Constantino: *El protector de indios.*—Sevilla, 1945.—III + 175 págs., 24 × 17 cms., 325 grs.—(Agotado).

11 GUTIERREZ DE ARCE, Manuel: *La colonización danesa en las Islas Vírgenes.*—Sevilla, 1945.—VIII + 161 págs., 6 láms., 24 × 17 cms., 275 grs.—(Agotado).

12 LOHMANN VILLENA, Guillermo: *El arte dramático en Lima durante el Virreinato.* Madrid, 1945.—XVIII + 647 págs., 22 × 16 cms., tela, con sobrecubierta, 1.050 grs. (Agotado).

13 ALONSO GETINO, O. P., P. Luis: *Influencia de los dominicos en las Leyes Nuevas.* Sevilla, 1945.—VIII + 94 págs., 24 × 17 cms., 170 grs.—(Agotado).

14 *Las Leyes Nuevas, 1542-1543.* Reproducción fotográfica. Transcripción y notas de Antonio Muro Orejón.—Sevilla,—XXII + 26 págs., 24 × 17 cms.—(Agotado).

15 CESPEDES DEL CASTILLO, Guillermo: *La avería en el comercio de Indias.*—Sevilla, 1945.—VIII + 187 págs., 8 láms., 24 × 17 cms., 300 grs.—(Agotado).

16 MATILLA TASCON, Antonio: *Los viajes de Julián Gutiérrez al Golfo de Urabá.* Sevilla, 1945.—VIII + 83 págs., 4 láms., 24 × 17 cms., 195 grs.—(Agotado).

17 PALACIO ATARD, Vicente: *El Tercer Pacto de Familia.*—Madrid, 1945.—XVII + 377 págs., 8 láms., 22 × 16 cms., tela, con sobrecubierta, 600 grs.—(Agotado).

18 MUZQUIZ DE MIGUEL, José: *El Conde de Chinchón, Virrey del Perú.*—Madrid, 1945.—334 págs., 16 láms., 22 × 16 cms., tela, con sobrecubierta, 650 grs.—(Agotado).

19 PEREZ-EMBID, Florentino: *Los descubrimientos en el Atlántico hasta el tratado de Tordesillas.*—Sevilla, 1948.—370 págs., 35 láms., 22 × 16 cms., tela, con sobrecubierta, 760 grs.—(Agotado).

20 PORTILLO Y DIEZ DE SOLLANO, Alvaro del: *Descubrimientos y exploraciones en las costas de California.*—Madrid, 1947.—540 págs., 57 láms., 22 × 16 cms., tela, con sobrecubierta, 900 grs.—(Agotado).

21 *Memoria de gobierno de Manuel Amat y Junient, Virrey del Perú.* Edición y estudio preliminar de Vicente Rodríguez Casado y Florentino Pérez-Embid.—Sevilla, 1947. XCII + 845 págs., 12 láms., 20 × 13 cms., tela, con sobrecubierta, 800 grs.—(Agotado).

22 AYALA, F. Javier de: *Ideas políticas de Juan de Solórzano.*—Sevilla, 1946.— XIV + 583 págs., 22 × 16 cms., tela, con sobrecubierta, 1.080 grs.—(Agotado).

23 LOHMANN VILLENA, Guillermo: *El Conde de Lemos, Virrey del Perú.*—Madrid, 1946.—XVIII + 472 págs., 11 láms., 22 × 16 cms., tela, con sobrecubierta, 800 grs. (Agotado).

24 ARREGUI, Domingo Lázaro de: *Descripción de la Nueva Galicia.* Edición y estudio de François Chevalier.—LXXII + 161 págs., 4 láms., 24 × 17 cms., 490 grs.—(Agotado).

25 AGIA, Fr. Miguel de: *Servidumbre personal de indios.* Edición y estudio preliminar de F. Javier de Ayala.—Sevilla, 1946.—LII + 141 págs., 24 × 17 cms., 450 grs. (Agotado).

26 *Memoria de gobierno de Joaquín de la Pezuela, Virrey del Perú.* Estudio y Prólogo de Vicente Rodríguez Casado y Guillermo Lohmann Villena.—Sevilla, 1947.—XLVI + 912 págs., 3 láms., 20 × 13 cms., tela, con sobrecubierta, 850 grs.—(Agotado).

27 RODRIGUEZ CASADO, Vicente y PEREZ-EMBID, Florentino: *Construcciones militares del Virrey Amat.*—Sevilla, 1949.—XII + 307 págs., 58 láms., 22 × 16 cms., 500 grs.—350 pesetas.

28 SCHAFER, Ernesto: *El Consejo Real y Supremo de las Indias en la administración colonial.*—Sevilla, Centro de Estudios de Historia de América (I tomo) y E.E.H.A. (II tomo), 1935 y 1947.—XVIII + 434 págs. y XV + 680 págs., 5 láms., 25 × 17 cms., tela, con sobrecubierta, 2.500 grs.—(Agotado).

29 RUMAZU, José: *La región amazónica del Ecuador en el siglo XVI.*—Sevilla, 1946 XII + 268 págs., 12 láms., 24 × 17 cms., 500 grs.—(Agotado).

30 PALACIO ATARD, Vicente: *Areche y Guirior: Observaciones sobre el fracaso de una visita al Perú.*—Sevilla, 1946.—VIII + 106 págs., 5 láms., 24 × 17 cms., 200 grs. (Agotado).

31 *Anuario de Estudios Americanos.* Vol. III.—Sevilla, 1946.—XVI + 1.306 págs., 50 láms., 24 × 17 cms., 2.300 grs.—(Agotado).

32 HERRAEZ S. DE ESCARICHE, Julia: *Don Pedro Zapata de Mendoza, gobernador de Cartagena de Indias.*—Sevilla, 1946.—VIII + 137 págs., 6 láms., 24 × 17 cms., 250 grs. (Agotado).

33 GIMENEZ FERNANDEZ, Manuel: *Las doctrinas populistas en la independencia de Hispanoamérica.*—Sevilla, 1947.—VII + 154 págs., 24 × 17 cms., 300 grs. (Agotado).

34 CESPEDES DEL CASTILLO, Guillermo: *Lima y Buenos Aires. Repercusiones económicas y políticas de la creación del virreinato del Plata.*—Sevilla, 1947.—VIII + 214 páginas, 6 láms., 24 × 17 cms., 400 grs.—(Agotado).

35 RUMEU DE ARMAS, Antonio: *Los viajes de John Hawkins a América (1562-1595).* Sevilla, 1947.—XX + 486 págs., 26 láms., 22 × 16 cms., tela, con sobrecubierta, 650 grs.—(Agotado).

36 ANGULO IÑIGUEZ, Diego: *El Gótico y el Renacimiento en las Antillas. Arquitectura, escultura, pintura, azulejos, orfebrería.*—Sevilla, 1947.—IV + 101 págs., 81 ilust., 24 × 17 cms., 200 grs.—(Agotado).

37 DIAZ VENTEO, Fernando: *Las campañas militares del virrey Abascal.*—Sevilla, 1948. XII + 416 págs., 22 × 16 cms., tela, con sobrecubierta, 500 grs.—450 pesetas.

38 *Anuario de Estudios Americanos.* Vol. IV.—Sevilla, 1947.— XVIII + 804 págs., 44 láms. e ilust., 24 × 17 cms., 1.500 grs.—(Agotado).

39 *Estudios Americanos.* Vol. I, núms. 1, 2, 3 y 4.—Sevilla, 1949, 842 págs., 25 × 17 cms. (Agotado).

40 DIAZ DE IRAOLA, Gonzalo: *La vuelta al mundo de la expedición de la vacuna.* Prólogo de Gregorio Marañón.—Sevilla. 1948.—XVI + 102 págs., 20 láms., 24 × 17 centímetros, rústica, con sobrecubierta, 300 grs.—(Agotado).

41 GIL MUNILLA, Octavio: *Malvinas. El conflicto anglo-español de 1770.* Sevilla, 1948. VIII + 154 págs., 24 × 17 cms., 257 grs.—(Agotado).

42 LETURIA, S. J., Pedro de: *La Encíclica de Pío VII (30 de enero de 1816) sobre la Revolución Hispanoamericana.*—Sevilla, 1948.—VIII + 93 págs., 24 ×17 cms., 195 grs. (Agotado).

43 GIMENEZ FERNANDEZ, Manuel: *Hernán Cortés y su revolución comunera en la Nueva España.*—Sevilla, 1948.—VIII + 144 págs., 24 × 17 cms., 295 grs.—(Agotado).

44 *Anuario de Estudios Americanos.* Vol. V.—Sevilla, 1948.—XVI + 280 págs., 25 láms., 24 × 17 cms., 1.450 grs.—(Agotado).

45 CASCAJO ROMERO, Juan: *El Pleito de la curación de la lepra en el Hospital de San Lázaro de Lima.*—Sevilla, 1948.—VIII + 118 págs., 6 láms., 24 × 17 cms., 200 grs.—(Agotado).

46 BORREGAN, Alonso: *Crónica de la conquista del Perú.* Edición y Prólogo de Rafael Loredo.—Sevilla, 1948.—124 págs., 24 × 17 cms., 200 grs.—(Agotado).

47 MOLINA ARGÜELLO, Carlos: *El gobernador de Nicaragua en el siglo XVI.*—Sevilla, 1949.—XII + 256 págs., 22 × 16 cms., 400 grs.—Col. *Dos Colores.*—(Agotado).

48 TRUJILLO, Diego de: *Relación del descubrimiento del Reyno del Perú.* Prólogo y notas de Raúl Porras Barrenechea.—Sevilla, 1948.—XIV + 124 págs., 24 × 17 cms., 210 grs.—(Agotado).

49 SANTA CRUZ, Alonso de: *Crónica de los Reyes Católicos.* Hasta ahora inédita. Publicación de Juan de Mata Carriazo.—Sevilla. 1951. 2 vols. de CCC + 367 págs., el tomo I, y X + 646, el II; 22 × 16 cms., 1.750 grs.—1.500 pesetas.

50 LOHMANN VILLENA, Guillermo: *Las minas de Huancavelica en los siglos XVI y XVII.*—Sevilla, 1949.—XVII + 466 págs., 9 láms., 22 × 16 cms., 750 grs., rústica, con sobrecubierta.—(Agotado).

51 *Catálogo de documentos de la Sección novena del Archivo General de Indias.* Dirigido por Cristóbal Bermúdez Plata. Tomo I.—Sevilla, 1949.—822 págs., 1.450 grs.— 500 pesetas.

52 HERRAEZ S. DE ESCARICHE, Julia: *Beneficencia de España en Indias.*—Sevilla, 1949.—180 págs., 4 láms., 22 × 16 cms., 300 grs.—250 pesetas.—(Agotado).

53 JOS, Emiliano: *Ciencia y osadía sobre Lope de Aguirre el Peregrino.*—Sevilla, 1950. 1949.—180 págs., 4 láms., 22 × 16 cms., 300 grs.—(Agotado).

54 GIL MUNILLA, Octavio: *El Río de la Plata en la Política Internacional. Génesis del Virreinato.*—Sevilla, 1949.—XIV + 464 págs., 8 láms., 22 × 16 cms., 700 grs., rústica, con sobrecubierta.—(Agotado).

55 MARCO DORTA, Enrique: *Cartagena de Indias.*—Sevilla, 1951.—XXIV + 322 págs., 8 láms., 170 figuras, 32 × 22 cms., 1.500 grs., tela, con sobrecubierta.—(Agotado).

56 PULIDO RUBIO, José: *El Piloto Mayor de la Casa de la Contratación de Sevilla.* Sevilla, 1950.—VIII + 948 págs., 22 × 16 cms., rústica, con sobrecubierta.—(Agotado).

57 CARVAJAL Y ROBLES, Rodrigo: *Fiestas de Lima.* Edición y prólogo de Francisco López Estrada.—Sevilla, 1950.— XXIV + 198 págs., 2 láms., 22 × 16 cms., 350 grs., rústica, con sobrecubierta.—(Agotado).

58 PEREZ-EMBID, Florentino: *Diego de Ordás, compañero de Cortés y explorador del Orinoco.*—Sevilla, 1950.—156 págs., 5 láms., 22 × 16 cms., 225 grs.—Col. *Dos Colores.* (Agotado).

59 *Estudios Americanos.* (Vol. II, números 5, 6 y 7).—(Agotado).

60 CALDERON QUIJANO, José Antonio: *Fortificaciones en Nueva España.*—Sevilla, 1953.—XXXVI + 334 págs., 183 figuras, 34 × 24 cms., 2.000 grs., con sobrecubierta. 1.250 pesetas.

61 *Anuario de Estudios Americanos.* Vol. VI.—Sevilla, 1949.—XIV + 875 págs., 24 × 17 cms., 1.120 grs.—(Agotado).

62 *Estudios Americanos.* Vol. III (números 8, 9, 10 y 11).—Sevilla, 1951.—25 × 17 cms. (Agotado).

63 GUSINDE, Martín: *Fueguinos.* Traducción de la obra *Urmenschen im Feuerland,* por Diego Bermúdez Camacho.—Sevilla, 1951.—X + 400 págs., 48 láms., 22 × 16 cms., 600 grs.—(Agotado).

64 *Anuario de Estudios Americanos.* Vol. VII.—Sevilla, 1950.—XVI + 608 págs., 8 láms., 24 × 17 cms., 900 grs.—(Agotado).

65 MURO OREJON, Antonio: *Cristóbal Colón. El original de la capitulación de 1492 y sus copias contemporáneas.*—Sevilla, 1951.—12 págs., 8 fotograbados, 24 × 17 cms., 65 grs.—(Agotado).

66 MARCO DORTA, Enrique: *Fuentes para la historia del Arte Hispano-Americano.* Sevilla, 1951.—XXIV + 730 págs., 24 × 17 cms., 700 grs.—(Agotado).

67 MORALES PADRON, Francisco: *Jamaica Española.*—Sevilla, 1952.—XXX + 498 págs., 22 láms., 1 mapa, 22 × 17 cms., 650 grs., tela, con sobrecubierta.—700 pesetas.

68 PORRAS TROCONIS, Gabriel: *Historia de la Cultura en el Nuevo Reino de Granada.* Sevilla, 1952.—X + 555 págs., 22 × 16 cms., 700 grs.—(Agotado).

69 *Estudios Americanos.* Vol. IV (números 12, 13, 14 y 15).—Sevilla, 1952.— 25 × 17 cms. (Agotado).

70 MARILUZ URQUIJO, José María: *Ensayo sobre los juicios de residencia indianos.* Sevilla, 1952.—XVIII + 318 págs., 22 × 16 cms., 400 grs.—Col. *Dos Colores.*—(Agotado).

71 GIMENEZ FERNANDEZ, Manuel: *Bartolomé de las Casas.* Tomo I: *El Plan Cisneros-Las Casas para la reformación de Indias.*—Sevilla, 1953.—XXIV + 763 págs. 30 láms. 22 × 16 cms., 1.350 grs., tela, con sobrecubierta (vid. núm. 121).—(Agotado).

72 *Anuario de Estudios Americanos.* Vol. VIII.—Sevilla, 1951.—XII + 658 págs., 24 × 17 cms., 980 grs.—(Agotado).

73 *Estudios Americanos.* Vol. V (números 16, 17, 18, 19 y 20).—Sevilla, 1953.

74 *Estudios Americanos.* Vol. VI (números 21, 22, 23, 24, 25, 26 y 27).—Sevilla, 1953.

75 ARMAS MEDINA, Fernando de: *Cristianización del Perú.*—Sevilla, 1953.—XXVIII + 635 págs., 14 fotograbados y mapas, 1.000 grs., tela, con sobrecubierta.—(Agotado).

76 LEON PINELO, Antonio: *El Gran Canciller de las Indias.* Edición, estudio y notas de Guillermo Lohmann Villena.—Sevilla, 1953.—CLXXIV + 220 págs., 22 × 16 cms., rústica, con sobrecubierta, 500 grs.—500 pesetas.

77 *Anuario de Estudios Americanos.* Vol. IX.—Sevilla, 1952.—XVI + 780 págs., 5 láminas y gráficos, 24 × 17 cms., 1.050 grs.—(Agotado).

78 PEÑALVER SIMO, Patricio: *Modernidad tradicional en el pensamiento de Jovellanos.* Sevilla, 1953.—XXXII + 165 págs., 20 × 13 cms., 210 grs.—Col. *Mar Adentro.* (Agotado).

79 ELIAS DE TEJADA, Francisco: *Las doctrinas políticas de Raimundo de Farias Brito.* Sevilla, 1953.—195 págs., 20 × 13 cms., 200 grs.—Col. *Mar Adentro.*—300 pesetas.

80 LOPEZ NUÑEZ, Carlos: *Horizonte doctrinal de la Sociología Hispano-Americana.* Sevilla, 1953.—159 págs., 20 × 13 cms., 165 grs.—Col. *Mar Adentro.*—(Agotado).

81 *Estudios Americanos.* Vol. VII (números 28, 29, 30, 31 y 32).—Sevilla, 1954.

82 TOBAR, Balthasar de: *Compendio Bulario Indico.* (Tomo I). Edición y estudio de Manuel Gutiérrez de Arce.—Sevilla, 1954.—LIV + 558 págs., 18 × 25 cms., 1.050 grs., tela, con sobrecubierta.—(Agotado).

83 LARREA, Juan Ignacio: *La Santa Sede y el Ecuador.*—Sevilla, 1954.—LIV + 176 págs. 18 × 25 cms., 225 grs.—Col. *Dos Colores.*—(Agotado).

84 GIL MUNILLA, Ladislao: *Descubrimiento del Marañón.*—Sevilla, 1954.—XVI + 389 págs., 13 láms., 16 × 22 cms., 600 grs., rústica, con sobrecubierta.—450 pesetas.

85 ASIS GARROTE, Agustín: *Bartolomé Herrera.*—Sevilla, 1954.—148 págs., 20 × 13 cms, 200 grs.—Col. *Mar Adentro.*—240 pesetas.

86 VILA SELMA, José: *Procedimiento y técnicas en Rómulo Gallegos.*—Sevilla, 1954.— VIII + 194 págs., 20 × 13 cms., 200 grs.—Col. *Mar Adentro.*—(Agotado).

87 TEJADA FERNANDEZ, Manuel: *Aspecto de la vida social en Cartagena de Indias durante el seiscientos.*—Sevilla, 1954.—348 págs., 22 × 16 cms., 500 grs.—(Agotado).

88 *Anuario de Estudios Americanos.* Vol. X.—Sevilla, 1953.—739 págs., 9 láms., 1.050 grs. (Agotado).

89 *Estudios Americanos.* Vol. VIII (números 33-34, 35-36, 37, 38 y 39).—Sevilla, 1954.

90 RODRIGUEZ CASADO, Vicente: *De la Monarquía Española del Barroco.*—Sevilla, 1955.—180 págs., 20 × 13 cms., 180 grs.—Col. *Mar Adentro.*—(Agotado).

91 MORALES PADRON, Francisco: *El comercio canario-americano en los siglos XVI, XVII y XVIII.*—Sevilla, 1955.—XX + 425 págs., 26 láms., 22 × 16 cms., 645 grs., rústica, con sobrecubierta.—(Agotado).

92 LEVILLIER, Roberto: *Los Incas.*—Sevilla, 1956.—260 págs. y un mapa plegable, 22 × 16 cms., 360 grs.—Col. *Dos Colores.*—(Agotado).

93 MORALES PADRON, Francisco: *Fisonomía de la Conquista Indiana.*—Sevilla, 1955. XII + 182 págs., 20 × 13 cms., 200 grs.—Col. *Mar Adentro.*—(Agotado).

94 ASIS GARROTE, Agustín: *Ideas sociopolíticas de Alonso de Polo (El Tostado).*—Sevilla, 1955.—160 págs., 20 × 16 cms., 180 grs.—Col. *Mar Adentro.*— 300 pesetas.

95 RODIL, José Ramón: *Memoria del sitio del Callao.* Edición, estudio preliminar y notas de Vicente Rodríguez Casado y Guillermo Lohmann Villena.—Sevilla, 1955. XXX + 344 págs., 20 × 13 cms., 500 grs.—450 pesetas.

96 ELIAS DE TEJADA, Francisco: *El pensamiento político de los fundadores de Nueva Granada.*—Sevilla, 1955.—XII + 262 págs. 20 × 13 cms., 275 grs.— Col. *Mar Adentro.* 250 pesetas.

97 *Estudios Americanos.* Vol. IX (números 40-41, 42, 43-44 y 45).—Sevilla, 1955.

98 *Estudios Americanos.* Vol. X (números 46, 47, 48, 49 y 50-51).—Sevilla, 1955.

99 MURO OREJON, Antonio: *Cedulario Americano del siglo XVIII.*—Sevilla, 1956. XCVI + 834 págs., 24 × 17 cms., 1.300 grs., rústica, con sobrecubierta. Tomo I: (Agotado); Tomo II: 1.000 pesetas.

100 MORALES PADRON, Francisco: *Rebelión contra la Compañía de Caracas.*—Sevilla, 1955.—146 págs., 12 láms., 25 × 18 cms., rústica, con sobrecubierta, 250 grs. (Agotado).

101 *Estudios Americanos.* Vol. XI (números 52, 53, 54, 55, 56).—Sevilla, 1956.

102 *Anuario de Estudios Americanos.* Vol. XI.—Sevilla, 1954.—820 págs., 50 láminas, 24 × 17 cms.—(Agotado).

103 *Estudios Americanos.* Vol. XII (números 57-58, 59, 60, 61, 62, 63).—Sevilla, 1956.

104 *Anuario de Estudios Americanos.* Vol. XII.—Sevilla, 1955.—989 págs., 28 láminas 24 × 17 cms.—1.500 pesetas.

105 *Estudios Americanos.* Vol. XIII (números 64-65, 66, 67-68, 69-70).—Sevilla, 1957.

106 ARCILA FARIAS, Eduardo: *El Régimen de la Encomienda en Venezuela.*—Sevilla, 1957.—310 págs., 22 × 16 cms., 500 grs.— Col. *Dos Colores.*—(Agotado).

107 ACEVEDO, Edberto Oscar: *El ciclo histórico de la Revolución de Mayo.*—Sevilla, 1957.—378 págs., 20 × 13 cms., 300 grs.—Col. *Mar Adentro.*—250 pesetas.

108 ALVAR, Manuel: *La poesía de Delmira Agustini.*—Sevilla, 1958.—VIII + 113 págs., 4 ilust., 20 × 13 cms.—Col. *Mar Adentro.*—250 pesetas.

109 *Estudios Americanos.* Vol. XIV (números 71-72, 73-74, 75).—Sevilla, 1957.

110 *Estudios Americanos.* Vol. XV (números 76-77, 78-79, 80-81).—Sevilla, 1958.

111 MURO OREJON, Antonio: *Ordenanzas Reales para el buen regimiento y tratamiento de los Yndios. (Las leyes de 1512-1513).* Edición y estudio.—Sevilla, 1957.—85 págs., 32 láms., 24 × 17 cms., rústica.—(Agotado).

112 RUBIO MERINO, Pedro: *Don Diego Camacho y Avila, Arzobispo de Manila y de Guadalajara de México (1695-1712).*—Sevilla, 1958.—XVIII + 561 págs., 7 ilust·, 16 × 22 cms.—(Agotado).

113 *Anuario de Estudios Americanos.* Vol. XIII.—Sevilla, 1956.—604 págs., 24 × 17 cms., ilust., 1.000 grs.—(Agotado).

114 *Estudios Americanos.* Vol. XVI. (números 82-83, 84-85, 86-87).—Sevilla, 1958.

115 *Anuario de Estudios Americanos.* Vol. XIV.—Sevilla, 1957.—636 págs., 24 × 17 cms., ilust., 1.000 grs.—(Agotado).

116 COULTHARD, G. R.: *Raza y Color en la Literatura Antillana.*—Sevilla, 1958. VIII + 178 págs., 20 × 13 cms·, 190 grs.—Col. *Mar Adentro.*—250 pesetas.

117 DIAZ-TRECHUELO, María Lourdes: *Arquitectura Española en Filipinas.*—Sevilla, 1959. XXXVIII + 562 págs., 193 láms., 24 × 17 cms., 1.500 grs.—2.000 pesetas.

118 NAVARRO GARCIA, Luis: *Intendencias en Indias.*—Sevilla, 1959.—226 págs., 19 mapas, 22 × 16 cms., 350 grs.—Col· *Dos Colores.*—(Agotado).

119 COLLANTES DE TERAN, Juan: *Las novelas de Ricardo Güiraldes.*—Sevilla, 1959. XV + 209 págs., 20 × 13 cms.—Col. *Mar Adentro.*—(Agotado).

120 *Anuario de Estudios Americanos.* Vol. XV.—Sevilla, 1958.—769 págs., 24 × 17 cms., ilust.—(Agotado).

121 GIMENEZ FERNANDEZ, Manuel: *Bartolomé de las Casas.* Tomo II: *Política Inicial de Carlos I en Indias.*—Sevilla, 1960.—1.352 págs·, 23 láms., 31 fotogs·, 25 × 18 cms., 1.700 grs. [Vid. núm. 71].—2.000 pesetas.

122 ROMERO GOMEZ, Manuel: *La Constitución Británica.*—Sevilla, 1960.—144 págs., 20 × 13 cms., 55 grs.—Col. *Mar Adentro.*—(Agotado).

123 *Estudios Americanos.* Vol. XVII (núms. 90-91, 92-93, 94-95, 96-97, 98-99).—Sevilla, 1959.

124 MURO OREJON, Antonio: *Ordenanzas Reales del Consejo de las Indias.*—Sevilla, 1957. 3 págs., 56 fotograbados, 24 × 17 cms., 100 grs.—(Agotado).

125 *Estudios Americanos.* Vol. XIX (números 100, 101, 102). Indice.—Sevilla, 1960.

126 *Anuario de Estudios Americanos.* Vol. XVI.—Sevilla, 1959.—743 págs., 24 × 17 cms., ilust.—(Agotado).

127 RUIZ, Helena: *La búsqueda de Eldorado por Guayana.*—Sevilla, 1959.—XIV + 166 págs., 18 láms., 24 × 17 cms., 350 grs.—(Agotado).

128.—REAL DIAZ, José Joaquín: *Las Ferias de Jalapa.*—Sevilla, 1959.—XII + 148 págs., 9 láms., 24 × 17 cms., 300 grs.—(Agotado).

129 LOHMANN VILLENA, Guillermo: *Las relaciones de los virreyes del Perú.*—Sevilla, 1959.—218 págs., 24 × 17 cms., 300 grs.—(Agotado).

130 MURO OREJON, Antonio: *Las Leyes Nuevas.*—Sevilla, 1961.—59 págs. Reproducciones facsimilares, transcripción y estudios.—24 × 17 cms., 150 grs.—(Agotado).

131 *Estudios Americanos.* Vol. XX (números 103, 104, 105).—Sevilla, 1960.

132 BORGES, Pedro: *Los conquistadores espirituales de América.*—Sevilla, 1961.—189 págs., 20 × 13 cms., 200 grs.—Col. *Mar Adentro.*—(Agotado).

133 *Estudios Americanos.* Vol. XXI (números 106, 107, 108).—Sevilla, 1961.

134 *Anuario de Estudios Americanos.* Vol. XVII.—Sevilla, 1960.—810 págs., 24 × 17 cms., ilust.—(Agotado).

135 *Anuario de Estudios Americanos.* Vol. XVIII.—Sevilla, 1961.—819 págs., 24 × 17 cms., ilust.—1.500 pesetas.

136 RODRIGUEZ DEL VALLE, Mariana: *El Castillo de San Felipe del Golfo Dulce.* Sevilla, 1960.—103 págs., 28 láms., 24 × 17 cms., 250 grs.—(Agotado).

137 CAMPO LACASA, Cristina: *La Iglesia en Puerto Rico en el siglo XVIII.*—Sevilla, 1962.—127 págs., 20 láms., 24 × 17 cms., 250 grs.—(Agotado).

138 LUQUE ALCAIDE, Elisa: *La Sociedad Económica de Guatemala.*—Sevilla, 1962. 226 págs., 22 × 16 cms., 350 grs.—Col. *Dos Colores.*—(Agotado).

139 *Estudios Americanos.* Vol. XXII (números 109-110, 111).—Sevilla, 1962.

140 CORDONCILLO SAMADA, José María: *Historia de la Real Lotería en Nueva España (1770-1821).*—Sevilla, 1962.—139 págs., 14 láms., 24 × 17 cms., 350 grs.—(Agotado).

141 MURO OREJON, Antonio: *(Antonio de León Pinelo). "Libros Reales de Gobierno y Gracia". Contribución al conocimiento de los Cedularios del Archivo de Indias (1492-1650).* Estudio y edición.—Sevilla, 1962.—64 págs. Reproducción facsimilar, 24 × 17 cms., 150 grs.—(Agotado).

142 CALDERON QUIJANO, José Antonio y NAVARRO GARCIA, Luis: *Biblioteca Nacional de París. Museo Británico. Public Record Office. Guía de Documentos, mapas y planos españoles y americanos.*—Sevilla, 1962.—70 págs., 24 × 17 cms., 100 grs. (Agotado).

143 *Anuario de Estudios Americanos.* Vol. XIX.—Sevilla, 1962.—878 págs., 24 × 17 cms., ilust., 1.400 grs.—1.500 pesetas.

144 CALDERON QUIJANO, José Antonio: *El Banco de San Carlos y las Comunidades de indios de Nueva España.*—Sevilla, 1963.—144 págs., 24 × 17 cms., 250 grs.—(Agotado).

145 MARKMAN, Sidney David: *San Cristóbal de las Casas.*—Sevilla, 1963.—115 págs. 24 × 17 cms., ilust., 250 grs.—(Agotado).

146 PIKAZA, Otto: *Don Gabriel José de Zuloaga, Gobernador de Venezuela.*—Sevilla, 1963. 193 págs., 24 × 17 cms., 250 grs.—(Agotado).

147 *Pleitos Colombinos.* Tomo VIII: *Rollo del proceso sobre la sentencia de Dueñas y probanzas del Fiscal y del Almirante (1534-1536).* Edición de Muro Orejón, Antonio; Pérez-Embid, Florentino, y Morales Padrón, Francisco.—Sevilla, 1964.—XXXII + 155 págs., 25'50 × 18 cms., 1.600 grs.—950 pesetas.

148 NAVARRO GARCIA, Luis: *Don José de Gálvez y la Comandancia General de las Provincias Internas del Norte de Nueva España.*—Sevilla, 1964.—XVI + 602 págs., 24 × 17 cms., 133 ilust., 1.100 grs.—900 pesetas.

149 CORDOVA BELLO, Eleazar: *Compañías holandesas de Navegación.*—Sevilla, 1965. VIII + 303 págs., 24 × 16 cms., 2 ilust., 500 grs.—(Agotado).

150 MURO OREJON, Antonio: *Los capítulos de corregidores de 1500.*—Sevilla, 1963 28 págs., 16 fotograbados, 24 × 17 cms., 120 grs.—(Agotado).

151 *Anuario de Estudios Americanos.* Vol. XX.—Sevilla, 1963.—862 págs., 24 × 17 cms., 1.300 grs.—1.500 pesetas.

152 RODRIGUEZ MACIAS. Juana: *El Correo en Puerto Rico.*—Sevilla, 1964.—94 págs., 24 × 17 cms., 175 grs.—200 pesetas.

153 MARISCAL ROMERO. Pilar: *Los Bancos de Rescate de Platas.*—Sevilla, 1964. 85 págs., 1 lám., 24 × 17 cms., 175 grs.—(Agotado).

154 LOHMANN VILLENA. Guillermo: *Las defensas militares de Lima y Callao hasta 1746.* Sevilla, 1964.—217 págs., 32 láms., 24 × 17 cms., 400 grs.—(Agotado).

155 PAJARON PARODY. Concepción: *El Gobierno en Filipinas de don Fernando Manuel de Bustamante y Bustillo (1717-1719).*—Sevilla, 1964.—131 págs., 4 láms., 24 × 17 cms., 225 grs.—(Agotado).

156 MORALES PADRON. Francisco y LLAVADOR MIRA. José: *Mapas, Planos y Dibujos sobre Venezuela existentes en el Archivo General de Indias.* (Primera serie).—Sevilla, 1964.—86 págs., 38 láms., 24 × 17 cms., 250 grs.—(Agotado).

157 *Indice del Anuario de Estudios Americanos.*—Sevilla, 1964.—136 págs., 24 × 17 cms., 200 grs.—(Agotado).

158 DIAZ-TRECHUELO SPINOLA. María Lourdes: *La Real Compañía de Filipinas.* Sevilla, 1965.—XX + 366 págs., 24 × 17 cms., 13 ilust.—(Agotado).

159 DEUSTUA PIMENTEL, Carlos: *Las Intendencias en el Perú. (1790-1796).*—Sevilla, 1965.—75 págs., 36 láms., 24 × 17 cms., 250 grs.—(Agotado).

160 *Anuario de Estudios Americanos.* Vol. XXI.—Sevilla, 1964.—907 págs., 24 × 17 cms., 1.400 grs.—1.500 pesetas.

161 GARRIDO CONDE, María Teresa: *La creación del virreinato de Nueva Granada (1717-1723).*—Sevilla, 1965.—120 págs., 1 lám., 24 × 17 cms., 200 grs.—(Agotado).

162 NAVARRO GARCIA, Luis: *Las provincias internas en el siglo XIX.*—Sevilla, 1965. 133 págs., 12 láms., 24 × 17 cms., 240 grs.—(Agotado).

163 MORALES PADRON, Francisco y LLAVADOR MIRA, José: *Mapas, Planos y Dibujos sobre Venezuela existentes en el Archivo General de Indias.* (Segunda serie).—Sevilla, 1965.—75 págs., 36 láms., 24 × 17 cms., 250 grs.—(Agotado).

164 *Anuario de Estudios Americanos.* Vol. XXII.—Sevilla, 1965.—XIV + 1.113 págs. 24 × 17 cms.—1.500 pesetas.

165 PEREZ APARICIO, Josefina: *Pérdida de la isla de Trinidad.*—Sevilla, 1966.—230 págs., 2 láms., 24 × 17 cms.—(Agotado).

166 CUELLO MARTINELL, María Angeles: *La renta de los naipes en Nueva España.* Sevilla, 1966.—105 págs., 24 × 17 cms.—(Agotado).

167 TOBAR, Balthasar: *Compendio del Bulario Indico* (Tomo II). Estudio y edición de Manuel Gutiérrez de Arce.—Sevilla, 1966.—435 págs., 24 × 17 cms.—500 pesetas.

168 NAVARRO GARCIA, Luis: *La Sublevación Yaqui de 1740.*—Sevilla, 1966.—159 págs., 1 lám., 24 × 17 cms.—(Agotado).

169 VILA VILAR, Enriqueta: *Los rusos en América.*—Sevilla, 1966.—104 págs., 9 láms., 24 × 17 cms.—(Agotado).

170 LOHMANN VILLENA, Guillermo: *Juan de Matienzo. Autor del "Gobierno del Perú". (Su personalidad y su obra).*—Sevilla, 1966.—120 págs., 24 × 17 cms.—(Agotado).

171 RODRIGUEZ BAENA, María Luisa: *La Sociedad Económica de Amigos del País de Manila en el siglo XVIII.*—Sevilla, 1966.—XIV + 216 págs., 22 × 16 cms., 300 grs. Col. *Dos Colores.*—350 pesetas.

172 GONZALEZ MARTIN, Jerónimo Pablo: *Cinco poetas franco-canadienses actuales.* Sevilla, 1966.—167 págs., 20 × 13 cms., 250 grs.—Col. *Mar Adentro.*—250 pesetas.

173 SARRABLO AGUARELES, Eugenio: *El Conde de Fuenclara y Virrey de Nueva España (1687-1752).* Tomo I.—Sevilla, 1955.—X + 330 págs., 24 × 17 cms., 525 grs. 400 pesetas; Tomo II.—Sevilla, 1966.—709 págs. 24 × 17 cms., 1.000 grs.—600 pesetas.

174 *Anuario de Estudios Americanos.* Vol. XXIII.—Sevilla, 1966.—24 × 17 cms., 792 págs., ilust.—1.500 pesetas.

175 *Estudios Lascasianos. IV Centenario de la muerte de Fray Bartolomé de las Casas,* 1566-1966.—Sevilla, 1966.—474 págs., 24 × 17 cms., ilust.—(Agotado).

176 NAVARRO GARCIA, Luis: *Sonora y Sinaloa en el siglo XVII.* — Sevilla, 1967. 336 págs. 22 × 16 cms., ilust., 350 grs.—(Agotado) .

177 *Los Virreyes de Nueva España en el reinado de Carlos III.*—Dirección y estudio preliminar de José Antonio Calderón Quijano. Tomo I: *El Virrey Marqués de Cruillas,* por María del Pópulo Antolín Espino; *El Marqués de Croix,* por Luis Navarro García; *Don Antonio María Bucareli,* por María Lourdes Díaz-Trechuelo Spínola, Concepción Pajarón Parody, María Luisa Rodríguez Baena.—Sevilla, 1967.— XXXIV + 683 págs., 24 × 17 cms., ilust., 1.500 grs.—600 pesetas.

178 *Los Virreyes de Nueva España en el reinado de Carlos III.*—Dirección y estudio preliminar de José Antonio Calderón Quijano. Tomo II: *Martín de Mayorga,* por José Joaquín Real Díaz y Antonia Marina Heredia Herrera: *Matías de Gálvez,* por Mariana Rodríguez del Valle y Angeles Conejo Díez de la Cortina; *El Conde de Gálvez,* por María del Carmen Galbis Díez; *Alonso Núñez de Haro,* por Adolfo Rubio Gil.—Sevilla, 1968.—418 págs., 24 × 17 cms., ilust., 450 grs.—600 pesetas.

179 SANCHEZ BELLA, Ismael: *La organización financiera de las Indias. (Siglo XVI).* Sevilla, 1968.—361 págs., 3 láms., 24 × 17 cms., 550 grs.—(Agotado).

180 MURO OREJON, Antonio; PEREZ-EMBID, Florentino y MORALES PADRON, Francisco: *Pleitos Colombinos.* Tomo I.—Sevilla, 1967.—XXVI + 234 págs., 25'50 × 18 cms., 700 grs.—600 pesetas.

181 MURO OREJON, Antonio: *Hernando Cortés, exequias, almoneda e inventario de sus bienes.*—Sevilla, 1967.—73 págs., 4 láms., 24 × 17 cms., 150 grs.—(Agotado).

182 *Anuario de Estudios Americanos.* Vol. XXIV.—Sevilla, 1967.—1.258 págs., 46 láms., 24 × 17 cms., 1.950 grs.—1.500 pesetas.

183 *Anuario de Estudios Americanos.* Vol. XXV.—Sevilla, 1968.—838 págs., 88 láms., 24 × 17 cms., 1.350 grs.—1.500 pesetas.

184 CALDERON QUIJANO, José Antonio: *Nueva Cartografía de los Puertos de Acapulco, Campeche y Veracruz.*—Sevilla, 1969.—49 págs., 72 láms., 24 × 17 cms., 225 grs. (Agotado).

185 MURO OREJON, Antonio: *Cedulario Americano del siglo XVIII.* Vol. II.—Sevilla, 1969.—LXXVIII + 786 págs., 1 lám., 24 × 17 cms., rústica, con sobrecubierta. 1.360 grs.—1.000 pesetas.

186 BERNALES BALLESTEROS, Jorge: *Edificación de la Iglesia Catedral de Lima. (Notas para la historia).* En colaboración con la Cátedra "Inca Garcilaso" de la Facultad de Filosofía y Letras de Sevilla.—Sevilla, 1969.— VIII + 115 págs., 21 láms., 24 × 17 cms., 300 grs.—(Agotado).

187 TORRES RAMIREZ, Bibiano: *Alejandro O'Reilly en las Indias.*—Sevilla, 1969.—239 págs., 7 láms., 22 × 16 cms., 450 grs.—Col. *Dos Colores.*—300 pesetas.

188 PEREZ-EMBID, Florentino; MORALES PADRON, Francisco: *Bibliografía Española de Historia Marítima (1932-1962).*—Sevilla, 1970.—XVI + 155 págs., 20 × 15 cms., 230 grs.—150 pesetas.

189 GIL-BERMEJO GARCIA, Juana: *Panorama Histórico de la Agricultura en Puerto Rico.*—Sevilla, 1970.—XVI + 385 págs., 27 láms., 24 × 17 cms., 700 grs.—500 pesetas.

190 REAL DIAZ, José Joaquín: *Estudio Diplomático del Documento Indiano.*—Sevilla, 1970. XII + 307 págs., 22 láms., 20 × 15 cms., 450 grs.—500 pesetas.

191 *Anuario de Estudios Americanos.* Vol. XXVI.—Sevilla, 1969.—842 págs., 11 láms., 24 × 17 cms., 1.250 grs.—1.500 pesetas.

192 LUQUE ALCAIDE, Elisa: *La Educación en Nueva España en el siglo XVIII.*—Sevilla, 1970.—XLIV + 403 págs., 6 láms., 17 × 24 cms., 750 grs.—500 pesetas.

193 MORALES PADRON, Francisco: *Cedulario de Canarias.* Tomo I, (1566-1597).—Sevilla, 1970.—XXVI + 415 págs. 17 × 24 cms., 750 grs.—400 pesetas.

194 MORALES PADRON, Francisco: *Cedulario de Canarias.* Tomo II. (1601-1693 y 1701-1704).—Sevilla, 1970.—403 págs., 17 × 24 cms., 700 grs.—400 pesetas.

195 MORALES PADRON, Francisco: *Cedulario de Canarias.* Tomo III. (1592-1709).—Sevilla, 1970.—421 págs., 17 × 24 cms., 725 grs.—400 pesetas.

196 *Historiografía y Bibliografía Americanistas, 1971.* Vol. XV, núms. 1, 2 y 3. (Tres volúmenes). Cada número.—200 pesetas.

197 *Anuario de Estudios Americanos.* Vol. XXVII.—Sevilla, 1970.—XVI + 926 págs., 24 × 17 cms.—1.500 pesetas.

198 DIAZ-TRECHUELO SPINOLA, María Lourdes: *América en la "Colección de Documentos Inéditos para la Historia de España".*—Sevilla, 1970.—104 págs., 24 × 17 cms. 200 pesetas.

199 EUGENIO MARTINEZ, María Angeles: *La Defensa de Tabasco, 1600-1717.*—Sevilla, 1971.—XV + 196 págs., 2 láms., 22 × 16 cms.—Col. *Dos colores.*—250 pesetas.

200 RUIZ RIVERA, Julián Bautista: *Fuentes para la Demografía de Nueva Granada.* Sevilla, 1972.—166 págs., 1 lám., 22 × 16 cms.—250 pesetas.

201 SARABIA VIEJO, María Justina: *El juego de gallos en Nueva España.*—Sevilla, 1972. XXV + 149 págs., 11 láms., 22 × 16 cms.—Col. *Dos Colores.*—250 pesetas.

202 RAMOS PEREZ, Demetrio: *Ximénez de Quesada y el Epítome de la Conquista del Nuevo Reino de Granada.*—Sevilla, 1972.—347 págs., 7 láms., 17 × 24 cms.—500 pesetas.

203 "Los Virreyes de Nueva España en el reinado de Carlos IV". Dirección y estudio preliminar por José Antonio Calderón Quijano. Tomo I: *El Virrey Manuel Antonio Flórez,* por María Luisa Rodríguez Baena; *El Segundo Conde de Revillagigedo,* por María Lourdes Díaz-Trechuelo Spínola, Concepción Pajarón Parody y Adolfo Rubio Gil; *El Virrey Marqués de Branciforte,* por Luis Navarro García y María del Pópulo Antolín Espino.—Sevilla, 1972.—XLII + 649 págs., 24 × 17 cms., ilust.—700 pesetas.

204 "Los Virreyes de Nueva España en el reinado de Carlos IV". Dirección y estudio preliminar de José Antonio Calderón Quijano. Tomo II: *El Virrey Miguel de Azanza.* por María del Carmen Galbis Díez; *El Virrey Félix Berenguer de Marquina,* por Mariana Rodríguez del Valle; *El Virrey José de Iturrigaray,* por José Joaquín Real Díaz y Antonia M. Heredia Herrera.—Sevilla, 1972.—346 págs., 24 × 17 cms., ilust. 600 pesetas.

205 JUAREZ MORENO, Juan: *Corsarios y Piratas en Veracruz y Campeche.*—Sevilla, 1972.—516 págs., 20 láms., 24 × 17 cms.—700 pesetas.

206 GARCIA-BAQUERO GONZALEZ, Antonio: *Comercio Colonial y Guerras Revolucionarias.* (La decadencia económica de Cádiz a raíz de la emancipación americana).—Sevilla, 1972.—254 págs., 7 láms., 22 × 16 cms.—Col. *Dos Colores.*—300 pesetas

207 GARCIA BERNAL, Manuela: *La Sociedad de Yucatán, 1700-1750.*—Sevilla, 1972. XII + 195 págs., 2 mapas, 22 × 16 cms.—250 pesetas.

208 *Historiografía y Bibliografía Americanistas.*—Sevilla, 1972.—Volumen XVI. núm. 1, 210 págs., 2 mapas, 23 × 16 cms.; núm. 2, 171 págs., 23 X 16 cms.; núm. 3, 211 págs., 23 × 16 cms.—Cada número. 200 pesetas.

209 BERNALES BALLESTEROS, Jorge: *Lima, la Ciudad y sus Monumentos.*—Sevilla, 1972.—XIX + 387 págs., 80 láms., 24 × 17 cms.—600 pesetas.

210 *Anuario de Estudios Americanos.* Vol. XXVIII.—Sevilla, 1971.—XVIII + 581 págs., 24 × 17 cms., 975 grs.—Precio: suscripción España, 1.000 pesetas; suscripción extranjero, 1.200 pesetas. Ejemplar suelto: España, 1.100 pesetas; ejemplar suelto extranjero, 1.500 pesetas.

211 LOPEZ CANTOS, Angel: *Don Francisco de Saavedra, Segundo Intendente de Caracas.* Sevilla, 1973.— 184 págs., 22 × 16 cms.—Col. *Dos Colores.*—250 pesetas.

212 TORRES RAMIREZ, Bibiano: *La Compañía Gaditana de Negros.*—Sevilla, 1973. 227 págs., 8 láms., 19 × 12 cms.—Col. *Dos Colores.*—300 pesetas.

213 CHACON TORRES, Mario: *Arte virreinal en Potosí.*—Sevilla, 1973.—XV + 329 págs., 62 láms., 24 × 17 cms.,—600 pesetas.

214 MORA MERIDA, José Luis: *Historia social del Paraguay, 1600-1650.*—Sevilla, 1973. 398 págs., 4 láms., 24 × 17 cms.—500 pesetas.

215 FERNANDEZ CANO, Víctor: *Las defensas de Cádiz en la Edad Moderna.*—Sevilla, 1973.—390 págs., 107 láms., 24 × 17 cms.—700 pesetas.

216 BORREGO PLA, María del Carmen: *Palenque de Negros en Cartagena de Indias a fines del Siglo XVII.*—Sevilla, 1973.—180 págs., 3 láms., 19 × 12 cms.—Colección *Dos Colores.*—250 pesetas.

217 *Anuario de Estudios Americanos.* Vol. XXIX.—Sevilla, 1972.—XXX + 663 págs., 47 láms., 24 × 17 cms., 1.250 grs.—Precio: suscripción España, 1.000 pesetas; suscripción extranjero, 1.200 pesetas. Ejemplar suelto: España, 1.100 pesetas; ejemplar suelto extranjero, 1.500 pesetas.

218 *Historiografía y Bibliografía Americanistas.*—Sevilla, 1973.—Volumen XVII, núms. 1-2, 182 págs., 16 × 23 cms.—200 pesetas; núm. 3, 221 págs., 16 × 23 cms.—200 pesetas.

219 HERNANDEZ PALOMO, José Jesús: *El aguardiente de caña en México (1724-1810).* Sevilla, 1974.—XX + 181 págs., 4 láms., 19 × 12 cms.—Col. *Dos Colores.*—300 pesetas.

220 SERRERA CONTRERAS, Ramón M.ª: *Lino y cáñamo en Nueva España, 1777-1800.* Sevilla, 1974.—XXII + 327 págs., 11 láms., 19 × 12 cms.—Col. *Dos Colores.* 300 pesetas.

221 ORTIZ DE LA TABLA DUCASSE. L. Javier: *El Marqués de Ovando Gobernador de Filipinas (1750-1754)*—Sevilla, 1974.—XVIII + 274 págs., 17 láms., 19 × 12 cms. Col. *Dos Colores.*—300 pesetas.

222 LOHMANN VILLENA, Guillermo: *Los Ministros de la Audiencia de Lima (1700-1821).* Sevilla, 1974.—CXXIV + 200 págs., 18 láms., 24 × 17 cms.—500 pesetas.

223 VILA VILAR, Enriqueta: *Historia de Puerto Rico (1600-1650)*.—Sevilla, 1974.—XVII +279 págs., 12 láms., 24 × 17 cms.—700 pesetas.

224 *Historiografía y Bibliografía Americanistas.*—Sevilla, 1974. Volumen XVIII, núm. 1, 178 págs., 16 × 23 cms.—200 pesetas; núms. 2-3, 364 págs., 16 × 23 cms.—450 pesetas.

225 GALVEZ PIÑAL, Esperanza: *La visita de Monzón y Prieto de Orellana al Nuevo Reino de Granada.*—Sevilla, 1974.—XVI + 153 págs., 3 láms., 19 × 12 cms.—Colección Dos Colores.—250 pesetas.

226 CANTERLA MARTIN, Francisco: *Vida y Obra del Primer Conde de Regla.*—Sevilla, 1975.—XVIII + 160 págs., 12 láms., 19 ×12 cms.—Col. Dos Colores.—250 pesetas

227 *Anuario de Estudios Americanos.* Vol XXX.—Sevilla, 1973.—XVI + 863 págs., 141 láminas, 24 × 17 cms., 1.500 grs.—1.500 pesetas.

228 RUIZ RIVERA, Julián Bautista: *Encomienda y Mita en Nueva Granada en el Siglo XVII.*—Sevilla, 1975.—XXX + 454 págs., 7 láms., 24 × 17 cms.—800 pesetas.

229 MURO ROMERO, Fernando: *Las presidencias-gobernaciones en Indias (Siglo XVI).* Sevilla, 1975.—XVIII + 255 págs., 7 láms., 24 × 17 cms.—800 pesetas.

230 CALDERON QUIJANO, José A.: *Las defensas del Golfo de Cádiz en la Edad Moderna.* Sevilla, 1976.—262 págs., 127 láms., 24 × 17 cms.—400 pesetas.

231 LOPEZ CANTOS, Angel: *Historia de Puerto Rico (1650-1700).*—Sevilla, 1975.—XVIII +426 págs., 8 láms., 24 × 17 cms.—700 pesetas.

232 MIRANDA VAZQUEZ, Trinidad: *La gobernación de Santa Marta (1570-1670).*—Sevilla, 1976.—XVI + 212 págs., 12 láms., 19 × 12 cms.—300 pesetas.

233 QUERALTO MORENO, Ramón-Jesús: *El pensamiento filosófico-político de Bartolomé de las Casas.*—Sevilla, 1976.—XIV + 456 págs., 24 × 17 cms.—600 pesetas.

234 *Anuario de Estudios Americanos.* Vol. XXXI.—Sevilla, 1974.—XL + 1.047 págs., 37 láms., 24 × 17 cms., 1.700 grs.—1.500 pesetas.

235 MORA MERIDA, José Luis: *Iglesia y sociedad en Paraguay en el siglo XVIII.*—Sevilla, 1976.—X + 186 págs., 19 × 12 cms.—300 pesetas.

236 MOLINO GARCIA, M.ª Teresa: *La encomienda en el Nuevo Reino de Granada durante el siglo XVIII.*—Sevilla, 1976.—XIII + 206 págs., 2 láms., 20 × 13 cms.— 250 pesetas.

237 GARCIA-BAQUERO GONZALEZ, Antonio: *Cádiz y el Atlántico (1717-1778).* (2 tomos). Sevilla, 1976. Tomo I.—XIV + 570 págs., 16 láms., Tomo II.—X + 296 págs., 17 láms., 24 × 17 cms.—1.800 pesetas.

238 "*La encomienda en Popayán*". (Tres estudios). PADILLA ALTAMIRANO, Silvia: *Tasaciones de encomiendas de Papayán en el siglo XVI;* LOPEZ ARELLANO, M.ª Luisa: *Las encomiendas de Popayán en los siglos XVII y XVIII;* GONZALEZ RODRIGUEZ, Adolfo Luis: *Las familias encomenderas de Popayán.*—Sevilla, 1977.—XVI + 412 págs., 24 × 17 cms.—900 pesetas.

239 VILA VILAR, Enriqueta: *Hispanoamérica y el comercio de esclavos Los asientos portugueses.*—Sevilla, 1977.—XI +306 págs., 13 láms., 24 × 17 cms.—800 pesetas.

240 EUGENIO MARTINEZ, María Angeles: *Tributo y trabajo del indio en Nueva Granada.* Sevilla, 1977.—XVIII + 654 págs., 1 lámina, 24 × 17 cms.—1.500 pesetas.

241 SERRERA CONTRERAS, Ramón M.ª: *Guadalajara ganadera. Estudio regional novohispano (1760-1805)*. Sevilla, 1977.—XXI + 458 págs·, 53 láminas, 24 × 17 cms.— 1.200 pesetas.

242 MURO OREJON, Antonio: *Cedulario Americano del Siglo XVIII*. Sevilla, 1977.—LXXX + 445 págs., 24 × 17 cms., rústica, con sobrecubierta, tomo III: 1.500 pesetas.

243 ORTIZ DE LA TABLA DUCASSE, L. Javier: *Comercio exterior de Veracruz (1778-1821). Crisis de dependencia*. Sevilla, 1978.—XXVII + 456 págs., 13 láminas, 24 × 17 cms.—1.500 pesetas.

244 SARABIA VIEJO, M.ª Justina: *Don Luis de Velasco, Virrey de Nueva España (1550-1564)*. Sevilla, 1978.—XXIV + 541 págs., 22 láminas, 24 × 17 cms.—1.600 pesetas.

245 *Anuario de Estudios Americanos*. Vol. XXXII.—Sevilla, 1975.—24 × 17 cms., XVI + 658 págs., 30 láminas. Precio: 1.500 pesetas.

246 CALDERON QUIJANO, José Antonio; FERNANDEZ CANO, Víctor; SARABIA VIEJO, M.ª Justina y HERNANDEZ PALOMO, José Jesús: *Cartografía Militar y Marítima de Cádiz (1513-1878)*. 2 volúmenes. Sevilla, 1978. I: CXCIV + 732 págs., 1 lámina. II: X págs., 713 + 46 Figuras, 24 × 17 cms.—5.000 pesetas los dos volúmenes.

247 DURAN MONTERO, María Antonia: *Fundación de ciudades en el Perú durante el siglo XVI*. Sevilla, 1978. XXXVIII + 210 págs·, 33 láminas, 19 × 12 cms.—500 pesetas.

248 PEREZ-MALLAINA BUENO, Pablo Emilio: *Comercio y autonomía en la Intendencia de Yucatán (1797-1814)*. Sevilla, 1978. XIX + 268 págs·, 12 hs·, lám. 19,5 × 12 cms. 400 pesetas.

249 *Historiografía y Bibliografía Americanistas.*—Sevilla, 1976.—Vols. XIX-XX, VI + 378 págs., 23 × 16 cms.—525 pesetas.

250 HEREDIA HERRERA, Antonia: *La renta del azogue en Nueva España (1709-1751)*. Sevilla, 1978.—XXVI + 277 págs., 7 hs·, lám., 24,5 × 17 cms.—700 pesetas.

251 MACIAS DOMINGUEZ, Isabelo: *Cuba en la primera mitad del siglo XVII*. Sevilla, 1978.—XIX + 671 págs., 14 láms., 24,5 × 17 cms.—1.800 pesetas.

252 GARCIA BERNAL, Manuela Cristina: *Yucatán. Población y Encomienda bajo los Austrias*. Sevilla, 1978.—XIX + 595 págs., 7 hs., 1 mapa, 24 × 17 cms.—1.700 pesetas.

253 TORRES RAMIREZ, Bibiano; GIL-BERMEJO GARCIA, Juana y VILA VILAR, Enriqueta: *Cartas de Cabildos Hispanoamericanos. Audiencia de Panamá*. Sevilla, 1978. XXV + 432 págs., 7 hs.—24,5 × 17 cms.—1.300 pesetas.

254 REGLAMENTO PARA EL COMERCIO LIBRE, 1778. Edición de Torres Ramírez, Bibiano; y Ortiz de la Tabla Ducasse, L. Javier.—Sevilla, 1979.—125 págs., 24 × 17 cms.—300 pesetas.

255 *Anuario de Estudios Americanos*. Vol. XXXIII.—Sevilla, 1976.—24 × 17 cms·, XXII + 962 págs., 18 láminas.—1.500 pesetas.

256 MATTA RODRIGUEZ, Enrique de la: *El asalto de Pointis a Cartagena de Indias.*—Sevilla, 1979.—XVII + 217 págs., 2 láminas, 19 × 12 cms.—450 pesetas.

257 BERNAL RUIZ, M.ª Pilar: *La toma del Puerto de Guayaquil en 1687.*—Sevilla, 1979. XIV + 138 págs., 2 láminas, 19 × 12 cms.—350 pesetas.

258 *Historiografía y Bibliografía Americanistas.*—Sevilla, 1977.—Vol. XXI, VIII + 414 págs., 23 × 16 cms.—525 pesetas.

259 GOMEZ GOMEZ, Amalia: *Las visitas de la Real Hacienda novohispana en el reinado de Felipe V (1710-1733).*—Sevilla, 1979.—XVII + 289 págs., 24 × 17 cms.—800 ptas.

260 LALINDE ABADIA, Jesús: *La administración española en el siglo XIX puertorriqueño.*—Sevilla, 1980.—XIII + 186 págs., 19 × 12 cms.—400 pesetas.

261 GARRIDO ARANDA, Antonio: *Organización de la Iglesia en el Reino de Granada y su proyección en Indias.*—Sevilla, 1980.—XXII + 385 págs., 24 × 17 cms.—1.200 pesetas.

262 HERNANDEZ PALOMO, José Jesús: *La renta del Pulque en Nueva España (1663-1810).*—Sevilla, 1980.—XXXV + 503 págs., 24 × 17 cms.—1.600 pesetas.

263 *Anuario de Estudios Americanos.* Vol. XXXIV.—Sevilla, 1977.—24 × 17 cms., XIV + 902 págs., 63 láminas.—1.500 pesetas.

264 MEDINA ROJAS, Francisco de Borja: *José de Ezpeleta, Gobernador de la Mobila (1780-1781).* Sevilla, 1980.—LXXXII + 869 págs., 24 × 17 cms.—3.000 pesetas.

265 GARCIA FUENTES, Lutgardo: *El comercio español con América (1650-1700).*—Sevilla, 1980.—XXVI + 574 págs., 24 × 17 cms.—1.800 pesetas.

266 *Historiografía y Bibliografía Americanistas.*—Sevilla, 1978.—Vol. XXII, VI + 246 págs., 23 x 16 cms.—600 pesetas.

267 SEVILLA SOLER, M.ª Rosario: *Santo Domingo Tierra de Frontera (1750-1800).* Sevilla, 1980.—XX + 502 págs., 24 × 17 cms.—1.800 pesetas.

268 TORRES RAMIREZ, Bibiano: *La Armada de Barlovento.* Sevilla, 1981.—XX + 337 págs., 24 × 17 cms.—1.200 pesetas.

269 *Anuario de Estudios Americanos.* Vol. XXXV.—Sevilla, 1978.—XII + 622 págs., 54 láminas.—1.500 pesetas.

270 *Historiografía y Bibliografía Americanistas.* —Sevilla, 1979.—Vol. XXIII, VIII + 232 págs., 23 x 16 cms.—650 pesetas.

271 MORA MERIDA, José Luis: *Paraguay y Uruguay Contemporáneos.* Sevilla, 1981.—318 págs., 20 × 14 cms.—Col. *Mar Adentro.*—650 pesetas.

272 MARCHENA FERNANDEZ, Juan: *La Institución Militar en Cartagena de Indias (1700-1810).* Sevilla, 1982.—XIV + 506 págs., 24 × 17 cms.—1.800 pesetas.

273 *Actas de las I Jornadas de Andalucía y América.*—II tomos, Huelva, 1981.—3.300 pesetas.

274 *Anuario de Estudios Americanos.* Vol. XXXVI.—Sevilla, 1979.—24 × 17 cms., XII + 702 págs., 2 láminas.—1.500 pesetas.

275 *Historiografía y Bibliografía Americanistas.*—Sevilla, 1980.—Vol. XXIV, 23 × 16 cms., VIII + 306 págs.—750 pesetas.

276 MUÑOZ PEREZ, José: *Discurso y reflexiones en torno a la comunidad hispánica de naciones.*—Sevilla, 1982.—202 págs., 20 × 14 cms., Col. *Mar Adentro.*—500 pesetas.

277 BARRERA LOPEZ, Trinidad: *La estructura de Abaddon el Exterminador.*—Sevilla, 1982.—X + 255 págs., 24 × 17 cms.—1.200 pesetas.

278 MORA VALCARCEL, Carmen de: *Teoría y Práctica del Cuento en los relatos de Cortázar.*—Sevilla, 1982.—XIII + 334 págs., 24 × 17 cms.—1.400 pesetas.

279 PEREZ-MALLAINA BUENO, Pablo Emilio: *Política Naval Española en el Atlántico 1700-1715.*—Sevilla, 1982.—XX + 486 págs., 24 × 17 cms.—2.000 pesetas.

280 MENA GARCIA, M.ª del Carmen: *Santa Marta durante la Guerra de Sucesión Española.*—Sevilla, 1982.—XIII + 134 págs., 24 × 17 cms.—400 pesetas.

281 CANTERLA Y MARTIN DE TOVAR, Francisco: *La Iglesia de Oaxaca en el siglo XVIII.*—Sevilla, 1982.—XXII + 273 págs., 24 × 17 cms.—1.600 pesetas.

282 *Pleitos Colombinos.* Vol. II.—Sevilla, 1982.—24 × 17 cms.—XXXII + 158 págs. 1.500 pesetas.

283 *Anuario de Estudios Americanos.* Vol. XXXVII.—Sevilla, 1980.—24 × 17 cms.—XIII + 774 págs., 54 láminas.—2.000 pestas.

284 VILLASEÑOR Y SANCHEZ, José Antonio de: *Suplemento al theatro americano (La ciudad de México en 1755).* Edición de Ramón María Serrera. Universidad Nacional Autónoma de México. Escuela de Estudios Hispano Americanos, C.S.I.C. México, 1980.—158 págs., 16 láminas.—600 pesetas.

EN PRENSA:

BORREGO PLA, María del Carmen: *Cartagena de Indias en el siglo XVI.*

Historiografía y Bibliografía Americanistas. Vol. XXV.

MARCHENA FERNANDEZ, Juan: *Oficiales y soldados en el ejército de América.*

RICO LINAGE, Raquel: *Las reales compañías de comercio con América. Los órganos de gobierno.*

Actas de las II Jornadas de Andalucía y América.